프로그래밍 언어의 이해

김일민 • 김성동 공저

UNDERSTANDING OF PROGRAMMING LANGUAGES

홍릉과학출판사

머리말

프로그래밍 언어는 컴퓨터공학을 전공하는 학생들뿐만 아니라 소프트웨어를 개발하고자 하는 사람들은 반드시 공부해야 할 컴퓨터공학의 가장 오래된 학문 분야이다. 1950년대 최초의 고급 프로그래밍 언어가 개발된 이후 매우 많은 언어들이 개발되어 왔으며, 최근에는 다양한 분야에서 소프트웨어가 활용되고 있음에 따라 용도에 따라 프로그래밍을 보다 쉽게 할 수 있게 하기 위해 매우 다양한 언어와 프로그래밍 개발 환경이 더불어 발표되고 있다. 이러한 상황에서 신뢰성 있는 소프트웨어의 개발과 유지 및 보수를 제대로 할 수 있는 능력이 요구되고 있다. 따라서 컴퓨터공학을 공부하는 학생들은 반드시 새로운 언어들과 개발 환경을 숙지해야 할 필요가 있다. 그런데 프로그래밍 언어의 공부를 위해 개별 언어만을 공부하는 것은 기초가 없이 집을 짓는 것과 같다. 모든 프로그래밍 언어들은 프로그래밍 언어가 제공해야 하는 기본적인 요소들을 가지고 있으며 여기에 언어만의 고유한 특징을 포함한다. 따라서 프로그래밍 언어의 기본 구성 요소들이 무엇이며 이들이 각각 개별 언어에서 어떻게 제공되고 있는지, 또한 프로그램이 컴퓨터에서 어떻게 동작하는지에 대한 기본적인 이해를 통해 프로그래밍 언어에 대한 기초를 튼튼히 하는 것은 다양한 프로그래밍 언어를 공부하는 데 있어서 필수적인 부분이라 할 수 있다. 이 책은 학생들이 이러한 프로그래밍 언어에 대한 기초를 마련하도록 돕는 것을 주요한 목적으로 한다.

특정한 프로그래밍 언어에 대한 강의 경험을 통해서 느낀 것은 프로그래밍 언어가 가지고 있는 표현 방식을 공부하는 데 너무 많은 시간을 소요한다는 생각이었다. 즉 프로그래밍 언어가 제공하는 자료형과 제어문 소개와 간단한 알고리즘 작성 연습에 대한 내용이 주를 이루기 때문에 하나의 프로그래밍 언어를 공부하더라도 그 언어를 사용하여 실제 문제를 해결하는 프로그램의 개발과 개선 및 재활용에 대한 능력을 배양하는 데에는 도움이 되지 못하고 있다. 이 책은 필자들의 오랜 강의 경험과 프로그램 개발 경험을 바탕으로 프로그래밍 언어를 공부하기 위해 반드시 알아야 할 내용들을 담고자 한 노력의 결과물이다. 이 책은 프로그래밍 언어의 기본적 개념과 구성 요소들을 설명하여 프로그래밍 언어에 대한 기본적인 이해를 돕고자 하였다. 프로그래밍 언어의 구성 요소, 발전 과정, 설계 원리 등을 설명하고 사람과 프로그램의 관계, 프로그램과 컴퓨터간의 관계를 설명하여 프로그램이 무엇이고 어떻게 컴퓨터와 상호작용하여 프로그래머의 의도가 수행되는지를 이해할 수 있도록 하였다. 특정한 프로그래밍 언어와 관계된 것이 아니라 모든 프로그래밍 언어에 관련된 사항들을 설명함으로써 어떠한 프로그래밍 언어를 공부하던지 필수적으로 숙지하고 있어야 할 것들을 제공하고 이해시키는 것이 이 책의 목적이라 할 수 있다. 또한 최근에 각광을 받고 있는 프로그래밍 언어(예를 들면, C++, C#, Java)뿐만 아니라 새롭게 출현하여 특정한 분야에서 손쉽게 프로그래밍하는 데 사용되는 언어(예를 들면, Perl, Python)들에 대한 기본적인 것을 소개하였다. 시간의 부족으로 더 많은 언어들에 대한 소개를 하지 못한 점이 아쉽지만, 이는 앞으로 지속적으로 보완할 계획이다.

이 책을 학습하기 위해서는 하나 이상의 프로그래밍 언어를 활용할 수 있어야 하는데, 대부분의 컴퓨터관련 학과에서 C 언어를 기본 언어로 공부하고 있기 때문에 이 책에서는 C 언어를 이용하여 대부분의 예제를 기술하였다. 또한 객체지향 프로그래밍 언어로는 C++ 언어를 예로 사용하였으며 주요한 프로그래밍 개발 환경인 .NET과 새롭게 중요한 언어로 널리 활용되고 있는 C# 언어에 대한 설명도 포함하였다. 이 책을 공부함으로써 새로운 프로그래밍 언어를 스스로 학습할 수 있는 기반을 마련할 수 있을 것으로 기대하며, 특정한 프로그래밍 언어에서 제공하는 기능 및 특징에 대한 보다 심층적인 이해를 할 수 있을 것이며 그렇게 되도록 하는 것이 이 책의 또 다른 목표라 할 수 있다.

이 책은 다음과 같이 구성되었다. 1장과 2장에서는 프로그램을 이해하기 위해 필요한 배경 지식을 설명하고 프로그래밍 언어에 대한 일반적이고 기초적인 내용 및 프로그래밍 언어의 역사에서 의미 있는 언어들을 소개한다. 3장에서는 반드시 숙지해야 할 프로그래밍을 보다 쉽게 하기 위한 프로그래밍 개발 환경을 소개한다. 4장부터 8장까지는 이 책의 핵심적인 부분으로서 프로그래밍 언어의 기본 구성요소와 프로그램의 내부 구조 및 동작 과정에 대한 상세한 설명을 다양한 그림과 예를 통해 제시하였다. 그리고 9장과 10장에서는 현대적인 프로그래밍의 개념인 추상화를 상세하게 설명하여 객체지향 언어를 공부할 기초를 제공하고, C++ 언어를 통해서 이를 소개하였다. 11장에서는 프로그래밍 언어에서 제공하는 예외처리 메커니즘을 설명하였으며 12장부터 14장에서는 병행 처리 프로그래밍과 Perl, Python 언어에 대한 소개를 하였다.

생활의 모든 분야에서 널리 활용되고 있는 소프트웨어의 중요성은 현재뿐만 아니라 앞으로 더 확대될 것으로 예상된다. 이러한 상황에서 이 책은 소프트웨어 개발을 위해 프로그래밍 언어를 공부하는 학생들에게 프로그래밍 언어에 대한 튼튼한 기초를 마련해주어 보다 숙련된 프로그래머가 되는데 적지 않은 도움을 줄 수 있을 것이라 기대한다.

이 책을 만드는 데 도움을 주신 여러 분들께 감사를 드리고 싶다. 특히 홍릉과학출판사의 사장님 이하 직원 여러분들께 감사드린다.

2013년 2월
저자 씀

차 례

Chapter 1

프로그래밍 언어의 소개

컴퓨터(computer)와 단순 계산기(calculator)의 차이점은 컴퓨터는 사용자의 중간 간섭없이 미리 작성된 프로그램을 수행할 수 있다는 점이다. 즉 계산기는 일일이 숫자와 연산자를 입력해야 하고 그 결과에 따라 사용자가 새로운 입력을 해야 한다. 컴퓨터는 이러한 처리과정이 미리 프로그램에 의해서 기술되므로 사용자의 중간 간섭이 불필요한 것이다. 사용자는 컴퓨터가 해야 할 일을 기술해야 하는데 이를 위해 사용되는 매체가 바로 프로그래밍 언어(programming language)이다. 사람간의 의사전달 수단은 자연언어(natural language)이며 사람과 컴퓨터간의 의사전달 수단이 프로그래밍 언어라 할 수 있다. 자연언어는 자연발생적으로 생성되어 진화하기에 언어가 다양하고 모호한 특징을 가지고 있으나, 프로그래밍 언어는 사람이 잘 정의하였기 때문에 명확하며 프로그래머가 이해하기 쉽고, 기계어로의 변환이 용이한 특징이 있다. 따라서 모국어가 아닌 다른 (자연)언어를 배우기보다는 더 쉽게 다양한 프로그래밍 언어를 습득할 수 있다.

초기의 프로그래밍 언어를 사용하기 위해서는 하드웨어에 관한 지식을 필요로 하였다. 프로그래머는 문제를 해결할 방법인 알고리즘에 대한 지식보다는 컴퓨터 하드웨어에 대한 지식이 더 많이 요구되었다. 컴퓨터 하드웨어의 발전으로 더 많은 일을 컴퓨터를 이용하여 해결하게 되자, 1950년대 말부터 하드웨어에 관한 지식을 더 적게 필요로 하고 더 쉽게 이해할 수 있는 고급 언어(high-level language)가 개발되기 시작하였으며, 이후 수많은 프로그래밍 언어가 개발되었다.

이 장에서는 프로그래밍 언어론을 공부하기 위해 먼저 알아야 할 내용을 소개하고, 프로그래밍 언어의 정의, 프로그래밍 언어론 학습 효과, 좋은 프로그래밍 언어의 조건, 프로그래밍 언어의 종류 등을 설명하여 앞으로의 학습을 위한 기반을 제공하고자 한다.

1 프로그래밍 기초

여기서는 프로그래밍 언어론에서 자주 사용되는 전문용어를 제시하고, 프로그램을 작성하여 실행시킬 때까지의 과정을 설명한다.

1.1 소스 프로그램/파일(source program/file)

소스 프로그램/파일은 프로그래머가 문제해결을 위한 계산절차(algorithm)와 데이터를 프로그래밍 언어를 이용하여 작성한 것을 지칭한다. 일반적으로 C, C++, Java 등의 고급 언어로 작성하며 그 결과 파일들은 .c, .cpp, .java 등의 확장명을 가진다. 일반적으로 소스 프로그램은 하드디스크(hard disk) 같은 보조 저장장치(auxiliary memory)에 저장된다. 소스 프로그램은 사람만이 그 내용을 이해할 수 있으며 컴퓨터가 이를 실행할 수 없다.

1.2 목적 프로그램/파일(object program/file)

목적 프로그램은 소스 프로그램을 기계가 이해할 수 있는 2진수로 표현된 기계어(machine language)로 번역한 결과물이다. 소스 프로그램에 있는 명령과 데이터를 2진수로 바꾼 것으로서 사람은 이해하기 어려우며 기계만 이해할 수 있는 프로그램이다. 그러나 목적 프로그램을 컴퓨터가 바로 실행시킬 수 없다. 목적 프로그램은 .obj의 확장명을 가진다. 목적 프로그램 역시 보조 저장장치에 저장된다.

1.3 실행가능 프로그램/파일(executable program/file)

프로그래머는 프로그래밍 언어가 제공하는 다양한 (라이브러리)함수를 이용하여 소스 프로그램을 작성한다. 예를 들어, 화면에 출력하기 위해서 C 언어에서는 printf()라는 함수를 이용하며 이를 위해 "stdio.h"라는 헤더파일을 소스 프로그램에 포함(include)한다. 프로그래머는 printf() 함수가 어떻게 수행되는지 몰라도 문법에 맞게 사용하기만 하면 화면출력이라는 목적을 달성할 수 있다.

컴파일을 통해 printf() 함수가 번역되더라도 목적 프로그램은 printf() 함수에 해당하는 명령들을 포함하고 있지 않다. 그것들은 C 언어에서 제공하는 라이브러리 함수에 포함되어 있기 때문이다. 따라서 이러한 라이브러리 함수(기계어로 작성되어 있음)들과 컴파일러의 번역 작업에 의해 생성된 목적 프로그램을 결합(link)하는 일이 필요하며, 결합의 결과 실행가능 파일이 생성되고 보조 저장장치에 저장된다. 실행가능 파일의 이름은 .exe의 확장명을 가진다. 실행가능 파일을 클릭하거나 명령 프롬프트(command prompt)에서 파일 이름을 입력하면 프로그램이 실행된다.

1.4 프로그램 개발과정

프로그램의 개발은 프로그램의 작성(edit), 컴파일(compile), 링크(link), 적재(load), 실행(run, execute) 등의 단계를 거친다. 이후 테스트 과정을 통해 프로그램 개발이 완료된다. 하나의 프로그램을 작성하고 실행하기까지 필요한 과정을 지원하는 도구들이 있으며 이를 이용하여 프로그래머가 프로그램을 개발한다. 그림 1-1은 프로그램의 개발과정과 각 과정에서 사용되는 도구를 간략하게 보여준다.

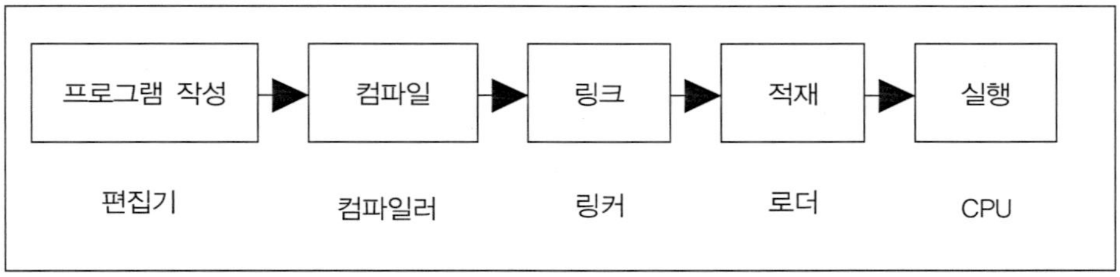

그림 1-1 프로그램 개발과정

프로그램의 작성은 프로그래머가 프로그래밍 언어로 문제해결을 위한 계산절차와 데이터를 명시하는 작업을 의미하며, 일반적으로 편집기(editor)를 이용하여 작업을 한다. 이렇게 작성한 소스 프로그램은 컴퓨터가 이해하지 못하기 때문에 컴퓨터가 이해할 수 있는 언어로 번역을 해야 하는데 이를 컴파일이라 하며 컴파일러(compiler)라는 시스템 소프트웨어가 번역을 수행한다. 컴파일러가 번역 결과로 생성한 프로그램은 바로 실행할 수 있는 것이 아니고 프로그래밍 언어에서 제공하는 라이브러리와 결합하는 과정이 필요하며 이는 링커(linker)라는 시스템 소프트웨어에 의해 수행된다. 프로그램의 실행을 위해서는 실행가능 파일이 컴퓨터의 주기억장치(main memory)에 있어야 하며, 따라서 보조 저장장치에 저장된 실행가능 파일이 주기억장치로 이동해야 한다. 이 과정을 적재라 하며 로더(loader)라는 시스템 소프트웨어가 이 작업을 담당한다. 마지막으로 중앙처리장치가 주기억장치에 있는 명령어와 데이터를 읽어서 명령을 수행함으로써 프로그래머가 작성한 프로그램이 실행된다.

1.5 컴퓨터 구조와 프로그램 실행 과정

여기서는 프로그래머가 작성한 프로그램이 실행되는 과정을 이해하기 위해서 필요한 컴퓨터 구조에 대한 주요한 내용을 소개한다. 컴퓨터는 그림 1-2와 같이 중앙처리장치(central processing unit: CPU), 주기억장치(main memory), 입출력장치(I/O) 등의 세 가지로 구성된다. 중앙처리장치는 명령(instruction)을 수행(execute)하고, 기억장치는 프로그램의 명령어와 데이터를 보유하며, 입출력장치는 컴퓨터 내/외부간의 데이터 이동을 담당한다.

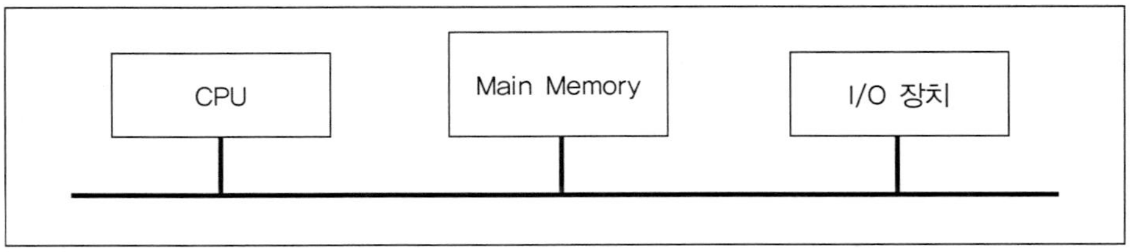

그림 1-2 컴퓨터 하드웨어의 구조

프로그래머가 작성한 소스 프로그램은 하드디스크와 같은 보조 저장장치(I/O 장치 중 하나)에 저장된다. 그리고 컴파일러가 소스 프로그램을 번역하여 생성한 실행가능 파일 역시 보조 저장장치에 저장된다. 실행가능 파일을 실행시키면 기억장치로 파일이 이동하고, CPU가 기억장치에 있는 프로그램의 명령어와 데이터를 읽어서 수행함으로써 프로그램이 실행된다. 그림 1-3은 프로그램의 실행과정을 예를 통해

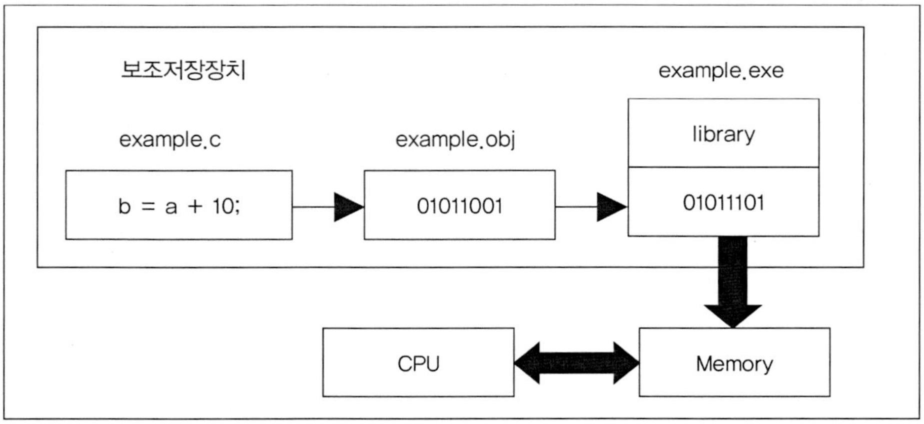

그림 1-3 프로그램의 실행과정

보여준다.

고급 언어(여기서는 C 언어)로 작성한 소스 프로그램(example.c)은 컴파일러에 의해 목적 프로그램(example.obj)으로 번역되고, 링커에 의해 라이브러리와 결합하여 실행가능 파일(example.exe)이 생성된다. 프로그램을 실행시키면 실행가능 파일이 주기억장치로 이동하고 CPU에서 기억장치 읽기/쓰기를 수행하면서 프로그램의 명령을 한 번에 하나씩 수행한다.

2 프로그래밍 언어의 정의

컴퓨터의 기본적인 기능은 컴퓨터 메모리에 저장되어 있는 명령어를 정해진 순서에 따라 수행하는 것이다. 이러한 명령어들의 집합을 컴퓨터 프로그램이라고 하며, 프로그램은 컴퓨터가 수행할 계산절차를 기술한 것이라고 할 수 있다. 프로그램이란 컴퓨터가 실행할 계산 내용을 정해진 법칙에 의해 기술한 것이며, 프로그래밍 언어는 프로그램을 작성하기 위한 표기법(notation)이다.

프로그램과 프로그래밍 언어에 대한 다양한 정의가 있으나 여기서는 위키피디아(Wikipedia)에서 표현한 것을 인용한다.

- A computer program(also software, or just a program) is a sequence of instructions written to perform a specified task with a computer: 컴퓨터 프로그램(또한 소프트웨어, 또는 프로그램)은 특정한 작업을 컴퓨터로 수행하기 위해 작성된 일련의 명령이다.
- A programming language is an artificial language designed to communicate instructions to a machine, particularly a computer. Programming languages can be used to create programs that control the behavior of a machine and/or to express algorithms precisely: 프로그래밍 언어는 명령을 기계, 특히 컴퓨터와 통신하기 위해 설계한 인공 언어이다. 프로그래밍 언어는 기계의 동작을 제어하는 프로그램을 작성하고(또는) 알고리즘을 정확하게 표현하는데 이용된다.

언어를 학습하는데 있어서 중요한 요소 세 가지는 어휘와 구문과 의미이다. 어휘는 언어가 가지는 적법한 단어들을 말한다. 구문(syntax)이란 언어 구성요소, 즉 어휘들이 어떻게 결합할 수 있는가를 정의하는 것이며, 의미(semantics)는 문법적으로 올바른 문장의 의미를 해석하는 규칙을 말한다. 따라서 특정한 프로그래밍 언어를 공부하기 위해서는 그 언어에서 제공하는 단어(키워드)와 연산자 및 특수기호를 알아야 한다. 다음에 이러한 요소들을 어떤 순서로 표현해야 하는지를 알아야 하며 순서에 맞게 표현된 문장의 의미를 파악할 수 있어야 한다. 언어를 구성하는 세 가지 요소를 염두에 두고 프로그래밍 언어를 공부한다면 더 효과적으로 새로운 프로그래밍 언어를 학습할 수 있을 것이다. 다음의 예는 영어의 예를 이용하여 구문과 의미가 무엇인지를 설명한다.

다음 영문은 두 가지 의미로 해석될 수 있다.

Tom saw an airplane, flying to Seoul.

(flying to Seoul이 수식하는 단어가 무엇이냐에 따라 의미가 달라진다. 즉 비행기가 서울로 날아가고 있었는지, Tom이 서울로 날아가고 있었는지 명확하지 않다.)

다음 영문은 문법구조는 동일하나, pen의 의미는 달라진다.

- ink in the pen
- baby in the pen

3 프로그래밍 언어론의 학습 효과

컴퓨터 시스템이 개발된 이후, 수많은 프로그래밍 언어들이 개발되어 발표되었다. 1950년대의 단순 구조의 고급 언어인 FORTRAN을 시작으로 컴퓨터공학 분야에서 가장 널리 사용되는 C 언어, 1980년대 후반에 객체지향 언어로서 발표된 C++, 최근의 인터넷에 기반을 둔 JAVA 등 많은 프로그래밍 언어가 개발되었고, 앞으로도 계속하여 새로운 프로그래밍 언어들이 출현할 것이다. 이러한 상황에서 프로그래밍 언어론을 학습하는 이유는 현재 사용되고 있는 모든 언어를 숙달하고자 함은 물론 아니다. 여러 언어의 특성을 비교 분석할 수 있는 능력을 기르고, 자신이 사용하고 있는 언어의 이해력을 높이며, 보다 신뢰성 있고 효율적인 프로그램을 작성할 수 있는 기반을 마련하는데 그 목적이 있다.

Pratt와 Zelkowitz[1]는 프로그래밍 언어론의 학습을 통해 우리가 얻을 수 있는 것을 다음과 같이 제시하였다.

(1) 효과적인 알고리즘을 개발할 수 있는 능력을 향상시켜 준다.

프로그래밍 언어들이 가지는 특징을 적절하게 사용하면 프로그램을 보다 쉽게 작성할 수 있지만, 잘못 사용하면 계산 시간을 낭비하거나 논리적인 에러를 포함한 프로그램이 만들어질 수 있다. 이에 대한 전형적인 예의 하나로 재귀 호출(recursion)을 들 수 있다. 재귀 호출은 적당히 사용하면 알고리즘을 효과적이고 멋지게 구현할 수 있지만, 잘못 사용하면 실행 시간이 기하급수적으로 늘어나게 된다. 언어설계의 기본 원칙과 구현 기술에 대한 지식은 프로그래머가 재귀 호출의 비용을 이해하게 하며, 특정한 상황에서 재귀 호출을 사용하는 것이 적절한지 판단할 수 있다.

프로그래밍 언어에 관한 지식이 있는 프로그래머는 프로그래밍 언어를 보다 분명하게 이해하고 특징을 매우 유용하게 사용할 수 있기 때문에, 그렇지 못한 프로그래머에 비하여 보다 효율적인 프로그램을 작성할 수 있다.

(2) 현재 사용하고 있는 프로그래밍 언어의 이용도를 증진시킨다.

사용하고 있는 언어의 요소들에는 어떤 것들이 있으며 어떻게 구현되었는지를 이해함으로써 효율적인 프로그램을 개발할 수 있는 능력을 함양할 수 있다. 예를 들어, 배열, 문자열, 레코드 등의 자료구조가 어떻게 생성되고 조작되는지에 대해서 이해한다면, 프로그래머는 보다 효율적인 프로그램을 작성할 수 있다.

(3) 유용한 프로그래밍 구조에 대한 어휘력을 증진시킨다.

프로그래머는 문제 해결을 위해서 자신이 친숙한 언어에서 바로 표현 가능한 구조를 찾으려는 경향이 많다. 즉 항상 사용하는 방법만을 계속 사용하여 프로그래밍하는 것이 일반적인 경향이다. 여러 언어에서 제공하는 기능과 그 구현 기법을 숙지함으로써 프로그래머의 어휘력이 향상된다.

(4) 적절한 프로그래밍 언어를 선택할 수 있다.

여러 가지의 언어들의 특징을 학습하여 주어진 문제나 실행 환경 및 제한사항에 부

---

1 T.W. Pratt, M.V.Zelkowitz, Programming Languages design & Implementation, (3rd edition), Prentice Hall, 1996.

합하는 프로그래밍 언어를 선택할 수 있다. 실행 속도가 중요하다면 어셈블리 언어나 C 언어를 선택하고, 인공지능 응용 프로그램을 작성한다면 LISP, ML이나 Prolog 등의 언어를 선택할 것이다. 또한 기계에 대한 독립성이 요구된다면 Java 언어를 이용하여 문제를 해결할 수도 있을 것이다. 그리고 보안(security)이나 예외처리(exception handling)를 통한 프로그램의 안정성이 요구된다면 Java나 C# 등의 언어를 선택할 수도 있을 것이다.

(5) 새로운 언어를 쉽게 배울 수 있다.

언어 구조에 능숙한 언어학자들은 자기가 사용하고 있는 언어의 구조에 관한 지식이 적은 일반인보다 새로운 외국어를 쉽게 배울 수 있다. 이와 같이 여러 가지 프로그래밍 언어의 특색과 기능을 알고 있으면 새로운 언어를 보다 쉽게 배울 수 있다.

4 좋은 프로그래밍 언어의 조건

1960년대 이전의 좋은 프로그래밍 언어의 기준은 효율성이었다. 당시의 컴퓨터는 매우 고가였기 때문에 프로그램의 적은 실행 메모리와 짧은 실행 시간은 매우 중요한 요소였다. 최초의 고급 언어인 FORTRAN의 경우, 프로그램의 실행 속도가 가장 중요한 관건이었다. 이후 하드웨어 및 소프트웨어의 발전에 따라 좋은 프로그래밍 언어의 기준이 변화하였다. 그 기준을 정리하면 다음과 같다.

(1) 해독성, 판독성, 가독성(readability)

좋은 프로그래밍 언어를 판단하는 중요한 기준은 작성된 프로그램을 쉽게 이해할 수 있어야 한다는 것이다. 고급 언어의 대부분은 명령어로 영어 단어를 사용하고, 사용 수식도 수학적 수식과 비슷하게 하여 해독성을 높이고 있다. C 언어는 프로그램의 간결성을 너무 강조하여 다른 사람이 작성한 프로그램을 이해하는 데 어려움이 있다. 한편 COBOL 언어는 프로그램 문장을 영어 문장처럼 보이게 하여 전문가가 아닌 사람들도 프로그램을 쉽게 이해할 수 있도록 하였다. 그러나 이러한 시도는 불필요하게 프로그램의 크기를 크게 하고 프로그램의 문장을 장황하게 하였으므로 프로그램을 읽거나 작성하는 것을 복잡하게 하는 역효과를 가져왔다.

다음은 변수 X와 Y를 더하여 Z에 대입하는 문장을 C와 COBOL로 표현한 것이다. C 언어의 표현이 더 간결하며 이해가 쉽다.

```
C : Z = X + Y;
COBOL: ADD X TO Y GIVING Z.
```

1970년 이후 소프트웨어가 복잡해짐에 따라 새로운 코드를 작성하는 것보다 기존 소프트웨어의 유지보수가 보다 중요하게 되었다. 유지보수를 용이하게 하기 위해서는 프로그램의 판독성이 매우 중요한 요소가 되었다. 프로그램의 판독성을 높이기 위해서 모든 프로그래밍 언어는 주석(comment)을 허용하고 있다.

C의 주석은 /* comment */의 형식을 가지며,
C++는 // comment
PASCAL은 (* comment *) or comment 의 형식을 가진다.

(2) 간결성

프로그래밍 언어의 간결성은 판독성과 매우 높은 상관관계를 가지고 있다. 간결성은 프로그램이 쉽게 작성되고 이해될 수 있도록 단순하게 표현할 수 있게 하는 특성이다. 프로그래밍 언어는 간단명료하고 단순한 표현으로 원하는 알고리즘을 기술할 수 있도록 해야 한다. 이러한 간결성은 Pascal 언어의 주요 설계 목표였으며, 이러한 간결성으로 인해 Pascal은 큰 성공을 거두었다. LISP와 Prolog는 몇 개의 기본 문법구조를 가지고 있어 매우 간결한 언어이지만 실행 시간이 오래 걸리는 단점이 있다. 일반적으로 간결한 언어는 프로그램의 구조가 복잡해지고, 프로그래밍 작업량이 많아진다. Pascal도 지나친 단순성으로 인해서 문자열 처리기능, 분리 컴파일(separated compile), 적당한 입출력 기능 등을 지원하지 않는다.

C 언어는 주로 전문가에 의해 사용되므로 매우 간결하게 표현할 수 있도록 하였다. 그래서 간결한 표현으로 많은 명령을 포함하는 문장을 작성할 수 있다. 그러나 지나친 간결성은 프로그램의 의미를 파악하는 것을 어렵게 할 수도 있다.

C 언어의 문장은 다른 언어에 비해 매우 간결하다.

```
index = index + 1;
sum = index;
```

위의 두 문장을 C 언어에서는 다음과 같이 간결하게 표현할 수 있다.

```
sum = ++index;
```

(3) 프로그램 검증의 용이성

작성된 프로그램의 신뢰성은 매우 중요하다. 소프트웨어 공학은 작성된 프로그램을 검증하는 많은 기법을 제공하고 있다. 특히 소프트웨어의 크기가 커지고 국방 및 산업분야의 중요 시설들이 컴퓨터에 의해 관리됨에 따라 프로그램의 검증은 더욱 중요해지고 있다. 문법 구조와 언어 의미의 단순 명확함이 프로그램의 검증을 용이하게 하는 중요한 요소이다.

(4) 추상화/단순화(abstraction)

추상화/단순화는 컴퓨터 기술 발전의 핵심 개념이다. 추상화는 추상화된 객체(object)가 자신의 복잡한 내부 구조와 구현 방법 등을 외부로부터 감추어 블랙박스(black box)로 단순화 한다는 의미이다. 단순화된 블랙박스는 블랙박스 이름, 입출력 인터페이스, 기능만을 가진다. 다시 말하자면, 객체의 필수적인 속성(attribute)만을 가지고 객체를 묘사하는 것을 추상화라고 한다. 추상화는 복잡한 것을 간단하게 사용할 수 있게 함으로써 복잡한 기능을 수행하는 프로그램을 간단하게 작성할 수 있게 해주는 매우 중요한 프로그래밍 언어의 요건이다.

스택(stack)과 큐(queue)는 추상화 자료의 대표적인 예이다. 스택과 큐는 일반적인 프로그래밍 언어에서는 기본적으로 지원되는 자료형(data type)이 아니다. 추상화를 제공하는 프로그래밍 언어는 프로그래머가 제공되는 기본 자료형과 제어 문장을 사용하여 새로운 추상화 데이터형인 스택이나 큐를 작성하는 것을 허용한다. 또한 새롭게 작성된 추상화 자료형(abstract data type)이 어떻게 구현되었는지 알 필요 없이 자료형의 이름과 허용된 연산만을 파악하면 추상화 자료형을 사용할 수 있다. 완벽한 추상화 자료형(abstract data type)은 C++, Java 등의 언어에서 지원한다.

스택은 저장할 자료형과 크기를 지정함으로써 선언할 수 있으며, 허용된 연산은 push()와 pop()이 있다. 물론 스택이라는 추상화 자료형을 새로 지정하지 않고 배열(자료의 저장장소)과 정수 변수(top을 가리키는 포인터)를 사용하여 스택을 표현하고 이를 프로그램에서 이용할 수도 있다. 이러한 경우 프로그램 오류 발생 가능성이 높아지고, 프로그램을 이해하기가 어려워질 뿐만 아니라 프로그램의 유지보수 또한 매우 어려워진다.

다음은 C 언어로 스택을 구현한 것이다. 스택의 내부 상태를 나타내는 변수 top, data[]를 프로그램의 어느 곳에서나 사용할 수 있으므로 정보 은닉이 지원되지 않는 상황이다.

```
int top = 0;
int data[100];
void push(int x)
{
  data[top] = x;
  top ++;
}
int pop()
{
  top--;
  return data[top];
}
```

다음은 C++ 언어로 스택을 구현한 것이다. 스택의 내부 상태를 나타내는 변수와 이를 조작하는 함수를 동시에 정의한다. 이 경우 변수 top, data[]는 class 내부 함수에서만 사용할 수 있고 프로그램의 다른 부분에서는 사용할 수 없다. 따라서 C++ 언어는 정보 은닉과 데이터 캡슐화를 지원한다고 할 수 있다.

```
class stack {
   int top;
   int data[100];
public:
   stack() { top = 0; }
   void push(int x) { data[top] = x; top ++; }
   int pop() { top--; return(data[top]); }
};
```

(6) 기계 독립성(machine independence)

특정한 프로그래밍 언어로 작성된 프로그램이 수정되지 않고서도 모든 컴퓨터 시스템에서 실행되고 각 컴퓨터에서 같은 결과를 생성할 때 그 언어는 기계 독립성을 가진다고 한다. 기계 독립성은 특정 기계에 독립적인 언어 정의를 통하여 보장할 수 있다. 모든 자료의 표현은 실행하는 하드웨어의 성능에 영향을 받을 수밖에 없다. PASCAL에서는 MAXINT와 같은 미리 정의된 상수를 사용할 수 있게 하여 프로그래머가 기계에 종속되는 부분을 분리하여 프로그래밍할 수 있도록 한다. 기계 독립성은 프로그램의 이식성(portability)을 향상시키는 데 매우 중요하다. 최근 프로그램을 실행시키는 컴퓨팅 환경이 다양해짐에 따라 프로그래밍 언어의 기계 독립성 요건은 더 중요해지고 있다. Java 언어가 인터넷 환경에서 동작하는 프로그램을 작성하는데 많이 사용되고 있는 이유가 기계 독립성을 지원하기 때문이다.

5 프로그래밍 언어의 종류

5.1 저급 언어/고급 언어

(1) 저급 언어(low-level language)

기계어나 어셈블리 언어 등이 여기에 속한다. 저급 언어는 기계가 이해할 수 있는 이진수 또는 이진수를 기호(symbol)로 표현한 언어라 할 수 있다. 저급 언어는 기계의 특성과 밀접한 관계가 있으며, 추상화 수준이 낮고, 프로그램 작성과 이해가 어렵다. 능숙한 저급 언어 프로그래머는 매우 효율적인 코드를 작성할 수 있다. 그러나 특별한 경우를 제외하면 저급 언어는 거의 사용되지 않는다. 컴파일러가 고급 언어로 작성된 프로그램을 번역하면 결과로 생성되는 것이 저급 언어로 된 프로그램이다.

(2) 고급 언어(high-level language)

FORTRAN, PASCAL, C, C++, Java 등의 언어를 말하며, 사람이 이해하기 쉬우며 추상화를 제공하고 상이한 기계에서 많은 수정 없이 실행 가능한 프로그램을 작성할 때 사용되는 언어이다. 컴퓨터 시스템은 고급 언어를 직접 실행할 수 없으므로 기계어로 번역하는 과정을 필요로 하며 일반적으로 컴파일러나 인터프리터에 의해 번역 과정이 수행된다.

5.2 응용분야별 구분

(1) 범용 언어(general purpose languages)

다양한 분야에서 사용될 프로그램을 작성할 때 사용되는 언어를 말한다. PASCAL, C, C++, C#, Java 등이 여기에 속한다.

(2) 인공지능 언어(artificial intelligence languages)

인공지능 분야의 프로그램 작성에 사용되며 논리 연산과 융통성(flexibility)이 중요시되는 언어이다. LISP, Prolog 등이 대표적인 인공지능 언어이다.

(3) 병렬처리 언어(parallel processing languages)

둘 이상의 비동기적(asynchronous) 상호 통신하는 프로세스를 실행시킬 수 있는 언어이다. Linda, concurrent Pascal 등과 같은 언어들이 이 범주에 속한다.

(4) 페이지 기술 언어(page description languages)

페이지 기술 언어는 실제로 프로그래밍 언어라 할 수는 없으나, 최근에 그 중요성이 강조되고 있으며 널리 사용되는 언어이다. 이는 문서의 형식을 기술하는 사용하는 언어로서 HTML(HyperText Markup Language), XHTML(Extensible HTML), XML(Extensible Markup Language) 등이 대표적이다. 이들 언어는 주로 웹 문서의 내용/구조를 기술하는데 사용된다.

(5) 데이터베이스 질의어(database query languages)

데이터베이스에서 원하는 정보를 검색하기 위해서 별도의 응용 프로그램을 작성하지 않고 초보자도 쉽게 사용할 수 있도록 만든 언어이다. SQL(Structured Query Language)이 대표적이다.

5.3 프로그래밍 방식 또는 프로그래밍 언어의 실행 방식에 의한 구분

프로그래밍 언어를 이용하여 프로그램을 작성하는 방식이나 프로그램의 명령을 실행하는 방식에 의해 명령형, 함수형, 논리형, 그리고 객체지향형, 시각형[2] 등 다섯

[2] 객체지향형과 시각형 언어는 명령형 언어에 포함하기도 하지만 최근 그 중요성이 증대하고 있으므로 따로 구분하여 설명한다.

가지로 프로그래밍 언어를 분류할 수 있다.

(1) 명령형 언어(imperative languages)

명령형 언어에서는 계산 문제를 프로그램의 상태와 그 상태를 변화시키는 문장으로 기술한다. 문제를 해결할 모든 절차를 기술해야 하기 때문에 절차형 언어(procedural language)라고도 한다. 현대적인 컴퓨터의 구조를 제안한 폰 노이만(Von Neumann)에 의하면, 컴퓨터는 기억장소와 중앙처리장치를 가지며, 모든 프로그램과 데이터를 기억장소에 저장하고, 데이터의 조작/변경 등의 명령은 중앙처리장치에 의해 수행된다. 명령형 언어에서의 명령이란 기억장소의 내용을 조작/변경하는 것으로 중앙처리장치에 의해 실행되는 것을 의미한다. 즉 명령형 언어는 변수와 배정문과 같은 기억장소를 참조하는 명령을 사용하여, 기억장소의 내용을 조작/변경하여 계산 과정의 수행을 기술하는 언어이다. 결과적으로 자료 구조와 이를 다루는 알고리즘으로 프로그램이 구성된다. 명령형 언어로 작성된 프로그램은 순차적인 문장들로 구성되며, 각 문장의 실행은 기억장소의 값을 참조하여 조작한 후 그 결과를 기억장소에 저장한다(결과적으로 컴퓨터를 새로운 상태로 전환하게 한다). 일반적인 프로그램의 형식은 다음과 같다.

```
program sample;
        statement 1;
        statement 2;
        ...
statement n;
```

FORTRAN, COBOL, Pascal, C 등과 같은 전통적인 언어 대부분이 명령형 언어에 속한다고 할 수 있다. 이 책 내용의 대부분은 명령형 언어에 관한 것이다.

(2) 함수형 언어(functional languages, applicative languages)

함수형 언어에서 프로그램의 기본 단위는 함수가 되며 프로그램의 구성은 함수의 평가와 호출로 이루어진다. 따라서 프로그램의 실행은 일련의 함수를 수행하는 과정이다. 프로그램을 기억장소의 상태 변화 및 이에 대한 조작으로 기술하는 것이 아니라 입력과 출력의 함수만을 사용하여 기술하는 언어를 말한다. 명령형 언어는 프로그램의 실행이 컴퓨터 내부 상태를 변경하지만 함수형 언어에서는 명령형 언어와는 달리 기억장소의 상태에 대한 개념이 존재하지 않는다. 즉 명시적인 기억장소 할당 명령이나 명시적인 변수 배정문 등이 없다. 함수형 언어는 입력 데이터를 호출 함수의 인자로 사용하여 원하는 결과로 변환하는 형식을 취한다. 함수형 언어의 프로그램 형식은 다음과 같다.

```
result ← functionn (...function2(function1(data))...)
```

함수형 언어로 대표적인 것은 Lisp이며 ML, Scheme, Haskell, Erlang, Clean 등이 여기에 속한다. 함수형 언어에서 모든 함수는 독립적으로 평가되므로 병렬 처리와 같은 다중 처리 분야에서 사용되기도 한다.

(3) 논리형 언어(logical languages)

규칙 기반 언어(rule-based language)라고도 하며, 프로그램은 규칙(rule)과 규칙의 활성화 조건으로 구성되어 있다. 규칙 활성화 조건이 만족되면, 연관된 규칙이 실행된다. 연관된 규칙의 실행은 일련의 추론(inference) 과정으로 이루어진다. 논리형 언어는 사람이 사고하는 과정을 모사(simulation)하려는 시도의 결과로 개발된 언어이다. 논리형 언어에서 사용하는 규칙의 집합을 지식 기반(knowledge base)이라고 한다. 다양한 지식을 표현하여 구축하고 주어진 질의(query)에 대해서 구축한 지식을 탐색하여 가장 적절한 답을 추론하는 방식으로 프로그램이 실행된다. 논리형 언어는 명제 논리(propositional logic)와 술어 논리(predicate calculus)를 이용하여 지식의 표현과 탐색 및 추론을 표현한다. 가장 일반적인 논리형 언어는 Prolog이다. 논리형 언어의 프로그램 형식은 다음과 같다.

```
enabling condition1 → action1
enabling condition2 → action2
enabling condition3 → action3
....
```

(4) 객체지향형 언어(object-oriented languages)

객체지향의 기본 개념은 ① 클래스(class), ② 객체간의 계층화(hierarchy), ③ 상속(inheritance), ④ 다형성(polymorphism)으로 요약할 수 있다. 프로그램 안의 모든 독립된 개체를 객체(object)로 표현하며, 연관된 모든 연산(method) 및 데이터 구조가 객체에 포함되어 정의된다. 객체 내의 데이터와 연산이 캡슐화(encapsulation)되며, 객체간의 계층이 정의될 수 있다. 상위 객체의 속성이 하위 객체로 상속되는 것이 허용된다. 프로그램의 작성은 문제해결에 필요한 객체를 정의하는 것이며, 프로그램의 수행은 객체간의 메시지 교환에 의해 이루어진다. C++, Smalltalk, Java 등이 대표적인 객체지향 언어이다. 객체지향 언어에 대해서는 9장과 10장에서 자세하게 다룰 것이다.

(5) 시각형 언어(visual languages)

시각형 언어는 2000년대 들어 사용되기 시작하였으며 가장 널리 사용되는 언어로서 Visual BASIC을 들 수 있다. 최근에는 Visual BASIC .NET이 이를 대치하였으며 Visual C++, Visual C# 등 Microsoft사의 Visual Studio에서 제공하는 언어들이 이에 속한다고 할 수 있다. 이들 언어는 코드를 자동으로 생성해주는 기능을 제공하여 그래픽 사용자 인터페이스(Graphical User Interface: GUI)를 쉽게 생성할 수 있게 해준다. 시각형 언어를 사용하면 프로그래머는 윈도우(window), 버튼(button), 텍스트 박스(text box) 등의 다양한 폼 컨트롤(form control)을 시각적으로 설계만 하면 된다. 이에 해당하는 프로그램 코드는 Visual Studio에서 자동적으로 생성해 주기 때문이다. 따라서 시각형 언어는 프로그래머의 부담을 줄여주는 장점을 가진 언어라 할 수 있다.

5.5 구현 기법에 의한 구분

고급 프로그래밍 언어로 작성된 프로그램을 실제 기계에서 실행시키는 방법, 즉 구현 방법(implementation method)에 따라 프로그래밍 언어를 번역(translation) 방식과 인터프리터(interpreter) 방식, 그리고 혼합형(hybrid) 방식으로 분류할 수 있다.

(1) 번역 방식

번역 방식은 고급 프로그래밍 언어로 작성된 프로그램을 실행시킬 컴퓨터의 기계어로 번역하여 기계어 프로그램을 생성하고 생성된 기계어 프로그램을 실행시키는 방식이다. 프로그램의 번역과 실행을 위해 다음과 같은 소프트어가 필요하다.

① 컴파일러(compiler) : 컴파일러는 고급 언어를 기계어로 번역해주는 번역기이다. 컴파일러가 있어야만 고급 프로그래밍 언어로 작성된 프로그램들이 실행될 수 있으므로 시스템 프로그램 중 하나로 간주된다.

② 링커(linker) : 컴파일 결과로 생성된 기계어 프로그램(목적 코드)은 다른 목적 코드나 라이브러리에 포함된 함수나 변수를 참조할 수 있다. 따라서 라이브러리와 다른 목적 코드 등 여러 개의 프로그램을 묶어서 실행 가능한 프로그램을 만들어 주어야 하며 링커는 그 역할을 담당하는 프로그램이다.

③ 로더(loader): 실행 가능한 파일을 주기억장치에 적재하는 프로그램이다.

원시 언어 프로그램이 한 번만 번역되면 여러 번 실행될 수 있으며 실행에 필요한 정보들이 컴파일 시간에 미리 계산될 수 있으므로 프로그램의 실행 속도가 인터프리터 방식에 비해 빠르다. 그러나 번역된 프로그램이 매우 큰 기억장소를 요구할 수 있으며 약간의 프로그램 변경이 있어도 전체 프로그램을 다시 컴파일해야 한다. 따라서 번역 방식은 기계어로 쉽게 번역이 이루어질 수 있으면서 기억장소를 특별히 많이 요구하지 않고 기계의 실행 시간을 중시하는 경우에 사용된다.

대부분의 고급 프로그래밍 언어는 번역방식으로 실행되는데 Fortran, Algol, PL/I, Pascal, C, C++ 등이 이에 속하며 컴파일러 언어라고도 불린다.

(2) 인터프리터 방식

원시 프로그램을 처리하기 위한 또 하나의 방법이 인터프리터 방식이다. 인터프리터는 컴퓨터의 주기억장치에 저장된 프로그램인데 많은 컴퓨터에서는 ROM의 형태로 되어 있는 경우도 있다. 인터프리터는 프로그램의 고급 언어 명령문들을 하나씩 번역하고 실행한다. 인터프리터를 이용할 경우에는 원시 프로그램에 존재하는 에러가 프로그램이 실행될 때까지 발견되지 않는다. 또한 프로그램을 실행할 때 필요한 정보들의 계산도 같이 이루어지므로 프로그램의 실행 시간이 컴파일 방식에 비해서 길다. 그러나 인터프리터는 고급 언어 프로그램을 즉시 실행시킬 수 있어서 종종 프로그램의 개발 단계에서 사용될 수 있다. 왜냐하면, 프로그래머가 한 번에 적은 양의 내용을 추가하고 그것을 빠르게 테스트 해보길 원하기 때문이다. 또한 인터프리터를 이용하면 프로그래밍을 대화식으로 할 수 있기 때문에 학생들의 프로그래밍 교육용으로 사용되는 경우도 많다. 다른 장점으로는 목적 프로그램이 생성되지 않으므로 목적 프로그램을 위한 기억장소가 필요하지 않다는 점이다. 또한 매 실행마다 자료형 검사 등을 수행하기 때문에 실행 중에 자료의 동적 변화나 사용자와의 대화가 용이한 융통성(flexibility)이 높아 사용자 적응성(adaptability)을 제공한다. 인터프리터 방식을 사용하는 언어로는 Basic, Prolog, Lisp, Snobol 등이 있다.

(3) 혼합형 방식

컴파일 방식의 빠른 실행속도와 인터프리터 방식의 융통성의 장점을 취하기 위해 두 가지 방식을 혼합한 방식이 제시되었다. 고급 언어로 작성된 프로그램을 기계어가 아닌 해석이 용이한 중간 언어(intermediate language)로 번역을 하고 이 중간 언어를 인터프리터가 실행하는 방식이다. 고급 언어로 작성된 문장은 한 번만 번역되므로 실행할 때마다 매번 번역해야 하는 인터프리터 방식에 비해 빠르게 실행될 수 있다.

Java 언어로 작성된 프로그램은 컴파일러에 의해 바이트 코드(byte code)라는 중간 언어로 번역되어 실행되는데, 한 번 바이트 코드로 번역되면 다시 번역하지 않고 인터프리터에 해당하는 Java 가상기계(Java Virtual Machine)에 의해 실행된다. 최근에는 더 빠른 실행을 위해 Java 바이트 코드를 기계어로 번역하여 실행하기도 한다. 이때 사용되는 번역 프로그램이 JIT(Just-in-Time) 컴파일러인데, JIT 컴파일러는 바이트 코드를 특정 시스템의 기계어 코드로 번역한다. 그리고 프로그램을 실행할 때 컴파일된 기계어 코드를 실행하므로 더 빠르게 Java 프로그램을 실행할 수 있다.

Chapter 2

프로그래밍 언어의 역사

1950년대 이후 수많은 고급 언어들이 개발되어 발표되었다. 이러한 프로그래밍 언어의 발전은 컴퓨터 시스템의 발전과 깊은 관계를 가지고 있다. 지금까지 개발된 많은 언어 중에서 컴퓨터공학 분야에 많은 영향을 끼친 대표적인 프로그래밍 언어를 살펴보기로 하자.

1 FORTRAN

최초의 고급 프로그래밍 언어로 간주되고 있는 FORTRAN은 1954년 IBM의 John Backus 그룹이 초기 버전을 개발하였다. Formula Translation의 약어로 FORTRAN이란 이름을 지었으며, 이름에서 알 수 있듯이 과학기술 계산용으로 개발된 것이다. 당시의 모든 프로그램은 기계어나 어셈블리어로 작성되었으므로, 시스템 의존적이었고 프로그램을 작성하거나 이해하기 위해서는 컴퓨터 시스템 관련 지식이 많이 필요하였다. 보다 작성하기 쉽고 시스템에 독립적인 프로그래밍 언어를 개발하고자 하는 첫 시도가 FORTRAN이었다고 할 수 있다.

이후 1962년 FORTRAN IV가 개발되었으며, 1977년 ANSI 표준인 FORTRAN 77이 제정되었다. FORTRAN은 정적 메모리 할당 및 효율적인 실행을 기본 목적으로 하였으며, 그 이후에 개발된 언어에 비해 제한적인 자료 구조를 제공하였다. 즉 재귀함수(recursive function), 레코드와 같은 구조체, 포인터 등은 제공하지 않았다. 이러한 현대적 요소들은 FORTRAN 90이 발표될 때야 포함되었다.

다음은 사용자로부터 임의의 양의 정수 K를 읽어 들여 1부터 K까지 정수의 합을 출력하는 FORTRAN 프로그램의 예이다.

FORTRAN 예제 프로그램

```
Line              프로그램 소스
1  C              THIS IS SAMPLE PROGRAM
2                 PROGRAM MAIN
3                 INTEGER SUM
4                 READ (5, 100) K
5       100       FORMAT(I5)
6                 SUM = 0
7                 DO 200 I = 1, K
8                 SUM = SUM + I
9       200       CONTINUE
10                PRINT *, 'SUM =', SUM
11                STOP
12                END
```

설명

- FORTRAN 프로그램에서는 대문자만을 사용한다.
- FORTRAN은 7번째 칸부터 프로그램을 작성한다. 1번 문장과 같이 1번째 칸에 C를 표시하면 그 줄 전체가 주석(comment)으로 인식된다.
- 4번의 READ(5, 100) 문장은 변수 K를 표준 입력장치(여기서는 장치번호 5)로부터 읽고, 그 입력 형식은 문장 번호가 100인 FORMAT 문장에 의해 정의된다는 의미이다.
- FORMAT(I5)은 5개의 자리수의 정수형 입력을 의미한다.
- DO 200 I = 1, K는 변수 I를 1부터 K까지 1씩 증가시키면서 수행하라는 의미이다. 여기서 200은 반복 수행할 마지막 문장의 번호를 가리킨다. 즉 DO 반복문에 의해서 변수 SUM에는 1부터 K까지의 합이 더해진다.

2 COBOL(Common Business Oriented Language)

1960년대 초기 이후 상업 분야에서 널리 사용되어온 COBOL은 미 국방성에서 Grace Hopper에 의해 1959년부터 1960년에 걸쳐 개발되었다. 1960년대에 많이 사용된 언어이나 컴퓨터공학 분야에 끼친 영향은 매우 적은 특이한 언어이다. 컴퓨터공학 분야에서 COBOL을 무시해온 이유 중 하나는 단순한 알고리즘을 구현할 때에도 입출력 데이터 선언 및 많은 형식적인 문장을 필요로 한다는 것이다. 프로그래머가 아닌 사람들의 프로그램 판독성을 높이기 위해 일상생활에서 사용하는 단어를 사용하였으나, 이로 인해 프로그램의 크기가 커지고 구문이 복잡하게 되었다. 복잡한 알고리즘은 COBOL로 프로그래밍하기가 어렵고 크기도 커서 작성된 프로그램을 이해하기가 어렵다. 그러나 COBOL은 다음과 같은 개념을 새로 도입하였다. ① 데이터를 조직화한 레코드 구조를 도입하였으며, ② 자료 구조의 선언 부분과 프로그램의 실행 부분을 분리시켰다.

COBOL 프로그램은 부(division), 절(section), 소절(paragraph), 문장(sentence) 등으로 구분된다. 모든 COBOL 프로그램은 4개의 부로 구성된다: 표제(identification)부, 환경(environment)부, 데이터(data)부, 프로시저(procedure)부. 표제부는 프로그램 이름 및 프로그램에 대한 설명으로 구성되며 절이 없다. 환경부에서는 프로그램 수행에 필요한 컴퓨터 장치에 대한 정보를 기술한다. 환경부는 프로그램을 컴파일하고 실행하는 컴퓨터 이름을 기술하는 구성(configuration) 절과 입출력 장치로 사용될 컴퓨터 장치에 대한 명칭을 정의하는 입출력(input-output) 절로 구성된다. 데이터 부는 프로그램에서 사용할 파일 및 임시 기억장소를 정의한다. 파일(file) 절은 파일에서 읽은 데이터를 저장하는 기억장소를 정의하고 작업공간(working storage) 절은 임시 기억장소를 정의한다. 처리 결과를 특정한 양식으로 출력하고자 할 때 그 양식을 정의하는 보고서(report) 절이 있으며 다른 프로그램을 연결시켜 수행하고자 하는 경우 프로그램간의 데이터를 공동으로 사용하기 위한 기억장소를 정의하는 연결(linkage) 절이 있다. 마지막으로 프로시저 부에서는 실제 처리하고자 하는 명령을 기술한다. COBOL 언어의 주요 명령어는 다음과 같다.

출력 준비	: OPEN, CLOSE
입출력 명령	: READ, WRITE
연산 명령	: ADD, SUBTRACT, MULTIPLY, DIVIDE, COMPUTE
단순 입출력	: ACCEPT, DISPLAY
데이터 이동	: MOVE, INSPECT, STRING, UNSTRING
제어 명령	: GO TO, ALTER, EVALUATE, PERFORM, EXIT, STOP
조건 명령	: IF
테이블 검색	: SEARCH, SET
분류, 통합	: SORT, MERGE, RELEASE, RETURN

부프로그램 : CALL, COPY
파일제어 : READ, WRITE, DELTE, REWRITE, START
보고서 작성 : INITIATE, GENERATE, TERMINATE

현재 컴퓨터공학 관련 학과에서 COBOL을 강의하고 있지 않아 COBOL을 프로그래밍할 수 있는 전문가가 계속 줄어들고 있는 상황이다. 그러나 COBOL은 아직도 매우 중요한 언어로서 역할을 하고 있다. 유명한 시장 조사 기관인 Garner Group의 조사[1]에 의하면 많은 업체들이 COBOL 언어로 작성된 프로그램으로 작성된 시스템을 아직도 사용하고 있으며, 이를 Java나 C++같은 다른 언어로 다시 작성하는 것은 매우 많은 시간과 비용을 필요로 한다고 한다. 그리고 COBOL 언어는 확장성과 이식성(portability)이 좋아서 비즈니스와 관련된 거대한 시스템을 개발하는데 많이 사용되었으며 해독이 간단하여 비즈니스에 관한 전문 지식이 없는 프로그래머들이 쉽게 소스 코드를 수정할 수 있다. 또한 COBOL 언어는 비즈니스 모델을 기술하는데 있어서 C++ 언어 같은 객체지향 언어보다 더욱 적합하다고 하는데 이는 많은 비즈니스 모델이 순차적 방식을 가지며, COBOL 언어의 코딩 방식 및 실행 방식이 순차적 방식을 가지기 때문이다. Computer Associate, IBM 등의 기업들은 COBOL 언어를 전자상거래 및 최신 응용 프로그램과 쉽게 통합할 수 있는 툴을 지원하고 있어 이를 사용하여 COBOL 프로그램을 서버 프로그램 및 웹 응용 프로그램에 쉽게 통합시킬 수 있다. 그리고 ISO 표준으로 개발된 COBOL 2002는 클래스 및 객체, 상속, 인터페이스 등의 객체지향 언어의 특성을 수용하여 COBOL 프로그램과 객체지향 언어로 개발된 시스템과의 통합도 용이하게 되었다. 위에서 설명한 것처럼 COBOL 언어는 앞으로도 계속 그 중요성을 유지하며 역할을 할 것이므로 소홀히 할 수 없는 언어라 할 수 있다.

COBOL 예제 프로그램

프로그램 소스

```
IDENTIFICATION DIVISION.
PROGRAM-ID. PRICE-TOTAL.
AUTHOR. I-KIM.
ENVIRONMENT DIVISION.
CONFIGURATION SECTION.
```

[1] 2000년 4월 1일 IEEE Computer Magazine 인용.

```
SOURCE-COMPUTER. PDP.
OBJECT-COMPUTER. PDP.
INPUT-OUTPUT SECTION.
FILE-CONTROL.
   SELECT INP-DATA ASSIGN TO INPUT.
   SELECT RESULT-FILE ASSIGN TO OUTPUT.
DATA DIVISION.
FILE SECTION.
FD INP-DATA LABEL RECORD IS OMITTED.
01 ITEM-PRICE.
   02 ITEM PICTURE X(30).
   02 PRICE PICTURE 9999V99.
   02 FILLER PICTURE X(44).
FD RESULT-FILE LABEL RECORD IS OMITTED.
01 RESULT-LINE PICTURE X(132).
WORKING-STORAGE SECTION.
77 TOT PICTURE 9999999V99, VALUE 0, USAGE IS COMPUTATIONAL.
77 COUNT PICTURE 9999, VALUE 0, USAGE IS COMPUTATIONAL.
01 SUM-LINE.
   02 FILLER VALUE ' SUM =' PICTURE X(12).
   02 SUM-OUT PICTURE $$,$$$,$$9.99.
   02 FILLER VALUE ' NO. OF ITEMS = ' PICTURE X(21).
   02 COUNT-OUT PICTURE ZZZ9.
01 ITEM-LINE.
   02 ITEM-OUT PICTURE X(30).
   02 PRICE-OUT PICTURE ZZZ9.99.
PROCEDURE DIVISION.
START.
   OPEN INPUT INP-DATA AND OUTPUT RESULT-FILE.
READ-DATA.
   READ INP-DATA AT END GO TO PRINT-LINE.
   ADD PRICE TO TOT.
   ADD 1 TO COUNT.
   MOVE PRICE TO PRICE-OUT.
   MOVE ITEM TO ITEM-OUT.
   WRITE RESULT-LINE FROM ITEM-LINE.
   GO TO READ-DATA.
PRINT-LINE.
   MOVE TOT TO SUM-OUT.
```

```
45        MOVE COUNT TO COUNT-OUT.
46        WRITE RESULT-LINE FROM SUM-LINE.
47        CLOSE INP-DATA AND RESULT-FILE.
48        STOP RUN.
```

설명

COBOL 프로그램은 4개의 DIVISION으로 구성된다. COBOL 프로그램 역시 FORTRAN과 마찬가지로 대문자로만 작성된다.

- 1-3 : 프로그램의 IDENTIFICATION DIVISION이다. 프로그램의 실행과는 아무런 관계가 없으며 프로그램의 이해를 돕는 역할을 한다.
- 4-11 : ENVIRONMENT DIVISION이며, 6번 줄은 프로그램 소스가 컴파일된 컴퓨터를 말하며, 7번 줄은 실행할 컴퓨터를 명시한다. INP-DATA라는 파일이 표준 입력이 되고 RESULT-FILE이 표준 출력이 된다.
- 12-31 : 프로그램의 DATA DIVISION이다. 프로그램에서 사용될 모든 변수들과 자료 구조가 정의된다.
- 14-18 : 입력 파일 INP-FILE의 레코드를 명시한다. 레벨 번호 01, 02는 레코드 구조를 계층적으로 구성하기 위해서 사용되는 것이다. 16번 줄에 ITEM PICTURE X(30)의 의미는 ITEM 필드는 문자열 30자로 구성된다는 뜻이다. 17번 줄의 9999V99의 형식은 소수점 이하 2자리이고, 소수점 이상 4자리인 실수를 의미한다.
- 19-20 : 출력 파일 RESULT-FILE의 형식을 지정하고 있다. 출력 1줄을 문자 132자로 구성한다.
- 21-31 : DATA DIVISION의 WORKING-STORAGE SECTION이다. 여기서는 외부 파일과 무관한 프로그램 변수, 자료 구조 등을 정의한다. 실수 변수 TOT와 정수 변수 COUNT가 선언되어 있으며, 레코드 SUM-LINE과 ITEM-LINE이 선언되어 있다.
- 32-48 : 프로그램의 실행 과정을 정의하는 PROCEDURE DIVISION이다. START, READ-DATA 등은 라벨로서 GOTO 문과 같이 사용하여 제어점을 옮길 때 사용된다.
- 34 : 외부 파일 INP-DATA와 RESULT-FILE 등의 처리를 위해 오픈하였다.

- 36 : INP-DATA로부터 데이터를 읽고, 만일 더 이상 읽을 데이터가 없으면 PRINT-LINE으로 가라는 의미이다.
- 47 : 프로그램과 외부 파일 INP-DATA와 RESULT-FILE과 연결을 끊는다.

3 ALGOL(ALGOrithmic Language)

Algol은 1950년대 후반에서 1960년대 초반에 범용 프로그래밍 언어를 설계하려는 노력의 결과로 개발된 언어이다. Algol60은 알고리즘을 기술하기 위한 일반적인 언어로 처음으로 begin-end 블록 구조(block structure)의 개념을 도입하였다. 이에 따라 프로그래머가 새로운 데이터 환경, 즉 영역(scope)을 정의하여 프로그램의 일부를 지역화시킬 수 있게 되었다. 또한 부 프로그램(sub-program)에 매개변수(parameter)를 전달하는 두 개의 방법(참조-전달, 값-전달)을 허용하였으며 재귀적인 프로시저를 허용하였다. Algol은 스택 기반의 실행 환경을 도입하였으며 Backus-Naur forms(BNF)을 최초로 사용한 언어이다. 그리고 스택-동적 배열(stack-dynamic array)을 허용하여 실행 시간에 기억장소의 크기를 결정할 수 있는 데이터 형을 지원하였다.

Algol은 여러 특징으로 인해 이후에 나오는 많은 언어의 모태 언어가 되었다.

4 PASCAL

Pascal은 원래 시스템 소프트웨어 작성을 위한 교육용 언어로서 1971년 Wirth에 의해 개발되었다. Pascal이라는 이름은 1642년에 디지털 계산기를 개발한 위대한 프랑스의 수학자 파스칼의 이름을 딴 것이다. 1960년대 초에 개발된 Algol 60은 PASCAL을 설계하는데 많은 영향을 끼쳤다. Pascal은 Algol의 설계 이념을 보다 작고 단순하고 효율적으로 구조화시킨 언어로서 컴퓨터 교육계에서 놀랄 만큼의 성공을 거두었다. 1970년대 말기부터 1980년대 말까지 Pascal은 대부분의 컴퓨터 관련 학과에서 기본 언어로 채택할 정도로 가장 중요한 프로그래밍 언어였다.

Pascal은 블록 구조 언어이며, Pascal 프로그램은 main 프로그램 블록으로 구성된다. 기존 일부 언어의 배정문과 비교문에서 같이 사용되던 연산자 '='는 배정문

(assignment statement)에서는 ':='으로 비교문에서는 '='을 사용하여 프로그램 작성 및 컴파일러 구현에 용이하도록 하였다. PASCAL에서는 정수, 실수, 나열형(enumeration type), 문자, 문자열, 배열, 포인터, 레코드(record), 파일, 집합(set) 등 다양한 데이터 형을 제공한다.

Pascal 언어는 매우 짜임새 있는 구조와 간결성으로 인하여 많은 성공을 거두었으나, 분리 컴파일(separate compile), 적절한 문자열 처리, 확장 가능한 입출력 기능 등을 제공하지 못하였다. 특히 사용자 정의 추상화(abstraction) 기능을 제공하였으나, 정보 은닉(information hiding) 기능이 없어 현대적인 프로그래밍 기법을 적용하기가 어렵다.

다음 Pascal 프로그램의 예는 입력 파일로부터 vector를 읽어 들여 입력된 vector의 요소들의 합을 출력 파일에 출력하는 프로그램이다.

프로그램 소스

```
program MAIN(INFILE, OUTFILE);
const
  SIZE = 99;
type
  VECT = array[1..SIZE] of real;
var
  INFILE, OUTFILE: text;
  A: VECT;
  J, K: integer;
function SUM(V: VECT; N: integer): real;
var
  temp: real;
  I: integer;
begin
  temp: = 0;
  for I: = 1 to N do
     temp: = temp+V[I];
  SUM : = temp
end;
begin { main }
  read(INFILE, K);
  for J: = 1 to K do
```

```
23         begin
24            read(INFILE, A[J]);
25            write(OUTFILE, A[J])
26         end;
27         writeln(OUTFILE, 'Total = ', SUM(A, K))
28      end.
```

설명

- 1 : 프로그램의 이름은 MAIN이며, 두 개의 파라미터 INFILE, OUTFILE을 사용함.
- 2-3 : 상수 SIZE를 선언
- 4-5 : 1차원 배열 VECT의 타입을 선언
- 6-9 : 프로그램에서 사용할 전역 변수(global variables)를 선언
- 10-19 : 함수 SUM을 정의하고 있음. SUM은 1차원 배열과 배열의 크기를 인자로 받아 배열의 합을 반환하는 함수이다.
- 20-28 : MAIN 프로그램의 실행 부분이다. MAIN 프로그램의 실행은 20번 줄부터 시작한다.
- 22-27 : for loop이다. 외부 파일 INFILE로부터 데이터를 읽어 OUTFILE에 출력하고 있다.
- 27 : 함수 SUM을 호출하고, 그 결과를 출력한다.

5 C

C 언어는 AT&T 벨 연구소의 Dennis Ritchie와 Ken Thompson에 의해서 1972년에 개발되었다. C라는 이름은 B라는 언어의 뒤를 이어서 개발되었기 때문에 붙여진 이름이다. 최근의 PC보다 훨씬 성능이 떨어지는 DEC PDP-7을 사용하여 B 언어가 개발되었다. UNIX 운영체제를 사용했던 이 컴퓨터에서 Ken Thompson은 BCPL이라는 언어를 기반으로 B 언어를 설계하였다.

C 언어는 Algol과 Pascal의 영향을 많이 받았으며, UNIX라는 새로운 운영체제를

구현하는 언어로서 개발되었다. C 언어는 범용 프로그래밍 언어로 개발되었지만, 간결한 문법, 효율적인 실행 및 효과적인 포인터 타입을 제공함으로써 가장 많이 사용되고 있는 시스템 프로그래밍 언어가 되었다. 물론 많이 사용되고 있는 UNIX 라는 운영체제가 C 언어로 구현되었다는 점도 C 언어가 널리 사용되게 된 주요한 이유이다.

그러나 C 언어는 프로그램을 보기 좋게 하기보다는 간결하게 만든다. 블록의 시작과 끝을 나타내기 위해 begin/end 대신에 중괄호('{', '}')를 사용하고 x = x + 1 대신에 x++를 사용할 수 있어 프로그램을 간결하게 한다. 이러한 점은 가독성을 떨어뜨리기도 한다. 또한 컴파일 시간에 타입 검사(type checking)를 하지만, 정수형, 문자형, 논리형, 나열형 등의 데이터를 모두 정수로 처리하기 때문에 강력한 타입 검사(strong type checking)를 하지 않아 프로그램이 포함할 수 있는 실행 시간 오류의 가능성을 컴파일 시에 모두 확인하지 못할 수 있다.

특히 switch 문과 break 문은 오류를 발생시키기 쉽다. switch() 안의 값에 따라 적절한 명령어를 실행하고, break 문을 만나면 switch 문을 빠져나가게 되어 있다. 만일 프로그래머가 실수로 break를 빠뜨리면, 프로그램은 그 다음 옵션을 계속 수행하게 되어 의도하지 않은 결과를 생성할 수 있다.

또한 if (k = 1) x = 1;과 같은 문장은 k = 1; x = 1; 동일하게 된다. 변수 k에 1을 저장하고, 그 반환값이 1이므로 if 문은 이를 true로 인식하기 때문이다. C 언어도 구조체 타입을 지원하지만, 데이터 캡슐화(data encapsulation)를 제공하지는 않는다. 이러한 단점은 C++에서 보완되어 C++는 완벽한 추상 자료형(abstract data type)을 지원한다. C 언어는 가장 널리 알려진 언어이므로 C 언어의 예제 프로그램은 생략한다.

6 C++

AT&T 벨 연구소의 Bjarne Stroustrup이 Simula 67을 모델로 삼아 기존의 C 언어에 Class 개념을 추가시킨 C with Classes를 개발하였다. 초기에 발표한 C with Classes에는 연산자 중복(operator overloading), 가상 함수(virtual function) 등의 특징이 포함되어 있지 않았다. C with Classes는 벨 연구소 안에서 성공을 거두

었고, Stroustrup은 보다 새로운 특징을 포함하고 기존의 C with Classes의 비일관성을 수정한 새로운 언어를 개발하기 시작하였다. 이 언어는 처음에 "new C"라고 불리었으나, Rick Mascitti가 C 언어의 ++ 연산자를 이용하여 C++라는 이름을 붙였다. 이는 C 언어의 문법 구조를 대부분 수용하고, C 언어를 보다 향상시켰다는 의미라고 할 수 있다. C++ 언어는 클래스, 연산자 중복, 가상 함수, 상속 등의 특징을 가지고 있어서 객체지향 프로그래밍(object oriented programming)에 알맞다.

C++ 언어는 C 언어에 여러 가지 새로운 개념이 추가되었지만, 그 중에 중요한 것은 객체(object)의 개념이다. 객체는 구조체와 비슷한 것으로서 class 키워드를 사용하여 기술한다. 특이한 것은 객체에는 데이터와 데이터를 다루는 함수가 같이 표현된다는 점이다. C++ 언어는 객체지향 설계에 의한 프로그래밍을 효과적으로 기술할 수 있어 큰 프로그램을 작성할 때 유용하다. 또한 C++ 언어는 모듈화 프로그래밍의 강점이 있다. 따라서 대형 전산화 프로젝트를 수행할 때, 프로그램이 모듈별로 분리될 수 있어 프로그램 작성과 유지 보수에 편리하다. C++의 예제 프로그램은 뒤의 객체지향 프로그래밍에서 자세히 다룰 것이므로 여기서는 생략한다.

7 C#

C# 언어는 2000년 6월 Microsoft 사에서 Anders Hejlsberg을 리더로 한 그룹에서 .NET 환경에 맞춰 설계된 프로그래밍 언어이다. C# 언어는 범용 프로그래밍 언어로서 콘솔 응용 프로그램(console application)뿐만 아니라 윈도우 응용 프로그램(winform application)을 작성할 수 있는 언어이다. C# 언어는 C와 C++의 발전된 형태이며 간단하고, 형식 안정적이고 객체지향적 언어이다. 또한 C# 언어는 Visual Basic과 같이 사용자 인터페이스를 쉽게 만들 수 있는 컴포넌트(component) 기능을 제공하기도 한다. C#의 주요한 목표 중 하나는 .NET 환경에서 컴포넌트 기반 소프트웨어의 개발을 용이하게 하는 것인데 .NET 환경에서는 다양한 언어로 작성된 컴포넌트들을 손쉽게 결합하여 프로그램을 개발할 수 있는데, 이는 C#을 이용하여 프로그래밍을 해야 하는 주요한 이유 중의 하나라고 할 수 있다. 그리고 C# 언어는 Java 언어의 분산 환경 지원 및 예외처리 기능 등을 포함하는 등 많은 프로그램 작성에 사용되고 있어 그 중요성이 더욱 커지고 있다.

C# 언어는 소프트웨어의 견고성(software robustness)과 프로그래머의 생산성을

중요하게 고려해서 설계되었기에 강한 타입 검사(strong type checking), 배열 경계 검사(array bounds checking), 변수 초기화 검사(detection of attempts to use uninitialized variables) 및 자동 쓰레기 수집(automatic garbage collection) 기능을 제공한다. 자동 쓰레기 수집 기능은 프로그래머가 보다 편하게 프로그래밍을 할 수 있게 해주고 안정성 높은 프로그램을 개발하는데 많은 도움을 준다. 그리고 C# 언어는 국제화(internationalization)를 위한 지원을 중요하게 고려하여 설계되었으며 호스트 시스템(host system)뿐만 아니라 내장형 시스템(embedded system)을 위한 응용 프로그램을 개발하는 데에도 적합하도록 개발되었다. C# 언어는 C++, Java 등 기존 언어의 장점만을 모아 만든 언어로서 기능이 막강하다.

C# 언어로 프로그램을 작성하여 컴파일하고 실행하기 위해서는 C# 컴파일러가 필요하다. C# 언어는 .NET이라는 환경에서 실행되는 프로그램 작성용으로 개발되었기 때문에 우선 .NET 환경이 설치되어 있어야 하며[2] 이후에 C# 컴파일러를 포함하고 있는 소프트웨어 개발 키트(Software Development Kit: SDK)를 설치해야 한다.[3] 문서 편집기로 프로그램을 작성하고 SDK에 포함된 C# 컴파일러와 실행 엔진으로 프로그램을 컴파일하고 실행할 수 있다. 또한 Visual Studio 2008을 사용하여 C# 프로그램의 작성과 컴파일 및 실행을 할 수 있다.

다음은 SDK를 이용하여 프로그램을 컴파일하고 실행하는 과정이다. 우선 문서 편집기로 프로그램을 작성한다. 다음은 C# 언어로 작성한 “Hello World!” 프로그램이다.

```
// A "Hello World!" console application program in C#: Hello1.cs
class Hello
{
	public static void Main()
	{
		System.Console.WriteLine("Hello World!");
	}
}
```

Java 언어처럼 C# 언어 프로그램은 반드시 Main 메소드(method)를 포함해야 한

2 일반적으로 .NET framework는 Windows 운영체제와 함께 설치된다.
3 Microsoft사의 홈페이지에서 다운로드 받을 수 있다.

다. Main 메소드는 정적(static) 메소드이며 반드시 클래스 내부에 있어야 한다. C# 프로그램은 일반적으로 .NET 프레임워크의 실행시간 라이브러리(run-time library)에서 제공되는 입출력 서비스를 사용한다. 위의 프로그램에서는 실행시간 라이브러리에 있는 Console 클래스의 출력 메소드 중 하나인 WriteLine 메소드를 사용하여 출력하고 있다.

.NET 소프트웨어 개발 키트를 다운로드 받아 설치하면 [시작] → [프로그램] → [Microsoft .NET framework SDK]가 생성되며 여기서 "SDK command prompt"를 실행시켜 다음과 같이 C# 프로그램을 컴파일하고 실행시킬 수 있다.

```
>csc Hello1.cs
>Hello1
Hello World!
```

설명

C# 컴파일러는 'csc'로 호출한다. 컴파일 결과 'Hello1.exe'라는 실행 파일이 생성되고 이를 실행시켜보면 위의 결과처럼 실행된다.

"using System"이라는 문장을 이용하여 System 클래스를 포함하면 다음과 같이 프로그램을 작성할 수 있다.

```
// A "Hello World!" console application program in C#: Hello2.cs
using System;
class Hello
{
        public static void Main(string[] args)
        {
                Console.WriteLine("Hello World!");
        }
}
```

위의 프로그램들은 콘솔 응용 프로그램으로서 Windows의 명령 프롬프트(command prompt) 창에서 실행된다. 즉 명령 프롬프트 창에서 프로그램을 실행시키면 화면에 "Hello World!"를 출력한다. 위에서 언급하였듯이 C# 언어는 윈도우 응용 프로그램도 작성할 수 있는데 다음 프로그램은 "Hello World!"에 대한 윈도우 프로그램이다. 이 프로그램을 실행시키면 “Hello World!”라는 윈도우 창이 뜬다(그림 2-1).

```
// A "Hello World!" winform application program in C#: Hello3.cs
using System;
using System.Windows.Forms;
class WinFormApp : Form {
    WinFormApp() {
        Text = "Hello World!";
    }
    public static void Main() {
        Application.Run(new WinFormApp());
    }
}
```

그림 2-1 Hello World 프로그램의 실행 모습

다음은 Visual Studio 2008을 이용하여 C# 프로그램을 작성, 실행하는 과정을 설명한다. 먼저 [File → New → Project]를 이용하여 프로젝트를 생성한다. 콘솔 응용 프로그램의 경우 그림 2-2와 같이 “Console Application”을 선택하고 프로젝트의 이름을 입력한다(Hello World).

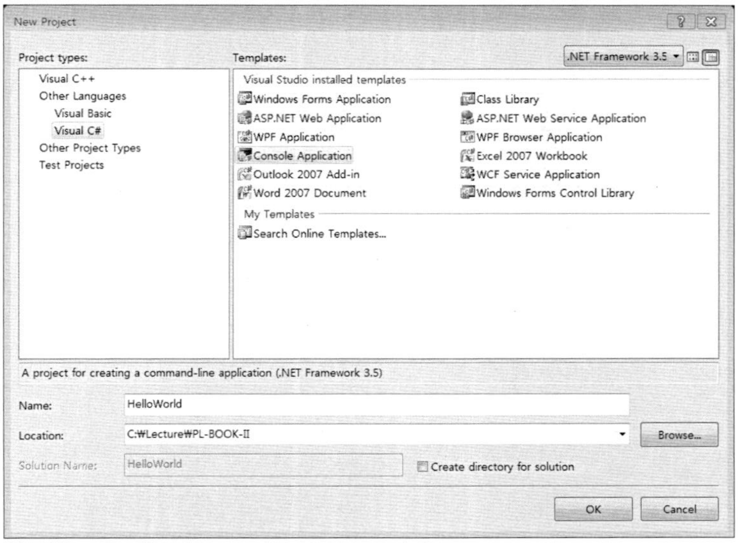

그림 2-2 콘솔 응용 프로그램용 프로젝트 생성

그러면 필요한 코드들이 자동적으로 생성되고 프로그래머가 원하는 코드만 입력하면 된다(그림 2-3). 다음에 [Build → Build Solution]를 실행하면 실행 파일이 생성되고 이를 실행시키면 된다.

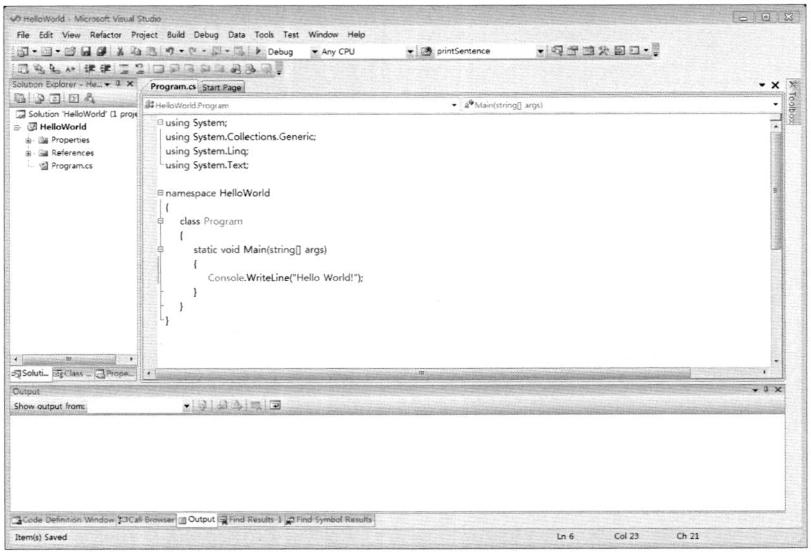

그림 2-3 C# 코드 작성 예

윈도우 응용 프로그램의 경우 그림 2-4와 같이 "Windows Form Application"을 선택하고 프로젝트를 생성하면 그림 2-5와 같이 윈도우의 모습을 보여준다. 이 경우 코드를 작성하는 방식이 아니라 직접 윈도우의 모습을 디자인할 수 있게 한다. 그

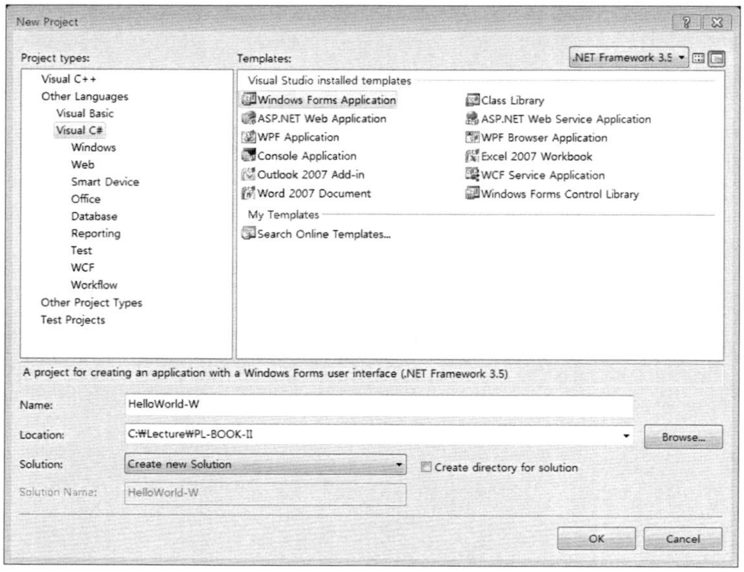

그림 2-4 Windows 응용 프로그램용 프로젝트 생성

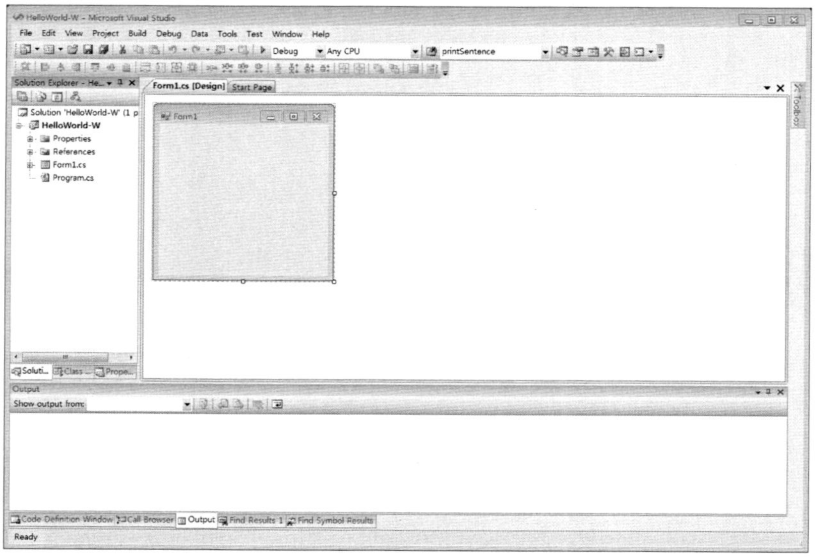

그림 2-5 Windows 응용 프로그램 작성 초기 모습

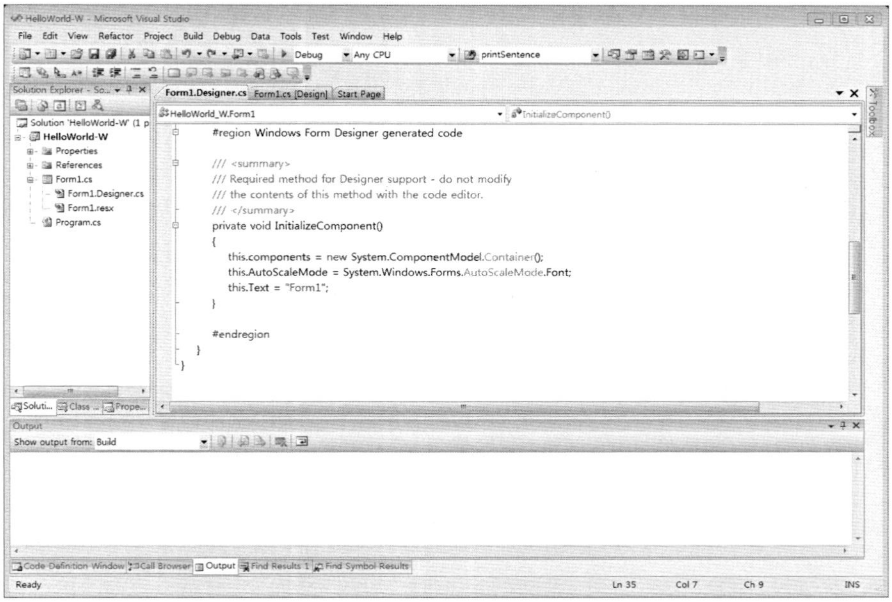

그림 2-6 Window Form 값의 변경 화면

림 2-1과 같은 실행 결과를 얻고자 한다면 그림 2-6과 같이 Form1.Designer.cs 파일의 InitializeComponent() 함수에 있는 this.Text = "Form1"의 값을 "Hello World!"로 바꾸면 된다.

8 JAVA

Java 언어[4]는 1991년 Sun Microsystems의 James Gosling에 의해서 개발되었다. Java 언어의 개발은 가전제품을 제어할 간단한 소프트웨어를 개발하는 것이 목적이었다. Java 언어의 특징은 특정 하드웨어와 운영체제 플랫폼에 대한 독립성, C++ 언어에 비해 단순해진 문법, 분산 환경 및 보안성 지원 등을 들 수 있다. 플랫폼에 독립적인 코드를 만들기 위해 개발팀은 처음 C++ 언어를 기반 언어로 선택하였다. 객체지향 개념 및 문법 형식에서 C++ 언어와 Java 언어는 유사한 점이 많다.

4 Java에 관한 최신 정보 및 필요한 프로그램들은 java.sun.com(현재는 www.oracle.com/technetwork/java/index.html)과 www.java.com에서 얻을 수 있다.

Java 언어는 1994년부터 인터넷 및 Web browser와 결합하여 1995년 5월 발표되었으며 현재에도 계속 새로운 기능을 추가하고 있다.

Java 프로그램을 실행시키기 위해서는 Java 플랫폼(platform)이라는 환경이 필요하다. 이는 Java 언어로 작성된 프로그램을 실행시키는 소프트웨어 및 하드웨어 환경을 의미한다. 운영체제와 하드웨어의 다양한 조합이 다른 플랫폼의 예가 될 수 있다. Java 플랫폼은 Java 가상기계(Java Virtual Machine)와 Java 응용 프로그래밍 인터페이스(Java Application Programming Interface: Java API)의 두 가지로 구성된다. Java 가상기계는 Java 프로그램을 컴파일한 후 생성되는 바이트 코드를 실행하는 소프트웨어이며 Java 응용 프로그래밍 인터페이스는 Java 프로그램의 개발을 쉽게 하는 다양한 기능을 가지는 클래스와 인터페이스로 구성된 라이브러리를 일컫는다. 그림 2-7은 Java API, Java VM, Java 프로그램 및 하드웨어간의 관계를 보여준다.

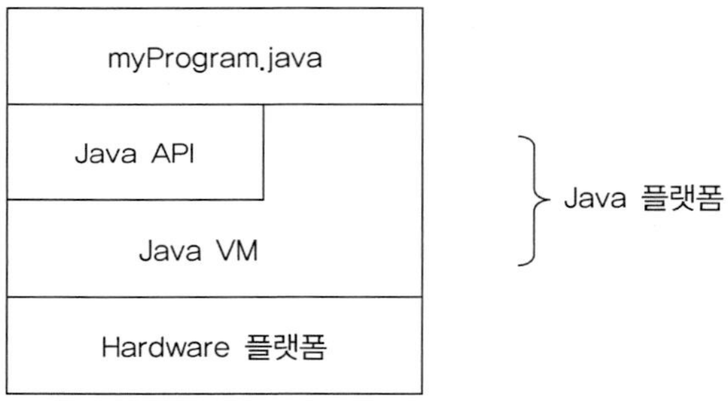

그림 2-7 Java 프로그램과 하드웨어간에 존재하는 Java 플랫폼[5]

그림 2-8은 Java 프로그램을 작성하고 실행시키는 과정을 설명한다. 먼저 Java 언어로 프로그램을 작성한 후 이를 컴파일하여 바이트 코드로 변환한다. 이를 위해 'javac'라는 컴파일러가 필요하다. 컴파일 후 생성되는 class 파일이 바이트 코드로 되어 있으며 이 파일이 Java 가상기계에서 실행된다. Java 가상기계를 호출하기 위해 'java'라는 명령어(Java 가상기계를 실행시키는 명령어)를 사용한다. Java 가상기계는 Java 실행시간 환경(Java Run-time Environment)에 포함되어 있으며 이것과 Java 컴파일러 및 기타 다른 도구를 포함하여 Java 소프트웨어 개발 키트

5 The Java Tutorial, 3rd edition, Mary Campione, Kathy Walrath, Alison Huml.

(Java Software Development Kit: Java SDK 또는 JDK)가 구성된다. 즉 JDK는 JRE를 포함한다.

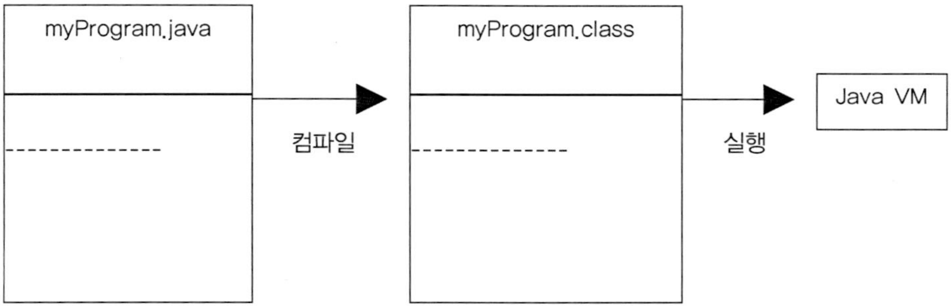

그림 2-8 Java 프로그램의 실행 과정

Java 언어는 객체지향 프로그래밍의 세 가지 핵심 개념인 객체(object), 클래스(class) 및 상속(inheritance)을 지원한다. Java 언어의 문장 형식은 C++ 언어와 매우 유사하지만, friend 함수, 연산자 중복(operator overloading), 헤더 파일, 선행 처리기(pre-processor), 구조체 및 공용체, 다중 배열, 템플리트(template) 및 묵시적 타입 변환(implicit type conversion) 등 복잡한 요소들을 제외하였다.

또한 Java 언어는 클래스보다 큰 그룹화 도구로 패키지(package)를 지원한다. 패키지는 여러 프로그램에서 공유하는 Java 클래스의 모음이다. 패키지는 서로 연관된 클래스들을 한 모듈로 그룹화 할 경우에 유용하게 사용된다. Java 언어는 C++ 언어에서 지원되는 private, protected, public의 가시성 종류 이외에 패키지 내부의 효과적인 정보 공유를 위해 패키지 가시성(package visibility)을 지원한다. 또한 인터넷 기반 응용 프로그램을 개발할 수 있도록 애플릿(applet)을 지원한다. 애플릿은 HTML 문서를 이용하여 서버로부터 클라이언트에게 직접 전송되어 클라이언트 컴퓨터에서 실행될 수 있는 응용 프로그램의 일종이다. Java 애플릿은 서버에서 실행되던 CGI(Common Gate Interface) 프로그램을 클라이언트에게 전송하여 실행함으로써 서버와 클라이언트간의 프로세싱의 균형을 이루게 하였다. Java 언어는 객체지향 프로그래밍의 모듈성, 재활용성, 유지 보수의 용이성 등의 장점을 가지고 있으며, 현재 인터넷 기반의 응용 프로그램 개발과 모바일 응용프로그램 개발에도 널리 사용되고 있는 중요한 언어 중의 하나이다.

다음은 분수 클래스(fraction)를 정의하여 분수간의 더하기 곱하기 연산을 보여주는 Java 예제 프로그램이다.

```
class Fraction {                              // Fraction 클래스의 정의
  private int numerator;                      // 분자를 나타내는 변수
  private int denominator;                    // 분모를 나타내는 변수
  Fraction(int num, int denom) {              // 생성자
    numerator = num;                  // Fraction 객체를 생성할 때 사용됨
    denominator = denom;
  }
  private int gcd(int x, int y) {             // 최대공약수를 구하는 메소드
     return (y! = 0) ? gcd(y, x%y) : x;
  }
  private Fraction reduce(Fraction f) { // 기약분수로 만드는 메소드
      int divisor;
      divisor = gcd(f.numerator, f.denominator);
      f.numerator = f.numerator / divisor;
      f.denominator = f.denominator / divisor;
      return f;
  }
  public Fraction add(Fraction f) {       // Fraction 객체간의 더하기
      numerator = numerator * f.denominator + f.numerator * denomi-
                 nator;
      denominator = denominator * f.denominator;
      return reduce(this);
  }
  public Fraction mul (Fraction f) {      // Fraction 객체간의 곱하기
      numerator = numerator * f.numerator;
      denominator = denominator * f.denominator;
      return reduce(this);
  }
  public String toString() {
      String form = numerator + "/" + denominator;
      return form;
  }
}

public class FractionTest {               // main 함수를 포함하는 메소드
  public static void main(String[] args){ // 이곳이 가장 먼저 실행됨
    Fraction f1 = new Fraction(1, 2);       // Fraction 객체 f1, f2를
```

```
    Fraction f2 = new Fraction(3, 4);      // 위한 공간 할당
    f1 = f1.add(f2);                       // f1 = f1 + f2
    f2 = f2.mul(f1);                       // f2 = f2 * f1
    System.out.println("f1 = " + f1 + ", f2 = " + f2);
  }
}
```

위의 Java 프로그램을 실행시기키 위해서는 먼저 Java 컴파일러인 'javac'를 이용하여 컴파일해야 한다. Java 컴파일러는 main 메소드를 포함하고 있는 class의 이름과 Java 프로그램의 파일 이름이 같도록 요구한다. 따라서 위의 Java 프로그램을 FractionTest.java라는 이름으로 저장한 후 'javac FractionTest.java' 명령을 실행시킨다. 컴파일을 수행하면 Java 프로그램에 포함된 모든 class에 대해서 별도의 class 파일이 생성된다. 따라서 위의 프로그램을 컴파일하면 Fraction.class와 FractionTest.class 파일이 생성된다. 프로그램의 실행은 main 메소드를 Java 가상기계가 호출함으로써 이루어지므로 main 메소드를 포함하는 class 파일을 이용한다. 즉 'java FractionTest'라는 명령을 수행하면 프로그램이 실행된다.

9 Perl

최근 CGI용 언어로 많이 사용되는 Perl 언어는 텍스트 처리에 주안점을 두고 개발된 인터프리터 언어이다. Perl 언어는 사용하기 쉽고, 효율적이며, 융통성과 완벽함을 목적으로 하였다. Perl 언어는 C 언어, UNIX의 쉘 스크립트(shell script)와 awk 등의 유틸리티와 같은 여러 가지 우수한 특징을 지닌 언어이다. 따라서 유닉스 및 C 언어에 익숙한 사람은 Perl 언어를 보다 쉽게 배울 수 있다.

수식의 문법은 C 언어의 수식과 매우 비슷하다. UNIX의 유틸리티와는 달리 Perl 언어에서는 데이터의 크기에 제한을 두지 않는다. Perl 언어에서는 배열의 첨자로 정수 대신에 문자열을 사용할 수 있는 연관 배열(associative array)이 가능하다. 이러한 연관 배열을 구현함에 있어 시스템의 성능 저하를 줄이기 위해서 hash 테이블을 사용하였다. 또한 Perl은 많은 양의 텍스트 데이터의 빠른 처리를 위해서 매우 세련된 패턴 매칭 연산자를 지원한다. Perl 언어의 주요 특징은 다음과 같이 정리할 수 있다.

- 변수를 명시적으로 선언할 필요가 없다. 대신 변수의 첫 문자를 이용하여 scalar형, 배열형, 연관 배열형을 구분한다($, @, %).
- 배열의 크기를 미리 선언할 필요가 없다. 배열의 크기는 고정되지 않는다.
- 모든 변수들은 명시적으로 지정하지 않았을 경우, 기본 초기값을 가지고 있다.
- 다양한 패턴 매칭 연산자들은 텍스트 처리를 쉽고 편리하게 한다.
- 수학 계산을 위한 완벽한 연산자 집합을 제공한다.
- 여러 가지 작업을 위한 다양한 기본 함수를 제공한다.

다음에 Perl 언어의 변수형을 예를 들어 설명한다.

① scalar형(변수 이름이 $로 시작): $deposit는 처음 정수 값이 지정되었으나, 그 다음 줄의 계산으로 실수 값이 지정되었다. Perl 언어에서는 정수, 실수, 문자열이 동일한 scalar형으로 취급된다.

```
$deposit = 120;
print "$deposit\n";
$deposit = $deposit * 1.124;
print "$deposit\n";
$deposit = "prices are too high";
print "$deposit\n";

[실행 결과]
120
134.88
prices are too high
```

② 배열형(변수 이름이 @으로 시작하며, 배열의 요소는 scalar 형): 배열의 크기 및 배열요소의 유형에 관한 바인딩이 실행시간에 이루어진다.

```
@names = (0, 1, 2, "three", 4.0, 5);
print "@names\n";
print "$name[1]\n";
print "$name[3]\n";
$names[6] = 6;
print "@names\n";
```

```
[실행결과]
0 1 2 three 4 5
1
three
0 1 2 three 4 5 6
```

③ 연관 배열((변수 이름이 @으로 시작): 연관 배열의 예는 Perl을 주제로 한 장에서 자세히 다룰 예정이므로 여기서는 생략한다.

10 LISP

LISP 언어는 대표적인 함수형 언어(functional language)로서 'list processing language'에서 의미하듯이 리스트(list) 처리에 적합하여 인공지능(artificial intelligence) 분야의 프로그램 작성을 위해 1958년 John McCarthy에 의해 개발되었다. 처음 소개된 이후에 인공지능 분야에서 많이 사용되었으며 지금까지도 여러 가지 유형의 LISP 언어가 개발되어 사용되고 있다. 가장 최근에 많이 사용되는 것으로는 Common Lisp가 대표적이다. LISP 언어는 매우 강력하면서도 단순한 언어라서 쉽게 배울 수 있는 언어이다. 인공지능 분야에 한정되기도 하였지만 최근에는 매우 효율적인 LISP 버전이 개발되어 다양한 용도로 사용될 수 있는 언어이다. LISP 언어는 트리 자료 구조, 자동 기억장소 관리, 동적 바인딩 등 컴퓨터 분야의 많은 아이디어를 구현하는데 활용되었다.

모든 프로그램 코드는 s-expression이라는 괄호로 싸인 리스트로 구성된다. 리스트의 첫 요소는 함수의 이름, 그리고 나머지 요소들은 함수의 인자 역할을 하며 프로그램의 실행은 일련의 함수 호출 방식으로 진행된다. 즉 LISP 프로그램의 대부분은 함수(function)라고 할 수 있으며 LISP 인터프리터가 일련의 함수 호출을 실행하여 프로그램을 실행한다. 표 2-1은 수학적 계산이 LISP에서 어떻게 함수로 표현될 수 있는지를 보여준다.

표 2-1 수학적 계산의 LISP 함수 표현

LISP function	Return value	의미
(+ 1 2 10)	13	1 + 2 + 10
(- 12 6)	6	12 - 6
(* 4 3 2)	24	4 * 3 * 2
(/ 24 8)	8	24 / 8

위와 같은 함수를 이용하여 프로그램을 작성하게 되며 다음은 LISP 프로그램의 예이다.

```
(defun convert ()
(format t "Enter Fahrenheit ")
  (LET (fahr)
    (SETQ fahr (read fahr))
    (APPEND '(celsisus is) (*(- fahr 32)(/ 5 9)) )
  )
)
```

[설명]
화씨 온도를 섭씨 온도로 변환하는 프로그램.

```
(defun CHECK (x y)
   (format t "Your two numbers are")
   (cond((and (evenp x)(evenp y)) 'both_odd)
        ((and (oddp x)(oddp y)) 'both_even)
        (T 'there_a_mixture)
   )
)
```

[설명]
사용자가 입력한 숫자가 짝수인지 홀수인지 판별하는 프로그램. LISP에서의 if, else 구문의 예를 보여준다.

11 PROLOG

Prolog는 논리 프로그래밍 언어를 대표하는 언어이다. Prolog는 범용 언어가 아니라 술어 논리(predicate calculus)를 사용하여 논리 문제를 효과적으로 표현하기 위하여 개발된 것이다. 1970년대에 Marseilles 대학의 A. Colmerauer과 P. Roussel이 수학 논리에 기반을 둔 프로그래밍 언어 개발에 몰두하였고 그 결과물이 바로 Prolog 언어이다. Prolog의 특징은 술어 논리에 기반을 둔 인터프리터 언어이며, 주어진 사실을 선언하고, 원하는 문제를 질의하는 형식이다. Prolog 프로그램은 정보와 추론 규칙만을 기술하고 실행 순서를 기술하지 않으므로, 초고급 언어라고도 일컬어진다.

Prolog는 인공지능 분야, 관계형 데이터베이스의 설계, 자연언어 처리(natural language processing), 전문가 시스템(expert system) 등 광범위한 분야에 사용되었다. 이러한 일부 분야에서는 매우 성공적이었으나 다른 분야에서는 널리 활용되지는 못하였다. Prolog의 원래 목적은 문제를 푸는 절차를 묘사함 없이 프로그램을 작성하는 것이었으나, 그 목적은 잘 달성되지 않았다. 큰 프로그램의 경우 실행 결과의 이해 및 프로그램 오류의 수정이 어렵고, 많은 back tracking으로 실행 시간이 오래 걸린다는 것이 커다란 단점이다.

다음은 유명한 삼단 논법인 "소크라테스의 죽음"을 Prolog로 작성한 것이다. Prolog에서 변수는 대문자로 상수는 소문자로 시작한다. Prolog의 모든 문장은 '.'으로 끝난다.

```
human(socrates).              — 소크라테스는 사람이다. (정보)
human(ilmin).                 — 일민은 사람이다. (정보)
animal(mery).                 — 메리는 동물이다. (정보)
animal(X) :- human(X).        — 모든 사람은 동물이다. (추론 규칙, X는 변수)
die(X) :- animal(X).          — 모든 동물은 죽는다. (추론 규칙)
```

[질의어] 위의 프로그램과 아래의 질의어를 입력하면, 다음과 같은 결과를 가진다. (아래 예에서 '?-'은 프롬프트임)

```
   ?- die(socrates).          — 소크라테스는 죽는가를 질의함
   yes                        — 시스템의 대답: yes
   ?- die(X).                 — 모든 죽는 것의 이름 X를 질의함
   X = socrates.
   X = ilmin.
   X = mery.
```

Chapter 3

프로그래밍 도구 및 프로그램 개발 환경

이 장은 프로그램을 작성할 때 사용하는 여러 가지 도구와 앞으로 많이 접하게 될 프로그램 개발 환경을 소개한다.

1 프로그래밍 도구

좋은 프로그래밍 언어는 언어 자체의 특성도 우수해야 하지만, 프로그램의 개발을 편리하도록 해주는 도구도 매우 중요하다. 여기서는 프로그램 작성 및 유지 보수를 도와주는 여러 가지 도구를 소개한다.

1.1 편집기(editor)

편집기는 프로그램 소스를 작성하고 수정하는 데 사용하는 기본 도구이다. 특정 프로그래밍 언어를 편집하기 위한 언어 인식 편집기(language sensitive editor)들도 있다. 이러한 편집기는 특정 언어의 키워드와 문법을 인식하여 프로그래머의 문법 오류를 미리 알려준다. 예를 들어 UNIX의 vi 편집기는 LISP 언어에서 괄호를 일치시켜 주는 기능을 가지며, C 언어의 키워드를 인식하여 특정 색으로 나타내주기도 한다. 또한 마이크로소프트의 Visual Studio에서 제공하는 편집기 역시 C, C++ 등의 키워드를 일반 문장과 다른 색으로 표시함으로써 프로그램의 작성을 보다 쉽게 해준다.

1.2 컴파일러(compiler)

PASCAL, C 등과 같은 고급 언어 프로그램을 컴퓨터의 기계어로 번역하는 프로그램을 말한다. 컴파일을 필요로 하는 모든 고급 언어는 프로그램을 실행하기 위해 기계어로 번역되어야 한다. 프로그램의 실행에 반드시 필요한 컴파일러는 시스템 프로그램의 한 종류이다.

1.3 인터프리터(interpreter)

고급 언어로 작성된 프로그램 전부를 기계어로 번역하는 컴파일러와는 달리 프로그램의 문장을 하나씩 직접 번역하고 실행한다. 컴파일러는 프로그램 전체를 기계어로 번역한 후 실행하는 것이고 인터프리터는 고급 언어로 작성된 프로그램을 문장 단위로 번역하여 실행한다. 컴파일 과정이 없으므로 프로그램을 개발하는 과정에서 사용하면 편리하다. 그러나 실행 속도가 느리고 메모리 관리가 비효율적인 단점이 있다.

1.4 링커(linker)

번역된 기계어 코드가 다른 기계어 코드 및 라이브러리를 호출하였을 경우, 이를 서로 연결시켜 실행 가능한 코드(executable code)를 만들어준다. 복잡한 대단위 작업을 하나의 프로그램 모듈(module)로 프로그래밍하는 것도 가능하지만, 이러한 작업은 여러 개의 모듈로 분리하여 작업하는 것이 일반적이다. 분리된 모듈은 독립적으로 컴파일 및 테스트될 수 있다.

따라서 분리된 한 모듈에서 다른 모듈의 함수나 자료를 액세스하는 것이 필요하다. 분리된 모듈을 통합하여 외부 함수 및 데이터의 주소 값을 결정, 참조할 수 있도록 하는 것이 링커의 역할이다. 링커는 분리 컴파일된 모듈을 통합하여 하나의 실행 가능한 코드를 생성한다. 링커 또한 프로그램의 실행에 필요한 프로그램이므로 시스템 프로그램의 한 종류이다.

1.5 디버거(debugger)

아무런 도구의 도움 없이 프로그램의 오류를 발견하는 것은 쉽지 않다. 디버거는 프로그램의 오류를 발견하기 위해서 프로그램 실행을 중단시키고, 변수 값을 출력하거나 지정하는 것을 가능하게 해주는 툴이다. 디버거는 일반적으로 다음 세 가지 기능을 제공한다.

① 실행 추적(tracing) : 프로그램의 문장을 실행 순서대로 프린트하여 프로그래머가 문장의 실행 순서를 정확히 추적할 수 있도록 하는 기능을 의미한다. LISP나

Prolog와 같은 언어는 문장이나 변수에 추적 태그(trace tag)를 붙일 수 있다. 이러한 태그가 붙은 문장이 실행되거나 변수에 새로운 값이 지정되면, 터미널에 적절한 정보를 출력한다.

② 중단점(breakpoint) : 프로그래머가 프로그램의 실행을 중단시킬 수 있는 위치를 지정할 수 있는 기능을 의미한다. 프로그램이 실행되어 중단점에 도달하면, 프로그램 실행이 인터럽트(interrupt)되고 프로그램의 제어권이 프로그래머에게 주어진다. 프로그래머는 변수의 값을 조사 해보거나, 변수의 값을 새로 지정한 후 프로그램 실행을 다시 시작할 수 있다.

③ 변수 값 조사(watching) : 값의 변경을 조사하고자 하는 변수를 지정하여 프로그램의 실행과정에서 값의 변화 과정을 추적할 수 있다. 프로그램이 올바르게 실행되고 있는지를 변수가 정확한 값을 가지는지를 확인하여 판단할 수 있다. 잘못된 결과를 얻는 경우 어느 부분에서 변수 값이 잘못되는지를 조사하여 프로그램의 오류를 찾을 수 있다.

1.6 선행 처리기(preprocessor)

표준 컴파일러가 컴파일하기 전에 프로그램 소스 코드를 변환하는 프로그램이다. 즉 확장된 고급 언어로 작성된 프로그램을 표준 언어로 변환하는 작업을 한다. 선행 처리기라는 의미 그대로 프로그램이 컴파일되기 전에 프로그램에 대한 일련의 작업을 수행한다.

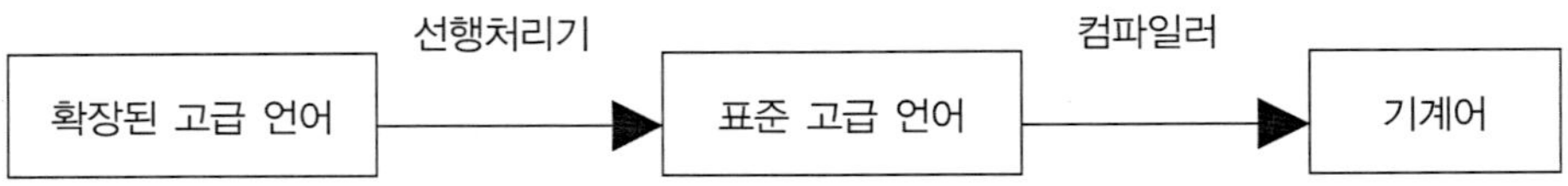

C 언어에서의 선행 처리기 명령어

```
#include <stdio.h>
#define TWO 2
#define MSG "Love is Art"
```

컴파일 하기 전에 표준 입출력의 헤더 파일을 포함시키고, 소스 프로그램 안에 있는 모든 TWO는 2로 MSG는 "Love is Art"로 변환한다.

1.7 구성 도구(configuration tool)

여러 모듈로 작성된 응용 프로그램에서 각 모듈의 생성과 변경을 추적하여 필요한 부분만을 사용하여 실행 파일을 작성해 주는 툴이다. 대표적인 것으로 UNIX 시스템의 makefile이 있다. 최근의 Visual C++, Visual Basic과 같은 언어들을 위한 구성 도구는 컴파일러에 링커, 전처리기(= 선행 처리기), 편집기, 디버거 등의 툴을 포함하고 있어 사용자들에게 보다 편리한 통합 개발 환경(IDE: Integrated Development Environment)을 제공하고 있다.

구성 도구의 필요성

대규모 상업용 프로그램의 크기는 학교에서 연습한 프로그램과는 비교가 안 될 정도로 크다. 이러한 프로그램을 하나의 파일로 작성한다면 수만에서 수십만 라인이 될 것이다. 이러한 크기의 소스 프로그램은 한 번 컴파일하는 데에도 매우 긴 시간이 걸리게 되며 프로그램을 디버깅, 유지하는데 많은 어려움이 있다. 그러므로 대단위 프로젝트에서는 기능별로 작은 프로그램으로 나누어 작성하는 것이 일반적이다. 이렇게 작은 모듈로 나누어진 프로그램의 수는 수십 개에서 수백 개에 달할 수 있다. 이 경우 각 모듈 간에는 상호의존 관계가 존재하게 된다. 예를 들어, 하나의 헤더 파일(example.h)을 수정하였을 경우, 이를 포함하는(include) 많은 프로그램들은 다시 컴파일되어야 한다. 이러한 의존 관계는 모듈의 수가 많아짐에 따라 매우 복잡하게 되므로 이를 간편하게 해줄 구성 도구가 필요하게 되었다.

1.8 UNIX의 구성 도구 "Makefile"

UNIX 운영체제에서 커다란 프로그램을 작성할 때, 많은 C 소스 코드와 헤더 파일들이 서로 포함되고 연결된다. 만일 프로그래머가 다른 파일에 영향을 줄 수 있는 소스 코드를 수정하였다면, 그 영향을 받는 모든 파일들은 다시 컴파일되어야 한다. 예를 들어, 하나의 헤더 파일을 여러 소스 코드에서 사용하고 있다고 하자. 프로그래머가 이 헤더 파일을 수정하였다면, 이 헤더 파일을 사용하는 모든 코드는 다시 컴파일되어야 한다. 프로그램의 크기가 커질수록 이와 같은 의존 관계는 복잡해진다. 하나의 파일이 수정될 때마다, 의존 관계에 있는 모듈을 찾아내고 컴파일하는 것은 매우 어렵고 지루한 작업이 될 수 있다. 이러한 작업을 보다 편리하고 쉽게 해주는 도구가 바로 makefile이다.

Makefile

다음은 C 프로그램 모듈간의 의존 관계를 설명한 것이다. 목적 파일 main.o는 main.c에 의존한다(즉 main.o는 main.c를 컴파일한 것이다). 최종 실행 파일 add는 4개의 목적 파일 main.o, input.o, add.o, print.o를 링크한 것이다.

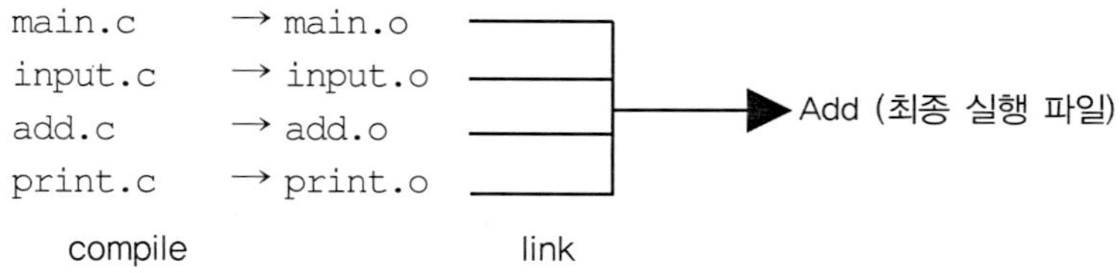

Makefile은 두 줄이 한 쌍이 되어 하나의 의미를 나타내며, 첫 번째 줄은 의존 관계를 두 번째 줄은 생성 명령어를 나타낸다. Makefile의 형식을 간단하게 표현하면 다음과 같다.

```
target_code: prerequisite-list
<tab>  construction-command
```

위 형식에서 의존 관계를 나타내는 라인의 target_code와 prerequisite-list는 콜론으로 분리되어 있다. 두 번째 줄의 construction-command 라인은 반드시 〈tab〉 키로 시작되어야 한다. Target은 prerequisite-list에 의존하는 파일을 나타낸다. 즉 prerequisite-list 중에 하나만이라도 변경되면, target 파일은 반드시 갱신되어야 한다. 두 번째 줄 construction-command는 target 파일을 갱신하기 위해서 실행해야 할 명령어를 명시한다. 위의 의존 관계를 makefile로 나타내면 다음과 같다.

```
add: main.o input.o add.o print.o
	cc -o add main.o input.o add.o print.o
main.o: main.c
	cc -c main.c
input.o: input.c
	cc -c input.c
add.o: add.c
	cc -c add.c
print.o: print.c
	cc -c print.c
```

위의 makefile의 마지막에서 두 번째 줄의 [print.o : print.c]는 print.o는 print.c에 의존한다는 의미이다.

예를 들어, 소스 파일 print.c를 변경하였다고 가정하자. 파일 print.c가 변경되면 의존 관계에 따라 그 다음 줄의 명령어(cc –c print.c)를 실행하여 print.o를 새로 생성한다. 파일 print.o가 다시 생성되면, print.o에 의존하는 add(첫 번째 줄에 명시되어 있음)를 다시 생성해야 한다. add를 다시 생성하기 위해서는 두 번째 줄의 명령어(cc –o add main.o input.o add.o print.o)를 실행한다. add는 최종 실행 파일이며, 소스 파일 print.c가 변경됨에 따라 print.c의 목적 파일 print.o와 최종 실행 파일 add가 변경됨을 알 수 있다.

2 프로그램 개발 환경

본 절에서는 컴퓨터공학을 공부하면서 반드시 접하게 될 프로그램 개발 환경을 소개한다. 대표적인 것으로서 Microsoft사에서 개발하여 상용으로 출시된 Visual Studio와 .NET 프레임워크가 있으며 오픈 소스(open source) 소프트웨어인 Eclipse 등이 있다.

2.1 Visual Studio

Visual Studio는 Microsoft 사에서 개발한 통합 개발 환경으로 콘솔(console) 프로그램과 윈도우(window) 프로그램 모두를 개발할 수 있다. Visual Studio는 프로그램의 개발에 필요한 도구들을 하나로 통합하여 프로그래밍을 편리하게 해주는 프로그램 개발 환경으로서 프로그래머라면 반드시 숙지해야 할 개발 환경 중 하나이다.

1997년에 발표된 Visual Studio 97이 Visual Studio의 첫 번째 버전인데, Visual Basic 5.0, Visual C++ 5.0, Visual J++ 1.1, Visual FoxPro 5.0 등의 언어가 포함되었다. 그리고 다음 버전인 Visual Studio 6.0은 1998년에 출시되었는데 이후 다음 버전인 Visual Studio .NET이 2002년에 출시되기 전까지 Microsoft 사가 개발하는 시스템의 기초가 되었다. Visual Studio .NET이 출시되면서 .NET 프레임워크를 이용하는 관리 코드(managed code) 개발 환경이 도입되어 .NET을 이용하여

개발되는 프로그램들은 기계어로 컴파일되는 대신 Microsoft 중간 언어(Microsoft Intermediate Language: MSIL) 또는 공통 중간 언어(Common Intermediate Language: CIL)라 불리는 중간 언어로 컴파일되고 프로그램이 실행될 때 실행 환경에 적절한 기계어로 번역되어 실행되므로써 프로그램의 이식성(portability)이 향상되었다. 이후 Visual Studio .NET 2003, Visual Studio 2005가 발표되고, 2008년 11월에 현재의 버전인 Visual Studio 2008이 출시되었다.

Visual Studio는 프로그램 개발에 필요한 모든 도구들을 포함하고 있으며 각 도구들은 프로그램의 개발을 편리하게 해주는 기능을 보유하고 있다. 프로그램 작성에 사용되는 편집기는 구문 표시기능(syntax highlighting)이 있어 프로그래밍 언어의 예약어(reserved word)를 다른 색으로 표시해 주며, 코드 완성(code completion) 기능이 있어 클래스 멤버의 이름을 정확하게 모르더라도 클래스를 정의를 참조하지 않고 코드를 작성할 수 있게 해준다. Visual Studio는 프로그램의 오류 발견에 사용되는 디버거를 포함하고 있으며 소스 언어 수준 및 기계어 수준에서의 디버깅을 지원한다. 디버거는 중단점(breakpoint)을 설정할 수 있으며 프로그램이 실행되는 과정에서 변수 값의 변화를 감시할 수 있는 기능을 제공하여 프로그램의 오류를 발견하고 수정하는 것을 돕는다. 디버거를 통해 함수 전체를 실행시킨 결과를 볼 수 있으며(step over) 또는 함수로 들어가(step into) 코드 하나하나를 수행하면서 에러를 찾을 수 있다. Visual Studio의 디버거를 효과적으로 활용하는 것은 오류 없는 프로그램의 개발뿐만 아니라 프로그램의 실행과정을 이해하는 데 있어서도 매우 중요하다.

2.2 .NET 프레임워크(Framework)

.NET 프레임워크는 Microsoft 윈도우 운영체제에서 사용할 수 있는 소프트웨어 기술로서 개발자의 생산성 향상을 위해 Microsoft 사에서 개발한 프로그램 개발 및 실행 환경이다. 즉 프로그래밍을 할 때 자주 필요로 되는 코드들을 라이브러리(library) 형식으로 제공하여 프로그래밍을 용이하게 하고 프로그램의 실행을 관리해 주는 기능을 가진다. .NET은 새로운 언어를 제공하여 이전에 서로 다른 프로그래밍 언어를 사용하여 개발하던 사람들이 .NET 환경에서 통합적으로 개발할 수 있게 되었으며 웹 사이트를 쉽게 연동할 수 있게 하여 사용자의 요구를 충분히 충족시킬 수 있게 하였다.

.NET 프레임워크는 1990년대 후반에 개발이 시작되어 2000년 후반에 .NET 1.0의 첫 번째 베타 버전이 출시되었다. 그 이후로 현재(2012년 8월 기준)까지 4.5 버전까지 발표되었다. .NET 프레임워크 1.0 버전은 2002년 초에 출시되어 Windows 98, NT 4.0, 2000, XP 등에서 사용할 수 있다. .NET 프레임워크 1.1 버전은 2003년 4월에 출시되었는데 Visual Studio .NET 2003의 부분이기도 하고 최초로 Windows 운영체제에 포함되기도 하였으며 Windows Server 2003에 포함되었다. 그 이후 2.0 버전은 2005년 말에, 3.0 버전은 2006년 말에, 3.5 버전은 2007년 말에 출시되었는데 그 기능들이 지속적으로 추가되어 보다 다양한 기능을 갖춘 프로그램의 개발을 지원하고 있다.

.NET 프레임워크는 다음과 같은 주요한 구성요소를 가진다.

(1) 기본 클래스 라이브러리(Base Class Library) : .NET 프레임워크는 프로그래밍을 할 때 공통적으로 또는 매우 빈번하게 사용하게 되는 코드들을 "기본 클래스 라이브러리" 형식으로 제공한다. 예를 들어 사용자 인터페이스(user interface), 데이터 접근(data access), 데이터베이스 연결성(database connectivity), 암호화(cryptography), 웹 응용 프로그램 개발(web application development), 수치 계산 알고리즘(numeric algorithm), 네트워크 통신(network communication) 등 응용 프로그램을 개발할 때 필요하고 자주 사용되는 것들에 대한 클래스를 제공함으로써 쉽고 생산적인 프로그래밍을 할 수 있도록 한다.

(2) CLR(Common Language Runtime) : .NET 프레임워크를 위해서 작성된 프로그램들은 프로그램의 실행시간 요구사항들을 관리하는 소프트웨어 환경에서 실행되는데 이것이 Common Language Runtime이다. CLR은 Java에서의 가상 기계와 유사한 개념으로서 프로그래머는 프로그램이 어떤 특정한 CPU에서 실행되는지 고려하지 않고 프로그래밍을 할 수 있도록 해준다. 또한 CLR은 보안 메커니즘(security mechanism), 메모리 관리(memory management), 예외처리(exception handling) 등의 프로그램 실행과 관련된 중요한 서비스를 제공함으로써 프로그램의 실행을 관리하는 역할을 한다.

(3) 새로운 언어의 제공 : .NET은 C#이라는 C/C++ 계열 언어 중 최초의 컴포넌트 기반 언어(component-based language)를 제공한다. C# 언어는 간단하고 객체 지향적이며 형 안정성을 가지는 강력한 힘을 가진 언어이다. 또한 CLR을 기반으로 하는 Visual Basic, Visual C++, Visual C#, Jscript 등 많은 언어를 이용하여 프로그래밍을 할 수 있다.

(4) CLS(Common Language Specification) : 프로그래밍 언어가 가지는 기능에 대한 공통의 기준을 의미하는데 CLS 호환성이 있는 언어들을 그룹화 하는 역할을 한다. 이 그룹에 속하는 언어는 .NET 프레임워크의 모든 기능을 이용할 수 있으며 다른 CLS 언어간의 호환성을 가진다. 이를 통해 다른 언어로 구현된 코드도 사용할 수 있어서 프로그래밍이 매우 편리해진다.

.NET 프레임워크를 이해하는 것은 Windows 플랫폼(platform)을 목표로 하는 신뢰성 있고 다양한 기능을 제공하는 응용 소프트웨어를 개발하는데 필수적이라 할 수 있다.

2.3 Eclipse

Eclipse는 주로 Java 언어로 작성된 소프트웨어 개발 플랫폼이다. Eclipse는 Java 개발 환경(Java Development Environment: JDE)과 그 기능을 확장할 수 있는 플러그 인(plug-in)으로 구성된다. 즉 Eclipse는 주로 Java 언어로 프로그램을 개발하는데 사용될 수 있도록 Java 개발 도구(Java Development Tools: JDT)를 포함하는 표준 플러그 인을 포함하고 있으며 특정 언어를 위한 플러그 인을 이용하여 다른 언어를 이용하여 프로그래밍하는 것을 지원할 수 있다. 또한 Eclipse는 오픈 소스라서 특정 권리가 사용자들에게 허용되는 라이선스(license)와 함께 배포되는 소프트웨어이다. Eclipse는 여러 운영체제에 맞게 배포되고 있어서 사용자는 자신의 운영체제에 맞는 것을 선택하여 사용할 수 있다.

Eclipse는 IBM의 프로젝트로서 시작되어 국제 객체 기술(Object Technology International: OTI)에 의해 Smalltalk에 기반한 VisualAge 계열의 통합 개발 환경(IDE) 제품을 대치하기 위해 Java 언어로 작성한 IDE이다. 2001년 11월에 Eclipse를 오픈 소스로 개발하려는 콘소시움이 형성되었으며 2004년 1월에 Eclipse Foundation(www.eclipse.org)이 설립되었다. 2004년 6월 말에 Eclipse 3.0이 발표된 이후 2006년부터 매년 6월 말경에 새 버전이 발표되었는데 표 3-1에 Eclipse의 진화 과정을 요약하였다.

표 3-1 Eclipse 발표 역사

Release	Date	Version
Callisto	2006년 6월 30일	3.2
Europa	2007년 6월 29일	3.3
Ganymede	2008년 6월 25일	3.4
Galileo	2009년 6월 26일	3.5
Helios	2010년 6월 23일	3.6
Indigo	2011년 6월 22일	3.7
Juno	2012년 6월 27일	4.2
Kelper	2013년 6월 26일 (예정)	

Eclipse를 설치하기 위해서는 www.eclipse.org를 방문하여 다운로드 받아 설치하면 된다. 그림 3-1은 Eclipse Foundation 홈페이지의 첫 화면이다.

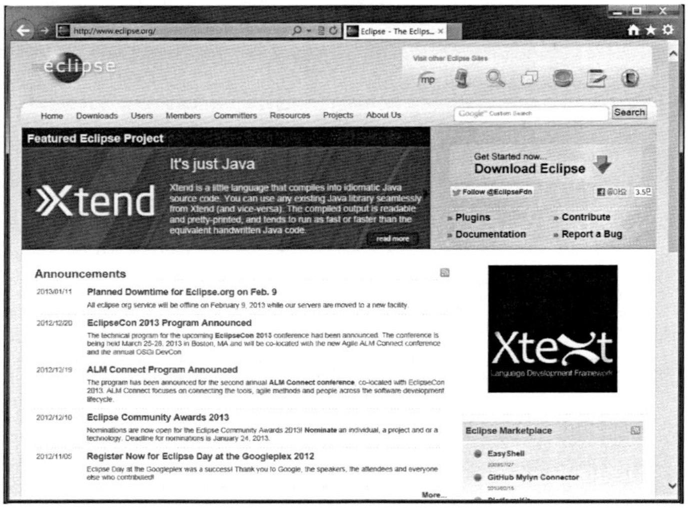

그림 3-1 Eclipse Foundation 화면

[Download Eclipse] 링크를 클릭하면 그림 3-2가 나타난다. 그림 3-2의 두 번째 항목인 [Eclipse Classic 4.2.1(183MB)] 또는 아래 부분의 [Eclipse IDE for Java Developers(150MB)]를 클릭하여 Eclipse를 다운로드 받는다. 이때 자신의 운영체제에 맞는 것을 받아야 한다. Windows용 파일의 이름은 각각 "eclipse-SDK-4.2.1- win32.zip"와 "eclipse-java-juno-SR1-win32.zip"이며, 이 파일을 다운로

드 받아서 압축을 풀면 설치가 끝나게 된다.[1]

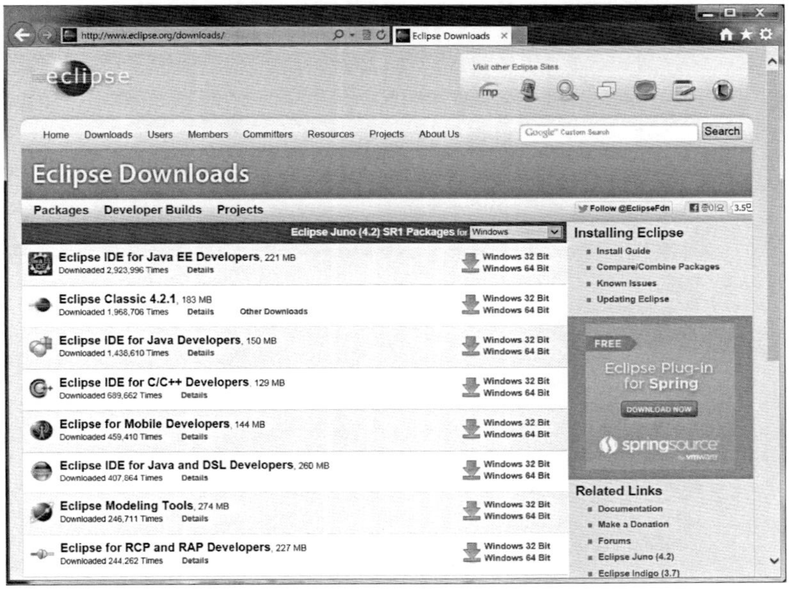

그림 3-2 Eclipse Download 화면

그림 3-3 Eclipse 폴더

[1] 여기서는 Eclipse Classic 4.2.1을 이용하여 설명한다.

그림 3-3은 설치가 끝난 후 생성된 Eclipse 폴더의 모습이다. 그림 3-3에서 타원으로 표시된 아이콘을 클릭하면 Eclipse가 시작되어 그림 3-4의 초기 화면이 나타난다.[2]

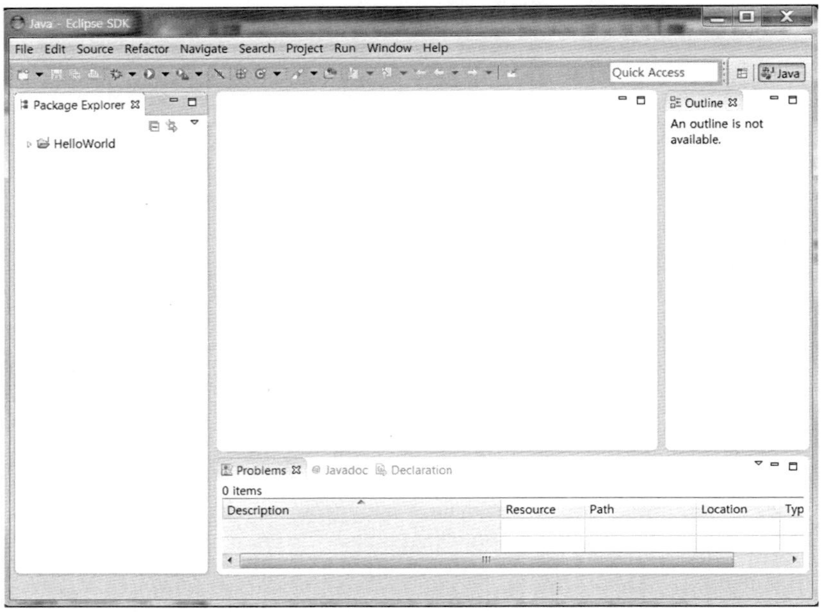

그림 3-4 Eclipse 실행 초기 화면

Eclipse를 이용하여 Java 프로그램을 작성하고 실행시키는 방법을 간단하게 설명한다. 먼저 [File → New → Java Project]를 선택하여 Java 프로젝트를 생성한다(그림 3-5). 다음에 [File → New → Class]를 선택하여 클래스를 생성한다. 이때 클래스의 이름을 입력하고(여기서는 "PLClass") [public static void main(String[] args)] 함수를 설정해야 한다(그림 3-6). 그러면 필요한 파일(PLClass.java)이 자동적으로 만들어지고 파일에 필요한 내용도 자동적으로 작성된다. 그리고 실제로 프로그래머가 원하는 코드를 작성하면 된다(그림 3-7). Eclipse는 자동적으로 프로젝트를 빌드(build)하는 기능이 있어서 코드 작성 후 코드에 문법적인 에러가 없을 경우 즉시 실행시킬 수 있다. [Run] 메뉴를 이용하여 실행시킨 결과는 그림 3-8과 같다. 이와 같이 Eclipse는 Java 프로그램을 작성하는 것을 매우 편하게 해줄 뿐만

[2] 초기 화면이 나타나기 전에 Workspace용 폴더를 지정하는 윈도우가 나타난다.

아니라 플러그 인을 이용하여 프로그램 개발에 관계되는 많은 기능을 제공한다. 따라서 Eclipse를 숙지하는 것은 Java 기반의 응용 프로그램 개발에 매우 중요하다고 할 수 있다.

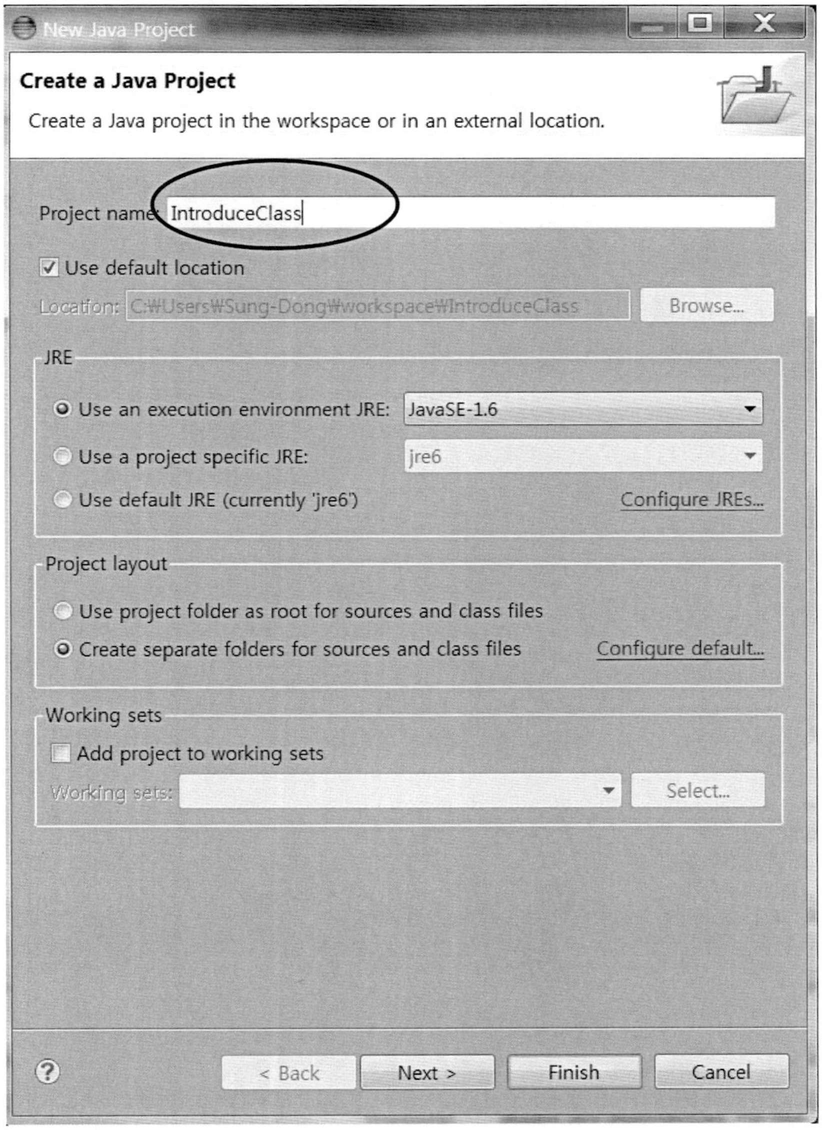

그림 3-5 Java Project 생성 창

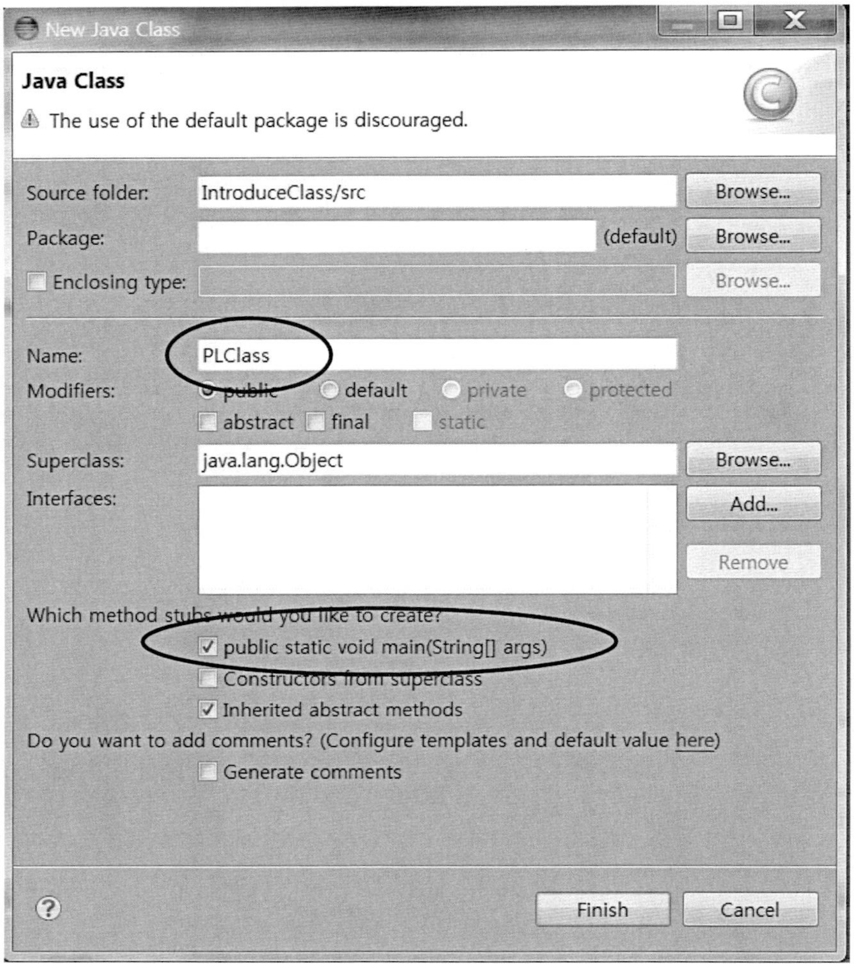
New Java Class
Java Class
The use of the default package is discouraged.
Source folder:
IntroduceClass/src
Browse...
Package:
(default)
Browse...
Enclosing type:
Browse...
Name:
PLClass
Modifiers:
public
default
private
protected
abstract
final
static
Superclass:
java.lang.Object
Browse...
Interfaces:
Add...
Remove
Which method stubs would you like to create?
public static void main(String[] args)
Constructors from superclass
Inherited abstract methods
Do you want to add comments? (Configure templates and default value here)
Generate comments
Finish
Cancel

그림 3-6 클래스 생성 창

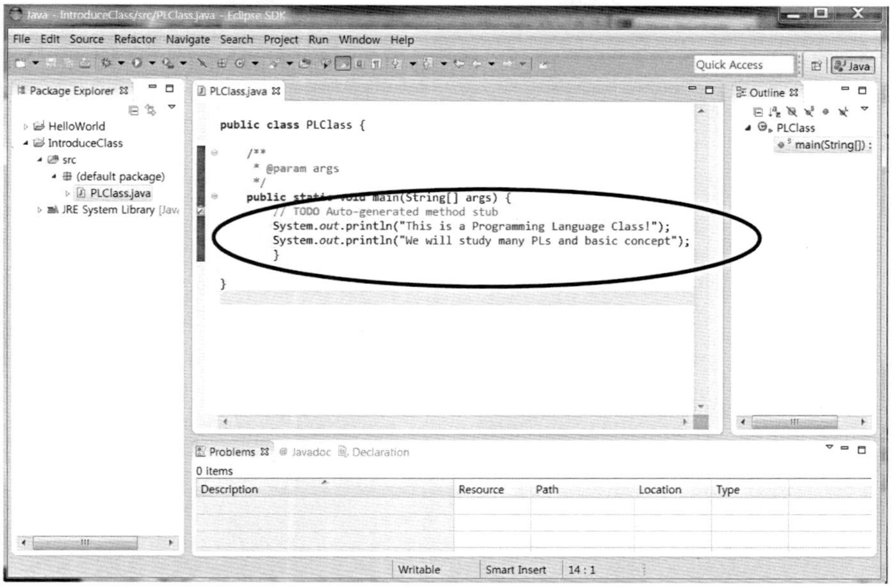

그림 3-7 Java 프로그램 작성

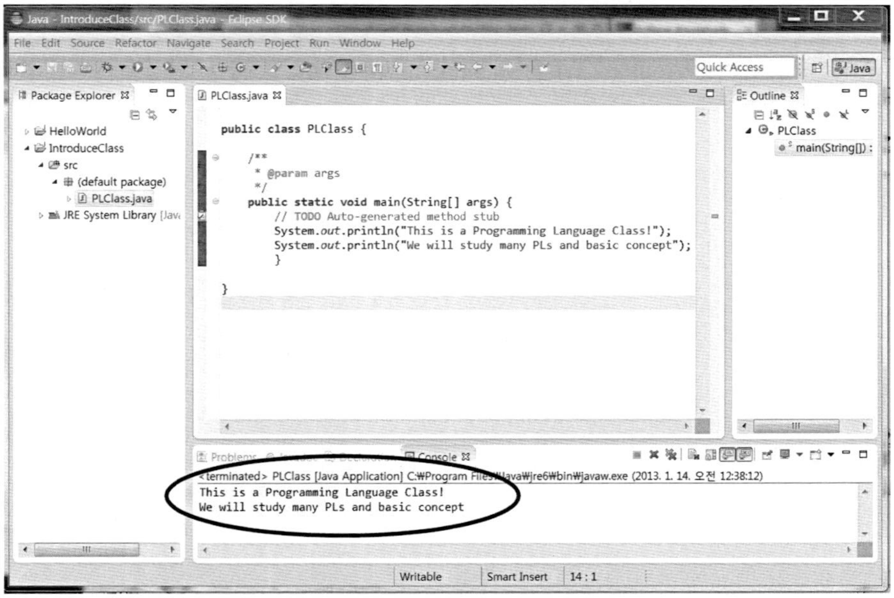

그림 3-8 Java 프로그램의 실행 모습

Chapter 4

변수 및 binding

프로그램은 데이터와 이를 조작하는 알고리즘으로 구성된다. 이 장에서는 프로그램을 작성할 때 데이터를 표현하기 위해 사용하는 변수(variable)를 소개하고 변수가 가지는 여러 가지 특성을 설명한다. 변수의 특성으로는 변수의 주소, 값, 유형, 영역, 수명 등이 있으며 이러한 기본 특성을 변수의 속성(attribute)이라 부른다. 변수의 속성을 이해하는 것은 올바른 프로그래밍을 위해 매우 중요하다. 또한 변수에 각 특성의 값을 연결시키는 바인딩과 바인딩 시간에 대해 설명한다. 변수의 속성을 결정하는 것이 바인딩(binding)이며 속성이 결정되는 시간이 바인딩 시간(binding time)인데, 바인딩 시간이 서로 다름에 따라 변수의 특징이 달라지게 되므로 이를 이해하는 것은 올바른 프로그램을 작성하는데 필수적이다.

1 식별자(identifier)

식별자는 프로그램의 구성요소를 구별하게 해주는 역할을 하는 것으로서 사용자가 임의로 정할 수 있으며 이름(name)이라고 불리기도 한다. 식별자는 라벨, 서브 프로그램 이름, 변수에 연관되어 다른 변수나 서브 프로그램 등과 구별할 수 있게 해준다. 모든 프로그래밍 언어에서 사용되는 식별자는 다음과 같이 각기 고유한 설계 특징을 가진다.

- 식별자 최대 길이는 몇 글자인가?
- 사용할 수 있는 문자의 집합은 무엇인가?
- 대소문자를 구분하는가?
- 키워드를 식별자로 사용할 수 있는가?

식별자의 최대 길이는 언어마다 각각 다르다. 일반적으로 식별자가 허용되는 길이를 넘어서면 그 나머지 문자열은 무시된다. FORTRAN 77의 경우 최대 6자까지, C의 경우 31자까지 허용된다. C 언어의 경우 언더라인 문자('_')를 식별자에 사용할 수 있다. 언더라인 문자를 사용할 경우 여러 단어를 사용하여 하나의 변수 이름을 지정할 수 있어 변수의 의미를 쉽게 표현할 수 있다. 그러나 FORTRAN, Pascal과 같은 언어는 언더라인 문자를 허용하지 않는다.

FORTRAN, COBOL, HTML과 같은 언어는 식별자에서 대소문자를 구별하지 않는다. 원래 FORTRAN과 COBOL은 대문자만을 가지고 프로그램을 작성하였다. 최근에 나온 대부분의 언어는 대소문자를 구별하며, while, for, break 등의 키워드(keyword)는 예약어(reserved word)로 설정하여 프로그래머가 임의로 변수의 이름으로 사용할 수 없도록 하였다. 예를 들면, C 언어에서 다음과 같은 선언문을 사용할 수 없다.

```
int float;
float while;
```

대부분의 프로그래밍 언어는 예약어를 사용하고 있으나 FORTRAN의 경우는 그렇지 않다. FORTRAN의 경우는 다음과 같은 선언이 허용된다.

```
INTEGER REAL
REAL INTEGER
```

위의 선언은 REAL은 정수 변수이며, INTEGER는 실수 변수라는 의미이다. 이러한 프로그램 스타일은 프로그래머가 변수를 자유롭게 선언할 수 있지만, 프로그램의 해독성(readability)을 떨어뜨릴 수도 있다.

예약어 사용의 장단점

예약어를 사용하면 프로그램의 가독성이 향상되고, 예약어는 문장의 고정된 위치에 존재하므로 컴파일러가 구문 분석을 보다 빠르고 정확하게 처리할 수 있는 장점이 있다. 그렇지만 프로그래머는 모든 예약어를 숙지하여 식별자를 작성할 때에 예약어를 제외해야 한다. 그런데 기존 언어가 확장되면서 예약어가 추가될 수 있다. 이러한 경우에는 기존의 프로그램에서 사용하였던 변수명이 추가된 예약어와 중복될 수 있어 기존 프로그램의 소스 코드를 수정해야 할 필요가 생긴다. 이를 방지하기 위해서 식별자(또는 이름)를 결정할 때 주의를 기울여야 한다.

2 변수(variable)

변수는 기억장소(main memory)의 하나의 장소(cell)를 추상화 한 것이다. 변수는 원하는 데이터의 값을 저장할 수 있다. 그러나 변수를 구현하기 위해서는 다소 복잡한 세부사항이 결정되어야 한다. 즉 변수의 기억장소 이외에 저장하는 값의 해석 방법, 값의 타입, 가능한 연산 등이 같이 정의되어야 한다.

일반적으로 변수는 이름, 주소, 값, 형, 영역, 수명 등의 속성(attribute)을 가지고 있다. 주소(address)는 기억장소의 주소이며 변수의 l-value라 부른다. 동일한 이름을 가지는 변수가 기억장소의 다른 주소에 연관될 수도 있다. 변수의 값(value)은 변수의 r-value라 부르며 변수와 연관된 기억장소의 내용을 말한다. 변수의 형(type)은 변수 값의 범위와 가능한 연산의 집합을 결정한다. 영역(scope)이란 변수가 사용될 수 있는 프로그램의 부분을 말한다. 수명(lifetime)은 변수와 연관된 기억장소의 할당 기간, 즉 기억장소의 내용이 유효한 기간을 의미한다.

변수와 연관된 식별자는 다른 변수와 구별하는 데 사용된다. 즉 서로 다른 변수는 서로 다른 식별자를 가지는 것이 원칙이다. 변수 X의 주소는 변수 X와 연관된 기억장소의 주소를 의미한다. 변수 X의 형은 변수 X에 할당될 수 있는 값의 종류를 결정한다. 변수 X의 영역은 변수 X가 사용될 수 있는 프로그램의 부분을 말한다. 변수 X의 수명은 변수 X와 연관된 기억장소가 할당되어 있는 시간을 의미한다.

아래에서 sum이라는 변수에 다음과 같은 선언문과 배정문을 실행하였을 때, 변수의 속성에 대해서 조사해 보자.

```
var sum: integer;
   sum : = 0;
```

D. W. Barron의 표기법에 따라 변수 sum을 표현하면, 다음과 같다.

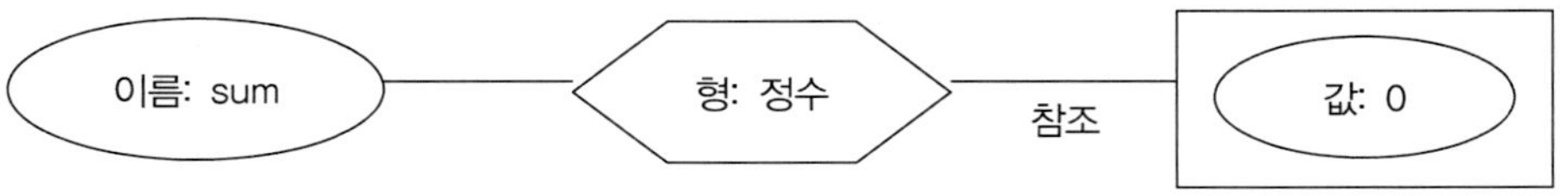

그림 4-1 Barron의 변수 표기법

표 4-1 변수의 일반적인 속성

속성(attribute)	값	속성 결정 시간
이름(name)	sum	컴파일 시간
유형(type)	정수형	컴파일 시간
주소(address)	?	프로그램 적재 시간 (loading time)
값(value)	0	실행 시간

표 4-1에서 설명한 변수의 속성은 프로그래머가 프로그램을 작성할 때 고려하는 일반적인 것이다. 프로그래머는 변수가 다음과 같은 속성도 가지고 있음을 유의해야 한다.

정수형의 내부 표현 방법과 최대, 최소값

이것은 프로그램 언어 설계 시간이나 구현 시간에 결정되는 변수의 속성이다. C 언어에서 정수형(int)은 구현된 컴퓨터에 따라 다르게 표현되기도 한다. 즉 16-bit 컴퓨터에서는 16비트로 정수형을 표현하고 32-bit 컴퓨터에서는 32비트로 표현한다. 따라서 'int'로 선언했을 때, 구현된 컴퓨터에 따라 정수의 최대, 최소값이 다를 수 있다.

일반적인 FORTRAN 언어에서 정수형은 −32,768부터 32,767사이의 값(16bit 표현, 215−1∼−215)을 표현할 수 있다. 정수 32767은 상당히 작은 수이므로 FORTRAN 프로그램에서 정수형 데이터를 다룰 때에는 이 수를 넘지 않도록 항상 주의해야 한다. 일반적으로 이런 특성은 프로그래밍 언어 구현 시간에 결정되나, 일부 언어(예: Java)에서는 기계 독립성을 높이기 위해 언어 설계 시간에 정의하기도 한다.

정수형 변수에서 가능한 모든 연산

정수형 변수에는 배정 연산(:= or =), 사칙 연산(+, −, *, /), 나머지 연산(% or mod) 및 비교 연산(>=, ==) 등이 가능하다. 이러한 속성은 언어 정의 시간에 결정된다.

3 선언문(declaration statement)

선언문은 프로그램 실행 시에 사용할 데이터의 속성에 관한 정보(변수의 유형, 변수의 이름, 배열의 크기 등)를 컴파일러에게 알려주는 문장이다. 다음 C 언어 선언문을 생각해보자.

```
int a[10];
```

이 선언문은 ① 배열의 이름, ② 배열 a의 자료형, ③ 배열의 차원(1차원), ④ 배열 요소의 수, 배열 첨자의 범위(0에서 9까지)에 대한 정보를 포함하고 있다. 이 정보들은 C 언어 컴파일러가 소스 코드를 기계어로 번역할 때 필요로 하는 중요한 정보이다. 대부분의 컴파일 언어는 변수의 선언을 요구한다. 프로그래밍 언어에서 선언문은 다음과 같은 역할을 한다.

① 보다 효율적인 주기억장치 관리가 가능하다. 선언문에 의해서 사용할 변수들의 크기, 생성 및 소멸 시기 등에 관한 정보를 알 수 있으므로, 보다 효율적인 기억장소 할당 기법을 사용할 수 있다.

② 컴파일 시간에 변수의 형을 검사(static type checking)할 수 있다. 일반적으로 프로그래밍 언어에서 연산자(operator)와 피연산자(operand)간에는 연관 관계가 있다. 서로 맞지 않은 연산자와 변수의 형이 연관되어 있는 잘못된 문장을 컴파일 시간에 미리 알아 낼 수 있어 프로그램의 오류를 줄일 수 있다.

일부 언어에서는 묵시적으로 변수를 선언하기도 한다. FORTRAN 언어의 경우 별도의 선언문이 필요하지 않으며 변수의 첫 글자가 'I'에서 'N' 사이의 문자로 시작하는 경우는 정수 변수로, 그 이외에는 실수로 간주한다. BASIC의 경우 정수 변수는 %로 끝나고, 문자열 변수는 $으로 끝나며(예: A%, name$,...) 그 이외에는 실수 변수가 된다. Perl의 경우 변수명의 맨 앞에 $를 붙여 scalar형을 표시하고, 배열은 변수명 앞에 @를 붙여 배열임을 표시한다(예: Perl의 변수 $sum은 scalar 형인데, 이는 정수, 실수, 문자열 등을 나타낸다).

4 바인딩(binding)

영어 단어적인 의미의 바인딩이란 여러 개의 물체를 하나로 묶어준다는 의미이지만, 일반적으로 컴퓨터 언어에서 바인딩이란 프로그램의 요소에 지정 가능한 속성값을 지정하는 것을 말한다.

바인딩이 발생하는 시간을 바인딩 시간이라고 한다. 바인딩과 바인딩 시간은 프로그래밍 언어를 설계할 때에 매우 중요한 포인트이다. 바인딩은 언어 설계(또는 정의) 시간, 언어 구현 시간, 컴파일(또는 번역) 시간, 적재 시간 및 실행 시간에 이루어질 수 있다.

언어 설계 시간에는 언어에서 허용하는 자료 구조나 허용되는 연산의 종류 등의 언어 구문을 정의하고 혼합형 연산에 대한 두 피연산자의 유형을 결정한다. 언어 구현 시간 바인딩이란 특정 프로그래밍 언어를 특정한 기계에 구현할 때 특성의 일부를 확정하는 바인딩을 말하며 정수의 자릿수, 실수의 유효숫자 개수, 수의 기계 내에서 표기법 등이 이 시간에 결정된다. 컴파일 시간 바인딩은 프로그램을 번역할 때 발생되는 바인딩을 말하며 변수의 형, 배열의 차원 등이 컴파일 시간에 결정된다. 실행시간 이전에 결정되고 실행 중에 변경되지 않는 바인딩을 정적 바인딩(static binding)이라 부른다. 동적 바인딩(dynamic binding)은 실행 시간에 발생하고, 바인딩 결과가 실행 중에 변경될 수 있는 것을 의미한다. 실행 시간 바인딩은 적재 시간 바인딩이라고도 불리는데, 프로그램의 실행 시간에 이루어지는 바인딩을 말한다. 여기에는 형식 매개변수와 실제 매개변수의 바인딩, 지역 변수에 대한 기억장소 바인딩 등과 같이 프로그램의 실행이 시작할 때 발생하는 바인딩과 변수값 배정같이 프로그램이 실행되는 동안 수시로 이루어지는 바인딩이 있다.

다음의 Pascal 문장에서 어떠한 바인딩이 발생하는가를 살펴보자.

```
min : = min + 5;
```

- \+ 연산자는 정수의 더하기, 실수의 더하기, 문자열의 연결 등의 연산자로 사용될 수 있다.
- \+ 연산자가 의미하는 연산의 집합은 언어 설계 시간에 결정되며, 컴파일 시간 또는 실행 시간에 적절한 연산 하나를 선택하게 된다.

표 4-2 바인딩과 바인딩 시간

바인딩되는 속성	바인딩 시간
변수 min의 유형(type)	컴파일 시간
변수 min이 가질 수 있는 값의 범위	언어 설계 시간 or 구현 시간
변수 min의 주소 값	프로그램 적재 시간
변수 min의 값	언어 실행 시간
연산자 +의 의미의 집합	언어 설계 시간
연산자 +의 연산 종류	컴파일 시간
5의 내부적 표현	언어 구현 시간

동적 바인딩(dynamic binding)과 정적 바인딩(static binding)

바인딩 시간은 크게 정적 바인딩과 동적 바인딩 두 가지로 구분한다. 정적 바인딩은 프로그램이 실행되기 전(주로 컴파일할 때)에 바인딩이 발생하는 것을 말하며, 동적 바인딩은 실행 시간 중에 일어난다. 수치 계산을 목적으로 개발된 언어는 정적 바인딩을 주로 한다. 정적 바인딩은 컴파일할 때 대부분의 속성을 결정하여 실행 시간의 오버헤드를 줄이고자 함이 목적이다. 그리고 인터프리터 언어인 LISP, Perl, Prolog 등은 동적 바인딩을 한다.

일반적으로 인터프리터형 언어는 동적 바인딩을, 컴파일 언어는 정적 바인딩을 한다고 할 수 있다. 대부분의 컴파일 언어는 명시적인 선언을 요구하며, 컴파일 시간에 형 검사 등 더 많은 작업을 수행하여 보다 효율적인 실행 코드를 생성한다. 일반적으로 인터프리터형 언어는 명시적인 선언을 요구하지 않으며, 실행 시간에 변수의 값을 지정할 때까지 변수의 형을 바인딩하지 않는다. 물론 동적 바인딩 언어라고 해서 모든 바인딩이 실행 시간에 일어나지는 않으며, 정적 바인딩 언어라고 모든 바인딩이 실행 시간 이전에 발생하지는 않는다.

정적 바인딩은 효율성을 중요시하며, 동적 바인딩은 융통성과 편리성을 중요시한다. 동적 바인딩은 변수의 유형 및 기억장소 할당 등이 실행시간에 이루어지므로 프로그램의 실행이 지연되는 것은 당연하다. 수행 시간과 효율적인 저장장치 관리가 주요 목표인 초기의 언어(FORTRAN, COBOL, PASCAL, …)들은 가능한 한 바인딩을 실행시간 전에 이루어지도록 설계되었다. LISP, ML, Perl 등과 같이 융통성이 중요한 언어는 대부분의 바인딩을 실행시간까지 지연시켜 입력 데이터에 맞추어 바인딩이 일어나도록 하였다.

인터프리터 언어 Perl의 융통성

인터프리터 언어인 Perl에서는 변수의 유형을 지정하는데 매우 융통성이 있다. 변수는 선언할 필요가 없으며, 다음과 같이 정수 값이 지정된 변수에 문자열을 배정할 수도 있다.

```
$price = 1000;
$price = $price + 100;
$price = "Very expensive";
```

5 배정문(assignment statement)

배정문은 변수의 내용을 변경하는 기본 연산이며, 프로그램에서 가장 일반적으로 사용하는 문장 중 하나이다. 간단한 배정문인 "X := Y;"의 의미는 Y의 주소에 저장된 값을 X의 주소 값에 저장하라는 의미이다. 즉 변수의 속성 중에서 변수 X에서는 주소를, 변수 Y에서는 값을 사용하게 된다. 명령형 언어(imperative language)에서 배정문은 기억장소의 값을 변경하라는 명령으로 볼 수 있다.

표 4-3 여러 가지 언어의 배정문

프로그래밍 언어	배정문 형식
Pascal, Ada	X := Y
C, C++, Perl, Java	X = Y;
FORTRAN, BASIC	X = Y
COBOL	MOVE Y TO X.
APL	X ← Y

Perl이나 Python 언어에서는 여러 배정문을 하나의 문장으로 쓸 수 있다.

- Perl: ($a, $b) = ($x, $y); ➔ $a = $x; $b=$y;
- Python: a, b = 0, ['a', 'b', 3] ➔ a = 0, b = ['a', 'b', 3]

Perl 언어에서는 나열된 변수 중에서 일부를 선택하는 표현도 가능하다. 다음 배정문은 $x와 $y를 선택하여(대괄호 안의 숫자가 범위를 표시하고 있음, Perl에서 배열의 시작 첨자는 0이다), 각각 $a 와 $b에 배정하라는 의미이다.

```
( $a, $b ) = ( $w, $x, $y, $z )[1..2];
```

변수의 l-value/r-value

모든 변수는 l-value와 r-value를 가진다. l-value와 r-value의 어원은 A := B;와 같은 배정문에서 나왔다. A:=B;의 문장은 변수 B의 값을 변수 A의 주소에 저장하라는 의미이다. 즉, 연산자 (:=)의 왼쪽 변수 A에서는 주소를, 오른쪽 변수 B에서는 값을 사용한다. 결론적으로 변수의 l-value(left-value)는 주소를 의미하고, r-value(right-value)는 변수의 값을 의미한다.

변수의 l-value(주소)와 r-value(저장된 값)

- 모든 변수들은 l-value와 r-value를 가진다.
- 10과 같은 상수는 r-value만을 가진다.
- C 언어에서 정수 포인터를 int *ip;와 같이 선언하였다면, 변수 ip의 l-value는 ip 자신의 주소이며, r-value는 다른 변수의 주소(l-value)이다.
- 배열 A에서 A[i]의 l-value는 배열 A에서 i번째 요소의 주소를 의미하며, r-value는 그 주소에 저장된 값을 의미한다.

변수의 l-value와 r-value의 의미를 염두에 두고 다음 예제를 살펴보자.

C 언어에서 다음 두 가지 배정문의 의미를 알아보자.

case 1	case 2

int a = 1, b = 2;
a = b;
	int *a = malloc(sizeof(int));
	int *b = malloc(sizeof(int));
	*a = 1;
	*b = 2;
	a = b;

- case 1의 실행 결과

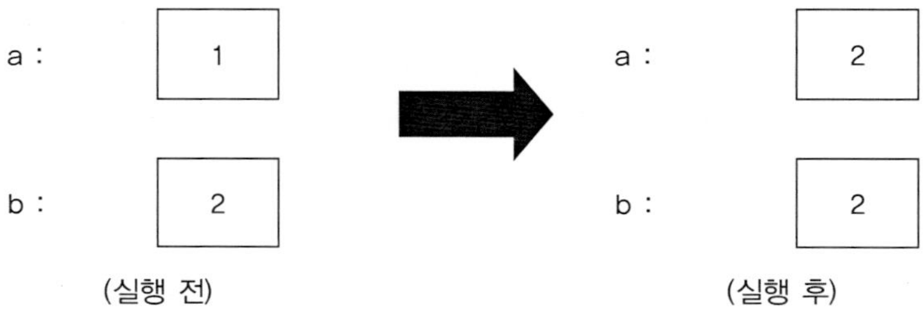

• case 2의 실행 결과

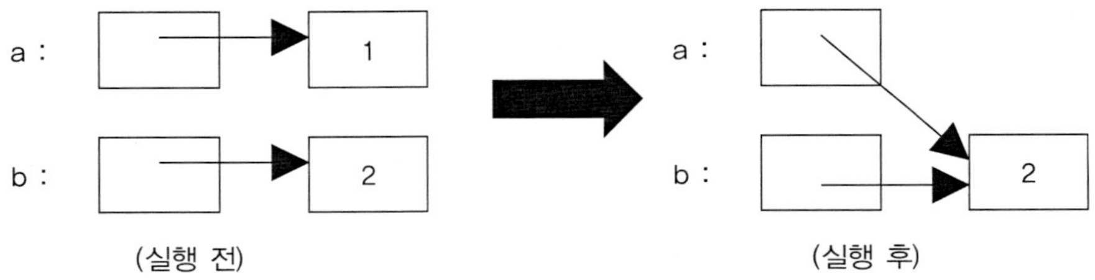

• case 2에서 a=b; 대신에 *a = *b;를 수행하면 결과는 다음과 같다.

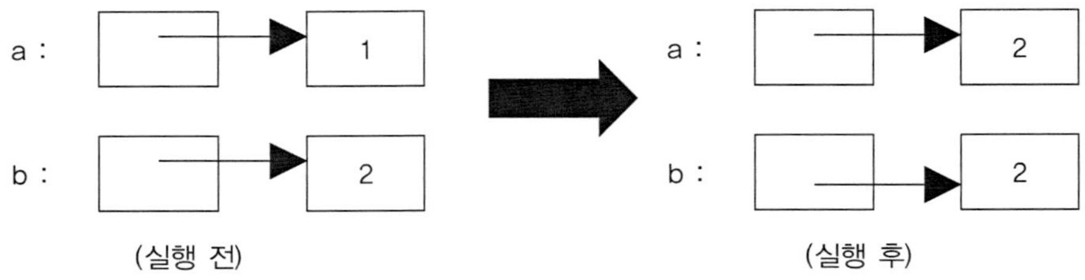

6 이명(별명, alias)

둘 이상의 이름으로 하나의 변수를 참조할 때, 이를 이명이라고 한다. C나 Pascal에서 포인터 변수를 사용하거나, FORTRAN의 EQUIVALENCE, COMMON 문에 의해서 이명을 생성할 수 있다. 하나의 변수를 두 개 이상의 이름으로 액세스하는 것은 결코 좋은 프로그래밍 습관이 아니며, 프로그램의 해독성을 해치고 유지 보수를 어렵게 만든다.

다음은 C 프로그램에서 이명의 예이다.

```
void main() {
    int *ip, i=3;
    ip = &i;
    *ip = 10;
    printf("%d",i);
}
```

위에서 *ip와 i는 서로 동일한 장소를 가리키므로, 이명이다. 출력된 결과는 10이다. 다음은 FORTRAN 언어의 예이다. FORTRAN 언어에서 EQUIVALENCE 문을 사용하면, 변수 I와 J는 서로 이명이 된다. 즉 동일한 기억장소를 공유하게 된다(같은 의미를 가진다).

```
EQUIVALENCE I, J
```

1950년대 FORTRAN 개발 당시의 컴퓨터 시스템은 매우 적은 메모리를 가지고 있었으므로, 좋은 프로그램의 요건은 적은 메모리를 사용하는 것이었다. EQUIVALENCE 문은 커다란 프로그램에서 동시에 사용되지 않는 변수들이 기억장소를 공유함으로써 메모리를 절약하려는 것이 주목적이었다.

7 변수의 영역(scope)

변수 X의 영역은 공간적 개념으로서 변수 이름 X가 동일한 의미를 갖는 프로그램의 일부분을 의미한다. 변수 X가 X의 영역에서 참조 가능할 때 가시적(visible)이라고 한다. 변수 X가 X의 영역이 아니거나 동일한 이름을 가진 변수에 의해 가려지면 참조할 수 없다. 이때 변수 X는 비가시적(invisible)이라고 한다.

다음은 C 프로그램의 예이다. C 프로그램에서는 어느 블록에도 속하지 않고 프로그램의 모든 함수에서 참조할 수 있는 전역 변수(global variable)를 가질 수 있다. 여기서는 float a, b, c, d이 전역 변수에 해당한다. 블록 구조의 언어(C, PASCAL, Algol)에서 블록의 시작점에서 선언된 변수들은 그 블록 안에서만 참조할 수 있다.

```
float a, b, c, d;
void main() {
   int a, b;
   a = b = 12;
                      Area A
   ...
   { char b, c;
   ...                Area B
   }
   ...
                      Area A
   }
```

① Area A에서 가시적인 변수는 정수 변수 a, b, 실수 변수 c, d이다. 실수 변수 a, b(전역 변수)는 정수 변수 a, b(지역 변수)에 가려져 접근할 수 없다.

② Area B에서 가시적인 변수는 정수 변수 a, 문자 변수 b, c, 실수 변수 d이다. Area B에서 문자 변수 b, c는 블록 안에서 선언되었기 때문에 지역 변수(local variable)라고 부른다. 그 이외에 액세스 가능한 변수 a와 d를 비지역 변수(non-local variable)라고 부른다. 특히 실수 변수 a, b, c, d는 프로그램 전역에서 액세스할 수 있으므로 전역 변수라고 한다.

다음 Pascal 프로그램의 각 블록에서 참조 가능한 변수와 함수를 살펴보자. 다음 프로그램은 Large라는 프로시저와 sub1이라는 프로시저를 포함하고 있다. 또한 sub1은 Large 안에 내포된 함수이다. 실제 프로그램 실행은 블록 {main}에서 시작된다. 프로시저 Large와 sub1은 필요에 따라 호출될 수 있을 뿐이다.

블록	참조 가능한 변수 및 함수 이름
{ main }	a, b, Large
{ Large }	a, b, x, y, Large, sub1
{ sub1 }	a, b, x, y, z, Large, sub1

```
program main;
   var a, b : integer;
   procedure Large;
      var x, y : integer;
   procedure sub1;
      var z : integer;
  begin
    { sub 1 }
  end;
  begin
    { Large }
end;
  begin
    { main }
  end.
```

영역과 관련하여 변수를 두 가지로 분류할 수 있다. 하나는 지역 변수이며 다른 하나는 비지역 변수이다. 지역 변수는 블록 내에서 선언된 변수이며, 선언된 블록 자체가 영역이 된다. 문제는 비지역 변수의 영역을 결정하는 것인데, 비지역 변수의 영역을 결정하는 방법에는 정적 영역 규칙과 동적 영역 규칙이 있다.

7.1 정적 영역 규칙(static scope rule)

정적 영역 규칙은 프로그램의 실행순서와는 무관하게 프로그램 블록의 포함 관계에 따라 변수의 영역을 결정한다. C, C++, Pascal 등과 같은 컴파일 언어 대부분은 정적 영역 규칙을 사용하고 있다. 정적 영역 규칙은 블록 내의 모든 비지역 변수는 자신을 둘러싸고 있는 가장 가까운 블록에서 선언된 변수를 참조하는 것이다.

7.2 동적 영역 규칙(dynamic scope rule)

APL, SNOBOL4 등과 같은 언어는 동적 영역 규칙을 사용한다. 정적 영역 규칙은 프로시저의 정의에 기반을 둔 것이고, 동적 영역 규칙은 함수를 호출하는 순서에 기반을 둔 것이다. 동적 영역은 실행시간에 결정된다. 즉 동적 영역 규칙을 사용하면 실행 중인 블록 안에 있는 비지역 변수를 참조함에 있어서 자신을 호출한 함수에서의 정의를 사용한다. 그러므로 비지역 변수의 값은 실행 시간에 어떤 함수가 자신을 호출했는가에 따라서 결정된다. 다음 예를 살펴보자.

```
program scope_rule;
   var x: integer;
   procedure sub1;
   begin
       print(x)
   end;
   procedure sub2;
       var x: integer;
       begin
          x:=4;
          sub1
       end;
   begin
       x:=2;
       sub2
end.
```

① 정적 영역 규칙을 사용한다면, sub1의 print(x)의 결과는 2가 된다. 블록 sub1을 포함하고 있는 가장 가까운 블록이 main이며 main 블록에서 x의 값이 2이기 때문이다.

② 동적 영역 규칙을 사용한다면, sub1은 x에 대한 선언이 없으므로, sub1을 호출한 sub2의 정의를 사용한다. sub2에서 x:=4의 값을 지정하였으므로, print(x)의 결과는 4가 된다. 동적 영역 규칙은 일반적으로 사용되는 규칙은 아니며, 동적 영역 규칙을 가진 프로그램은 오류의 발견과 수정이 어렵다.

7.3 변수의 영역과 수명(lifetime)

변수의 수명이란 변수가 메모리에 할당되는 시간부터 그 역할을 마치고 저장 공간이 반환되는 시간까지를 의미한다. 변수의 영역과 변수의 수명은 깊은 관계가 있다. C 언어나 PASCAL 언어 같은 블록 구조의 언어에서는 블록의 시작점에서 지역 변수를 위한 기억장소가 할당되고, 블록의 실행이 끝나면 할당되었던 모든 지역 변수의 기억장소는 회수된다. 즉 지역 변수의 영역과 수명은 일치한다.

다음 C 코드에서 정수 변수 temp는 블록 { } 안의 코드가 실행될 때 할당되었다가 실행이 완료되면 회수된다.

```
if (a[i]>a[j])
{
    int temp;
    temp = a[i];
    a[i] = a[j];
    a[j] = temp;
}
```

C 언어와 C++ 언어에서는 정적 변수(static variable)를 허용하는데 정적 변수는 한 번 할당되면 프로그램이 종료될 때까지 기억장소가 회수되지 않는다. 특정 블록 B 안에 정적 변수 V가 선언되어 있으면, V의 영역(scope)은 블록 B로 제한되지만, V의 수명(life time)은 프로그램이 종료될 때까지 계속된다.

일반 변수의 경우 변수의 영역과 수명은 일치하지만, 정적 변수는 변수의 영역과 수명이 일치하지 않는다. 다음 C 프로그램의 실행 결과를 살펴보자. 함수 sub() 내의 정적 변수 i는 처음 호출될 때만 1로 초기화되며, 변수 k는 호출될 때마다 저장 공간이 할당되고 초기화된다.

```
void sub() {
        static int i=1;
        int k=1;
        printf("i= %d    k=%d", i, k);
        i++; k++;
}
void main() {
        sub();
        sub();
        sub();
}
```

위 프로그램의 실행 결과는 다음과 같다. 정적 변수 i는 기존 계산 결과를 저장하고 있음을 알 수 있다.

```
i= 1    k= 1
i= 2    k= 1
i= 3    k= 1
```

8 변수의 초기화(initialization)와 참조 환경(referencing environment)

변수를 선언함과 동시에 값을 배정하는 것을 변수의 초기화라고 한다. 많은 프로그래밍 언어는 초기화 방법을 제공하고 있다. FORTRAN 언어는 DATA 문을 사용하여 정수 변수 ISUM과 실수 변수 PI를 초기화하고 있다.

```
DATA ISUM /0/,      PI /3.14/
```

많은 언어에서 변수를 선언함과 동시에 값을 배정할 수 있도록 한다.

```
1) Ada
        SUM : INTEGER := 0;

2) C
        int x=0, y=0;
```

```
3) Algol 68
        int sum :=0;
        int count :=10;
```

그러나 Pascal 언어나 Modula-2 언어에서는 변수를 초기화하는 방법을 제공하지 않는다. 이러한 언어에서는 프로그램이 실행될 때 배정문을 이용하여 변수를 초기화 한다.

프로그램의 특정 부분에서 참조 가능한 모든 데이터, 변수, 함수의 집합을 참조 환경(referencing environment)이라고 한다. FORTRAN, C, Pascal, Ada 등과 같은 정적 영역 규칙 언어의 참조 환경은 지역 변수와 조상 영역에서 가시적인 모든 변수 및 함수를 포함한다. 동적 영역 언어의 참조 환경은 지역 변수와 현재 활성화

```
program example;
   var a, b : integer;
   …
   procedure sub1;
      var x, y : integer;
      begin { sub1 }
      …   ◀──────────────── (1)
      end; { sub1 }
   procedure sub2;
      var x : integer;
      …
      procedure sub3;
         var x : integer;
         begin { sub3 }
         …   ◀───────────── (2)
         end; { sub3}
      begin { sub2 }
      …   ◀──────────────── (3)
      end; { sub2 }
   begin { example }
   …   ◀─────────────────── (4)
   end. { example }
```

(a) Pascal 예제 프로그램 1

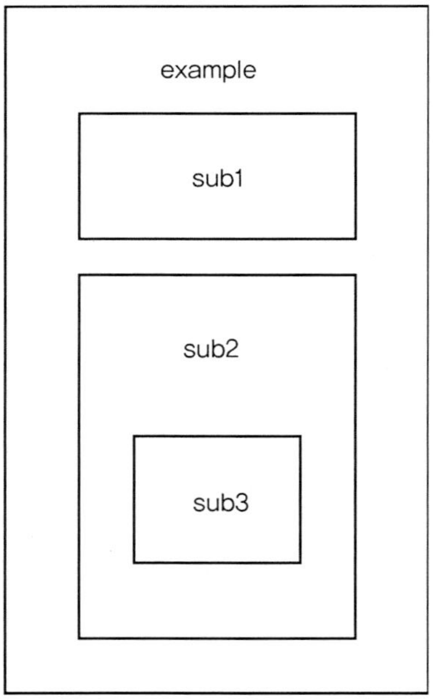

(b) Program example의 블록 구조

그림 4-2 정적 영역 규칙에 의한 참조 환경의 예

되어 있는 모든 다른 서브 프로그램에 선언된 변수를 포함한다. 그림 4-2의 예를 살펴보자.

그림 4-2(a)는 Pascal 프로그램이며, 그림 4-2(b)는 프로그램의 블록 구조를 보여준다. 정적 영역 규칙에 따라 프로그램의 (1)의 위치(sub1의 내부)에서는 sub1의 지역 변수 x, y와 sub1을 둘러싼 상위 블록인 example의 지역 변수 a, b, 그리고 함수 자신인 sub1이 참조 환경을 구성한다. 그리고 (2)의 위치(sub3의 내부)에서는 sub3의 지역 변수 x와 상위 블록인 example의 지역 변수 a, b, 그리고 상위 블록의 함수 sub2와 함수 자신인 sub3이 참조 환경이 된다.[1] (3)의 위치(sub2의 내부)에서는 sub2의 지역 변수 x와 상위 블록인 example의 지역 변수 a, b, 하위 함수 sub3와 함수 자신인 sub2가 참조 환경이 되며, (4)의 위치(example의 내부)에서는 example의 지역 변수 a, b와 함수 sub1, sub2가 참조 환경을 구성한다.[2]

```
void sub1() {
   int a, b;
   …  ◀──────────── (1)
}
void sub2() {
   int b, c;
   …  ◀──────────── (2)
   sub1();
}
void main() {
   int c, d;
   …  ◀──────────── (3)
   sub2();
}
```

그림 4-3 동적 영역 규칙에 의한 참조 환경의 예[3]

그림 4-3의 프로그램에서 main 함수는 sub2 함수를 호출하고 sub2 함수에서 sub1

[1] sub3을 둘러싼 상위 블록인 sub2에서 선언된 변수 x는 sub3에서 선언된 변수 x에 의해 가려졌기 때문에 참조할 수 없다.

[2] sub3은 sub2에 의해 가려지기 때문에 example의 body 부분(4)에서 참조할 수 없다.

[3] C 언어는 정적 영역 규칙을 따르지만 설명의 편의를 위해 동적 영역 규칙의 예로 사용하였다.

함수를 호출한다. 따라서 (1)의 위치(sub1의 내부)에서는 sub1의 변수 a, b와 sub2의 변수 c, 그리고 main의 변수 d가 참조 환경을 구성한다. (2)의 위치(sub2의 내부)에서는 sub2의 변수 b, c와 main의 d가 참조 환경이 되고 (3)의 위치(main의 내부)에서는 main에서 선언한 변수 c, d가 참조 환경을 구성한다.

9 기억장소 바인딩과 변수의 종류

기억장소 바인딩 시간과 변수의 수명에 따라 변수를 정적 변수, 스택-동적 변수, 명시적 힙-동적 변수로 분류할 수 있다.

정적 변수(static variable)는 프로그램 실행 전에 메모리 셀에 연관되는 변수이며 프로그램이 종료될 때까지 동일한 메모리 셀에 대한 바인딩이 유지된다. 일반적으로 전역 변수들이 정적 변수에 속한다. 정적 변수는 기억장소의 할당과 회수가 프로그램의 실행 시간이 아닌 시기에 이루어져서 실행 시간에 부담이 되지 않으므로 프로그램 실행의 효율성을 높일 수 있는 장점이 있다. 하지만 정적 변수만을 가지는 언어에서는 재귀 호출(recursion)이 지원되지 않으며 기억장소가 변수들 간에 공유될 수 없는 단점을 지닌다. C와 C++ 언어에서 키워드 static의 수식을 받는 변수가 정적 변수에 해당한다.

스택-동적 변수(static-dynamic variable)는 변수가 선언된 블록이 실행될 때 기억장소 바인딩이 이루어지는 변수이다. 좀 더 상세하게 말하면, 프로그램의 실행이 변수 선언문에 이르면, 정교화(elaboration)라는 기억장소 할당과 바인딩 과정이 수행된다. 변수의 유형은 정적으로 바인딩되지만 기억장소는 프로그램의 실행이 선언문에 연관되어 있는 코드에 이르렀을 때 이루어진다. 스택-동적 변수를 위한 기억장소는 일반적으로 실행 시간 스택(run-time stack)에 할당된다. 스택-동적 변수를 허용하는 언어는 재귀적 프로그램(recursive program)을 허용하지만 기억장소의 할당과 회수가 프로그램의 실행 시간에 이루어지므로 실행 시간 효율성이 정적 변수에 비해서 떨어지는 단점을 가진다. C와 C++ 언어에서의 지역 변수가 스택-동적 변수의 대표적인 예라고 할 수 있다.

명시적 힙-동적 변수(explicit heap-dynamic variable)는 프로그래머가 명시하는 명시적 실행 시간 명령어에 의해 할당되고 회수되는 이름이 없는 메모리 셀에 연관된 변수이다. 스택-동적 변수와는 달리 힙(heap)이라 불리는 메모리 영역에서 기억장소가 할당되고 반환된다. 이러한 기억장소는 포인터나 참조 변수에 의해서만 참조될 수 있다. C 언어에서의 malloc(), free() 함수나 C++ 언어에서의 new, delete 연산자가 힙-동적 변수의 기억장소 할당과 회수를 위해 사용된다.

Chapter 5

데이터 타입

이 장에서는 컴퓨터 언어에서 지원되는 데이터의 유형과 그에 따른 연산자를 설명한다.

자료형(data type)이란 변수들이 가질 수 있는 값의 집합과 이 값들에 적용할 수 있는 연산들의 집합이다. 변수 X가 Y형이라는 의미는 변수 X는 Y형에 관련되어 정의된 값과 연산자만을 사용할 수 있다는 것이다. 컴퓨터 언어의 자료형은 기본 데이터 형과 복합 데이터 형으로 나누어진다. 기본 데이터 형에는 정수형, 실수형, 문자형, boolean형 등이 있다. 복합 데이터 형은 derived type이라고도 불리며, 레코드 형, 배열형, 포인터 형, 문자열 형 등을 포함한다.

1 기본 데이터 형(primitive data types, elementary data types)

1.1 정수형(integer type)

정수형 변수는 정수 값을 가질 수 있으며 정수형 변수의 크기는 프로그래밍 언어마다, 또 구현된 컴퓨터마다 다를 수 있다. C 언어에서 정수형은 부호있는 정수형(signed integer)과 부호없이 양수만을 나타내는 부호없는 정수형(unsigned integer)으로 구분하기도 한다. 또한 작은 정수형(short integer), 일반 정수형(int), 긴 정수형(long integer) 등으로 나눌 수도 있다. C 언어에서 정수형 변수의 선언 예는 다음과 같다.

```
unsigned int x1;
short int x2;
long int x3;
```

정수의 내부 표현은 일반적으로 2의 보수를 사용한다. 다음은 8bit를 사용하여 2진수를 표현한 예이다. 2의 보수를 사용하여 8bit로 나타낼 수 있는 정수의 범위는 $-2^7 \times 2^7-1$이다.

정수 연산(integer operations)

정수형 변수에는 기본적인 사칙연산이 적용될 수 있다: 덧셈(+), 뺄셈(−), 곱셈(*), 나눗셈(/). 그리고 C 언어에서는 나머지(modular) 연산(%)도 가능하다. 정수 연산 중에서 나눗셈 연산은 특별한 주의가 필요하다. 다음 C 언어 문장의 실행결과를 살펴보자.

```
printf("54 / 10 = %d\n", 54/10);
```

54/10을 하면 5.4의 값을 기대하지만 실제로는 5가 나온다. 연산자 '/'에 적용되는 피연산자들이 모두 정수이기 때문에 결과도 정수가 된다. 올바른 결과값을 얻기 위해서는 아래의 문장과 같이 피연산자 중 하나를 실수값으로 해야 한다.

```
printf(" (double)54 / 10 = %5.2lf\n", (double)54 / 10);
printf(" 54 / (double) 10 = %5.2lf\n", 54 / (double)10);
printf(" 54.0 / 10 = %5.2lf \n", 54.0 / 10);
printf(" 54 / 10.0 = %5.2lf \n", 54 / 10.0);
```

Overflow

일반 프로그래밍 언어에서 최대 정수의 크기는 구현된 기계에 따라서 다르게 된다. 프로그래머가 정수 변수에 정해진 크기 이상의 수를 지정할 경우 overflow라는 오류가 발생한다. 예를 들어, 정수를 8-bit(byte 형)로 표현하였을 때, 다음 정수 i를 생각해보자.

```
i = 126;
i = i + 2;
printf("%d", i);
```

초보 프로그래머는 128이 출력되기를 예상하겠지만, 실제로는 -128이 출력된다. 즉 126은 내부적으로 0111 1110으로 표현되고, 여기에 2를 더하면 1000 0000이 되며 이는 -128을 의미한다. 그러므로 C나 C++ 프로그래머는 정수 변수를 사용할 경우, 정수 변수의 크기가 몇 byte인지를 미리 확인하여 overflow가 발생하는 것을 방지해야 한다. 다음과 같이 간단한 프로그램을 작성하여 C 언어에서 정수형의 크기가 얼마인지 확인할 수 있다. 결과는 각자가 사용하는 컴퓨터에 따라 다를 수 있다.

```
printf("size of int = %d\n", sizeof(int));
printf("size of short = %d\n", sizeof(short));
printf("size of long = %d\n", sizeof(long));
```

Java 언어는 구현된 컴퓨터에 따라 최대 정수의 크기가 달라지는 것을 방지하기 위하여 short integer는 16bit, integer는 32bit, long integer는 64bit로 표현하도록 정의하였다.

1.2 부동 소수점 실수형(floating point real number type)

프로그래머가 실수를 표현하고자 할 때 사용하는 데이터 유형이다. IEEE 표준은 부동 소수점 수를 N = (e, m)으로 표현하며 e는 지수(exponent)이고 m은 가수(mantissa)이다. 실제 N의 크기는 m × 2^e이다(m은 0과 1 사이의 실수이며, e는 정수이다).

나타내고자 하는 실수의 정밀도 및 크기에 따라 m을 나타내는 비트수와 e를 나타내는 비트수를 변경하는데, C 언어의 경우 float 형과 double 형으로 구분한다.

IEEE 표준 754는 부동 소수점 실수를 나타내는 32bit 및 64bit 표준을 정의하고 있다. 32bit 표준은 다음과 같다.

Sign	E (exponent)	M (mantissa)
1	8 bit	23 bit

그림 5-1 IEEE 754의 32bit 실수 표현

해설

- Sign : M의 부호 비트이며, 0은 양수로 1은 음수로 간주한다.
- E : 실제 지수에 127을 더한 값으로 지수를 표현한다. 이를 바이어스 된 표현(biased representation)이라고 한다. 실제로 저장하는 값은 0부터 255 사이의 값이며, 이에 대응하는 값은 -127에서 128 사이의 값이다.
- M : 가수는 23비트이며, 첫 번째 비트는 항상 1로 정규화된다. 이를 정규화 표현(normalized representation)이라고 한다.

1.3 나열형(enumeration type)

나열형은 프로그래머가 정의할 수 있는 변수형이며, 실세계(real world)에 존재하는 데이터를 명시적으로 프로그래밍 언어의 데이터 유형에 대응시킬 수 있는데 주로 내부적으로는 정수형으로 대응이 된다. 즉 실제로 사용하는 값을 내부적으로 정수로 다루게 할 수 있는 능력이 있어 나열형 변수의 이름을 숫자로 표현하지 않고 의미있는 단어나 구로 나타냄으로써 프로그램의 이해도를 높이고 내부 처리는 정수로 하여 처리를 쉽게 할 수 있는 유용한 데이터 유형이다. 다음은 Ada 언어와 C 언어에서 사용한 나열형의 예이다. 요일을 나타낼 때, 0~ 6까지의 숫자를 각각 일요일, 월요일 등으로 간주하여 프로그래밍하기 보다는 'sun', 'mon' 등의 단어를 사용하여 나타내면 프로그램의 이해도를 높일 수 있다. 또한 프로그래밍 언어에서는 정수로 취급하기 때문에 정수 연산이나 크기 비교 등이 가능한 장점이 있다.

```
Ada
  type day = (sun, mon, tue, wed, thur, fri, sat);
  date1 : day;
C
    typedef enum { sun, mon, tue, wed, thur, fri, sat } day;
    day date1;
```

Ada 언어는 나열형에 관한 여러 가지 함수를 지원하고 있다. 앞에서 선언된 day와 date1을 사용한 다음 예를 살펴보자. date1은 현재 mon의 값을 가지고 있다고 가정하자.

표 5-1 Ada에서 지원되는 나열형 연산자

지원 함수	의 미	현재 반환 값
day'First	day 형의 첫 번째 요소	sun
day'Last	day 형의 마지막 요소	sat
day'Succ(date1)	date1 형의 다음 요소	tue
day'Pred(date1)	date1 형의 이전 요소	sun
day'Pos(date1)	date1 형의 현재 위치(0부터 시작함)	1

C 언어에서는 정수와 나열형 리터럴(literal, 예에서 sun, mon, …)을 같이 사용할 수 있다. 내부적으로는 나열형의 각 리터럴의 값이 정수로 변환되어 저장된다. 그

러므로 앞의 예에서 리터럴 sun은 정수 0으로, mon은 정수 1로, tue은 정수 2로 취급할 수 있다. C 언어에서 나열형 변수는 정수와 같기 때문에 정의하지 않은 값을 가져도 된다. 그러나 이는 의미 없는 문장이며 이를 허용하는 융통성 때문에 잘못된 결과를 유발할 수 있다. 즉 위의 예에서 date1=100이라는 문장도 C 언어에서는 허용이 되는데, 이 경우 date1은 요일이 아닌 아무런 의미가 없는 값을 가지게 되므로 잘못된 프로그램의 결과를 생성할 수 있다. 하지만 Pascal, Ada, C++ 언어에서는 이러한 융통성을 허용하지 않아서 나열형 변수가 의미 있는 값만 가지도록 보장한다. 앞의 예제에서 선언한 변수 date1을 사용하여 C 언어와 C++ 언어, 그리고 Ada 언어를 비교하여 보자.

Ada	date1 := sun;
	date1 := -1;
	date1 := mon * 2;
		-- O. K.
		-- Error
		-- Error

C	date1 = sun;
	date1 = -1;
	date1 = sat + 1;
	date1 = mon * 2;
		-- O. K.
		-- O. K.
		-- O. K.
		-- O. K.

C++	date1 = sun;
	date1 = -1;
	date1 = sat + 1;
	date1 = mon * 2;
		-- O. K.
		-- Error
		-- Error
		-- Error

나열형 리터럴을 출력하는 것은 일반적으로 프로그래밍 언어에서 지원하지 않는다. C 언어에서 나열형 리터럴을 출력하기 위해서는 일반적으로 다음과 같이 case, switch 문장을 사용하면 편리하다.

```
switch(date1)
{
case sun: printf("date1 is sun\n"); break;
case mon: printf("date1 is mon\n"); break;
case tue: printf("date1 is tue\n"); break;
…
}
```

FORTRAN과 COBOL에서는 나열형이 지원되지 않는다. 나열형이 지원되지 않는 경우, 프로그래머는 정수를 대신 사용해야 한다. 위의 예를 생각하면 sun = 0, mon = 1 등과 같이 그 의미와 별 상관이 없는 숫자를 대신 사용해야 하므로, 나열형을 사용한 프로그램에 비해 가독성이 떨어진다.

1.4 문자형(character type)

초기의 프로그래밍 언어는 수치 계산에만 치중하였으므로, 문자열 처리는 거의 무시되었다. 1960년대 후반에 들어 범용 프로그래밍 언어에서 문자열 조작을 위한 많은 특성을 갖추기 시작하였다. 대부분의 언어에서 문자는 ASCII(American Standard Code for Information Interchange) 코드로 저장된다. ASCII 코드는 128개의 문자를 허용하는 7bit 코드이며, 영어 대문자, 소문자, 수학 기호, 제어 문자와 escape 기호를 포함한다. 확장된 ASCII 코드는 강조 문자와 우물라우트(umlaut) 문자를 표현하기 위해 128 문자를 추가한 것이다.

8bit ASCII 코드는 영어권에서는 큰 문제가 없으나, 동양 언어권의 한글, 중국어, 일본어를 표현하는 데는 적절하지 않다. 이러한 문제점으로 인해 영어로 개발된 시스템을 한국어나 중국어로 변환하는 일은 매우 힘든 일이었다. 컴퓨터 시스템의 국제화에 맞추어 최근 일부 프로그래밍 언어(예를 들어, Java 언어)에서는 ASCII 코드 대신에 2byte 체계를 가진 유니코드(unicode)를 사용한다. 이 유니코드는 영문자뿐 아니라 중국어, 일본어, 아랍어 등을 모두 표현할 수 있다는 장점이 있다.

C 언어에서 문자형은 정수형의 부분 집합으로 간주한다. 그림 5-2는 C 언어에서 문자형과 정수형간의 관계를 보여준다. 즉 문자형은 아주 작은 정수형으로 간주된다. 따라서 C 언어에서는 다음과 같은 연산이 가능하다.

```
char c;
int i;
c = 'A' + 2;        -- 문자 c에는 'C'가 저장된다.
i = 'K';            -- 정수 i에는 'K'의 ASCII 코드 값이 저장된다.
c = i + 1;          -- 'K' + 1 즉 'L'이 c에 저장된다.
printf("i = %c %d", i, i);
printf("c = %c %d", c, c);
```

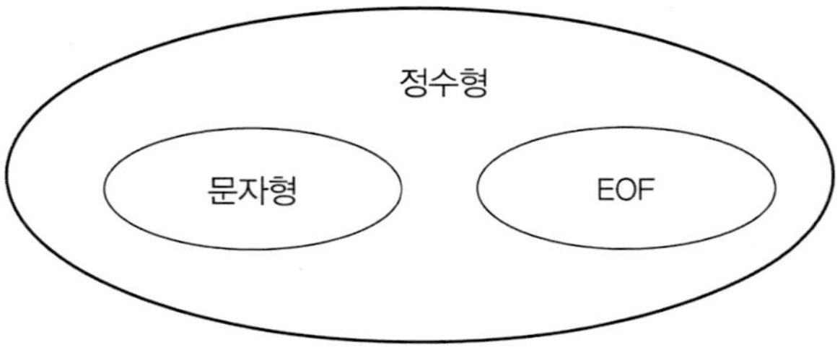

그림 5-2 C 언어에서 문자형과 정수형간의 관계

위 C 프로그램의 실행 결과는 다음과 같다. C 언어는 정수형 변수를 문자로 출력할 수도, 정수로 출력할 수도 있다.

```
i = K 75
c = L 76
```

컴퓨터 시스템을 국제적으로 사용하게 됨에 따라 다양한 문자를 지원해야 할 필요성이 발생하였다. 현재 많은 나라에서 각국의 문자코드 표준을 정의해서 사용 중이나, 이는 상호 통신, 프로그램 변환 등에 많은 문제를 일으키고 있다. A. Martin이 발표한 국제화 관련 문제점을 정리하면 다음과 같다.

- 정렬 문제(sorting) : 비 로마자가 있는 문자열을 정렬하고자 한다면 어떠한 기준으로 해야 할 것인가?(예를 들어, a나 와 같은 문자들)
- 대소문자 : 한글이나 일본어, 아랍어 등은 대문자와 소문자의 구별이 없다.
- 표의 문자 : 한글, 중국어, 일본어 등은 컴퓨터로 처리할 때 알파벳보다 훨씬 많은 수의 문자로 표현된다. 일부 언어는 이를 16bit 코드로 처리하고 있다(한글도 KS 표준에 의해 알파벳이 아닌 16bit를 사용하여 한글 한글자당 2byte 코드를 지정하여 처리하고 있다).
- 통화 기호 : 각국은 통화 기호로서 여러 가지를 사용하고 있으며, 이는 ASCII 코드에 지정되어 있지 않다(예: \$, £, ¥).

1.5 Boolean 형

Boolean 형의 변수가 가질 수 있는 값은 true와 false 두 가지뿐이다. 일반적으로 boolean 형의 변수간에는 다음과 같은 세 개의 연산자가 허용된다. 세 개의 연산자는 and, or, not이다.

Boolean 형은 Ada 언어에서 시스템 정의 나열형이다.

```
type Boolean is (False, True);
```

C 언어에서는 boolean은 별도로 정의되어 있지 않으며, 대신에 정수값을 다음과 같이 사용한다.

- 논리식의 결과가 true이면 1을, 그렇지 않은 경우에는 0을 반환한다.
- 정수식도 논리식으로 인식된다. 정수식의 계산 결과가 0이 아니면 true로, 0이면 false로 간주한다.

```
int i, k = 2;
if (k-3) i = 10; else i = 100;
```

위의 예에서 k-3은 0이 아니므로 true로 인식되어 i = 10이 실행된다.

C++ 언어에서는 bool이라는 데이터 타입이 정의되어 있으나 bool 형 변수는 true와 false 값뿐만 아니라 다른 값도 가질 수 있다. C 언어에서와 마찬가지로 0의 값은 false로, 그 이외의 값은 모두 true로 간주한다.

```
C++ example
bool b;
b = true;           // true
b = false;          // false
b = 1;              // true
b = 'A';            // true
b = 10.2;           // true
b = 0.0;            // false
b = 1 + 10.1;       // true
```

1.6 부분 범위형(subrange type)

이미 정의된 나열 가능 자료형의 부분 범위로서 정의되는 형을 부분 범위형이라고 한다. Pascal이나 Ada와 같은 언어에서 부분 범위형을 지원한다. C 언어에서는 허용되지 않는다. 부분 범위형은 나열될 수 있는 데이터 형(예: 정수형, 나열형)을 이용하여 선언할 수 있으며, 실수와 같은 데이터 형의 부분 범위형은 허용되지 않는다. 다음은 Pascal 언어에서 부분 범위형의 예이다.

```
type
  small = 0..255;
  upper = 'A' .. 'Z';
  lower = 'a' .. 'z';
  date = (sun, mon, tues, wed, thru, fri, sat);
  work_day = (mon..fri);
subtype weekdays is date range from mon..fri;
```

위와 같이 데이터 형이 선언되어 있고 다음과 같이 Pascal 코드가 있으면, 실행 시간에 할당될 x의 값은 항상 검사되고 그 값이 255를 넘을 경우 실행 시간 오류(execution time error)를 발생시킨다.

```
var x : small;
...
x := 200;
x := x + 100;      (* 실행 시간 오류 *)
```

2 자료형의 변환(type conversion/casting)

자료형의 변환이란 한 자료형의 값을 다른 자료형으로 변환하는 것을 의미한다. 예를 들어 i는 정수이고 x는 실수라고 할 때, 다음 문장을 보자.

```
i = x % 3;
```

여기서 '%'는 나머지를 구하는 연산자로 정수형 변수가 피연산자가 될 수 있다. 여기에서 x가 실수형 변수이므로 컴파일러가 타입 검사(type checking)를 할 때 시스템은 다음 두 가지 행동을 할 수 있을 것이다. 실제로 컴파일러가 어떻게 처리하는지를 확인해 보기 바란다.

- 유형 불일치 오류(type mismatch error)를 발생시키고 적당한 오류 메시지를 출력한다.

- 묵시적 자료 변환(implicit type conversion)을 실시한다. 즉 주어진 자료형을 요구되는 자료형으로 변환한다. 여기서는 x의 값에서 소수점 이하의 자리를 버리던지, 반올림하여 정수값으로 변환한다.

자료형의 변환에는 확대 변환(widening conversion)과 축소 변환(narrowing conversion) 두 가지가 있다.

① 확대 변환
본래 데이터의 값을 손실시키지 않고 다른 데이터 형으로 변환하는 것을 말한다.
예) 정수형을 실수형으로 변환하는 경우

② 축소 변환
본래 데이터의 값의 일부를 손실하고 다른 데이터 형으로 변환하는 것을 말한다.
예) 실수형을 정수형으로, double 형을 float 형으로 변환하는 경우

대부분의 프로그래밍 언어는 다음 두 가지 방법의 자료형 변환을 지원하고 있다.

① 자료형 변환 cast 함수
프로그래머에게 자료형의 변환을 명시적으로 지정할 수 있도록 한다. C, Java, Pascal 등의 언어가 cast 함수를 지원하고 있다. C 언어는 다음과 같이 실수 x를 정수형으로 변환할 수 있다.

```
float x;
...
int_variable = (int) x % 2;
```

Pascal 언어는 함수 trunc(소수점 이하 버림)와 round(반올림)를 지원한다.

```
IntVariable := trunc(x) mod 2;
```

② 묵시적 자료 변환(coercion)을 실행한다.
프로그래머가 명시하지 않은 자료형의 변환을 컴파일러(또는 인터프리터)가 적절히 추측하여 실행하는 자료 변환을 묵시적 자료 변환이라고 한다.

FORTRAN, C, Pascal과 같은 언어에서 + 연산자에 피연산자로 실수와 정수가 같이 사용되었을 경우, 정수를 먼저 실수형으로 변환한 후 덧셈 연산을 실행한다.

연산자(operator)와 피연산자(operand)간의 자료형 불일치는 가장 많이 발생하는 오류 중 하나이다. 묵시적 자료 변환은 프로그래머를 사소한 문제로부터 해방시켜 준다. 즉 프로그래밍을 할 때, 연산자와 피연산자의 자료형이 일치하는 가를 고민할 필요없이 문제 해결을 위한 방법을 고안하는 것에 집중할 수 있게 해준다. 최근 인터프리터 언어는 보다 많은 묵시적 자료 변환을 지원하는 융통성이 있어 프로그래밍이 편하다. 그러나 프로그래머에게 주의를 환기시킬 기회가 없어 프로그램의 실행에서 논리적 오류를 발생시킬 수도 있다.

3 복합 데이터 형(composite data type)

3.1 배열형(array type)

배열의 선언 형식

동일한(homogeneous) 데이터 형을 여러 개 선언하여 그 배열 이름과 인덱스로 액세스하는 자료형을 배열이라고 하며, 프로그래밍에 가장 많이 사용되는 자료형 중의 하나이다. 일부 언어에서는 1차원 배열을 벡터(vector)라 하기도 한다. 배열은 각 원소가 집단체의 첫 원소에 대한 상대적 위치(변위, offset)로 식별되는 동질적인(homogeneous) 데이터 원소의 집합이라 할 수 있다.

배열형의 변수를 정의하기 위해서는 배열의 이름, 배열의 차원, 배열 원소의 형, 인덱스의 형 및 각 인덱스의 범위를 명시해야 한다. 일반적으로 배열의 인덱스는 정수형이어야 하지만 일부 언어에서는 반드시 정수형으로 제한하지 않는다.

배열을 선언하려면 다음 속성들을 명시적 또는 묵시적으로 지정해야 한다.

① 각 요소의 유형
② 인덱스의 유형
③ 배열의 차원
④ 각 차원의 배열 첨자의 시작 및 끝
⑤ 배열의 초기값(선택사항)

배열의 이름이 A1이고 그 크기가 4 * 5인 2차원 정수 배열을 선언하는 방법은 다음과 같다.

언 어	선언 형식
FORTRAN	INTEGER A1(4, 5)
PASCAL	A1: array [1..4, 1..5] of integer;
C	int A1[4][5];
Ada	A1: array (1..4, 1..5) of integer;

C 언어에서는 배열의 크기를 표현할 때 상수식을 허용하지 않지만, C++에서는 이를 허용하여 프로그램의 이해도를 높인다. 아래 문장은 C 언어에서는 허용되지 않지만 C++ 언어에서는 허용된다.

```
const int number_of_student = 5;
double score[number_of_student];
```

배열의 요소(또는 원소, element, component)는 어떠한 형도 가능하다. 따라서 정수 배열, 실수 배열, 문자 배열, 뒤에서 소개되는 구조체 배열, 포인터 배열, 객체 배열 등 어떠한 형도 배열의 원소가 될 수 있다. 또한 배열도 배열의 요소가 될 수 있는데 이 경우는 위에서 제시한 2차원 배열이 된다. 다음은 구조체, 포인터, 객체 배열의 예를 보여준다.

```
typedef struct { … } Student;
Student PLStudents[50];
Student *pStudents[50];

class Course { … };
Course SpringCourses[32];
```

FORTRAN, Ada, PL/I에서는 소괄호 ('(')가 배열의 첨자 및 함수의 인자를 나타내는데 동시에 사용되므로 서로 혼동을 줄 수 있다. 이를 방지하기 위해서 C, Pascal, Algol 등과 같은 언어에서 배열의 첨자는 대괄호 ('[', ']')를 함수의 인자는 소괄호를 사용한다.

C, FORTRAN과 같은 언어는 프로그래머의 인덱스(첨자) 범위 지정이 자유롭지 못하다. C 언어에서 int a1[4];로 선언되면, 첨자의 범위는 0에서 3으로 고정된다. FORTRAN 언어에서도 DIMENSION A(10)으로 선언되면, 첨자가 1부터 10까지의 정수로 고정된다.

그러나 Pascal, Ada와 같은 언어는 배열의 인덱스 형 및 범위를 지정할 수 있다. 즉 인덱스의 범위를 지정할 수 있을 뿐 아니라, 인덱스에 나열형 변수를 사용할 수 있다. 다음 Pascal 예제에서 배열 Index의 첨자는 -4부터 4까지의 정수이며, 배열 WorkHour의 각 요소의 데이터 형은 정수형이고, 첨자로서 나열형 Day의 mon부터 fri까지의 값을 사용한다.

```
type
  Day = (mon, tue, wed, thu, fri, sat, sun);
  Two = array [-4..4] of integer;
var
  Index : Two;
  WorkHour : array [mon..fri] of integer;
  FreeTime : array [Day] of integer;
```

배열의 초기화

Pascal, Modula와 같은 언어는 배열의 초기화 명령어를 제공하지 않는다. 즉 모든 값을 일일이 지정해야 한다. FORTRAN 77은 배열을 초기화하는 명령어 DATA를 제공하고 있다. FORTRAN 77의 배열 초기화에서 흥미로운 것은 초기화 순서가 column major라는 사실이다. 즉 초기화 데이터가 2차원 배열의 column(열) 우선으로 채워진다는 의미이다. 다음 예를 자세히 살펴보고, FORTRAN 언어의 배열 초기화 순서가 왜 column major인가 생각해 보자.

```
INTEGER ONE(3), TWO(3, 2)
DATA ONE /1, 2, 3/
DATA TWO /1, 2, 3, 4, 5, 6/
```

앞의 DATA 문으로 초기화된 결과는 다음과 같다.

```
ONE(1) = 1, ONE(2) = 2, ONE(3) = 3

TWO(1,1) = 1, TWO(1,2) = 4
TWO(2,1) = 2, TWO(2,2) = 5
TWO(3,1) = 3, TWO(3,2) = 6
```

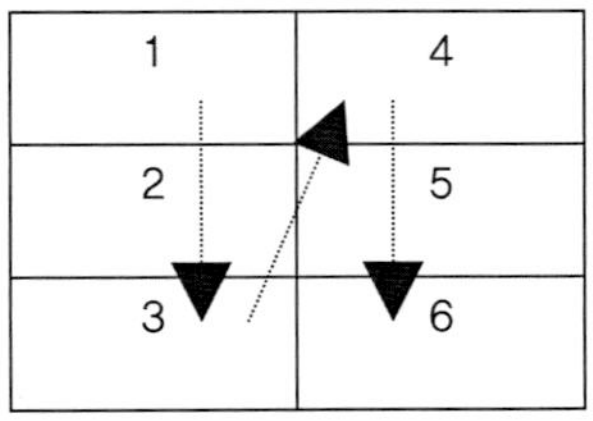

FORTRAN의 배열 초기화 순서가 column major인 이유는 배열 요소의 주소 순서가 column major로 구현되어 있기 때문이다. 이와는 달리, C 언어나 Ada 언어 같은 비교적 최근의 언어에서는 row major 초기화를 사용한다.

> C example
>
> C나 C++어 언에서는 배열의 크기를 초기화 데이터에 따라서 결정할 수 있다. 컴파일러는 초기화 데이터의 양에 따라서 배열의 크기를 결정한다. 따라서 배열의 크기를 명시적으로 나타내지 않아도 된다.
>
> 예) int list[] = {1, 2, 3, 4};
>
> C나 C++ 언어는 다중 배열의 경우, row major로 초기화하므로 다음과 같이 열의 개수만 명시하여 초기화 해도 된다.
>
> 예) int two[][2] = {1, 2, 3, 4};
>
> 위의 선언문으로 배열 two는 다음과 같이 초기화된다.
>
> two[0][0] = 1;   two[0][1] = 2;
> two[1][0] = 3;   two[1][1] = 4;

C 언어는 문자열(string)을 별도의 유형으로 가지고 있지 않고, 문자의 배열(character array)로 취급한다. 문자 배열의 마지막에는 반드시 '\0'을 저장하여 문자열의 끝임을 나타낸다.

```
char name[] = "computer";
```

위의 선언문으로 name[]에는 'c', 'o', 'm', 'p', 'u', 't', 'e', 'r', '\0'가 저장된다. 마지막 문자 '\0'은 시스템이 자동으로 저장한다. 따라서 C 언어에서 문자열에 저장된 문자를 처리하기 위해 다음과 같은 문장을 사용하면 문자열의 길이를 미리 알지 않아도 되므로 편리하다.

```
for (i=0; name[i] != '\0'; i++) …
while (name[i++] != '\0') …
```

문자열 변수 name은 "computer\0"가 저장되어 있는 주소를 의미하는데 그 중 첫 글자인 'c'가 저장된 주소값을 가진다. 즉 name = &name[0]와 동일하다.

C 언어에서는 포인터의 배열을 선언하고 초기화 할 수 있다. 포인터를 자유롭게 구

사할 수 있는 것이 C 언어의 강점 중 하나이다. 다음은 C 언어로 문자열을 가리키는 포인터의 배열을 선언하는 예이다. 그림 5-3은 아래 선언에 의해 메모리가 초기화된 모습이다.

```
char *name[] = {"Kim", "Lee", "Park", "Choi"};
```

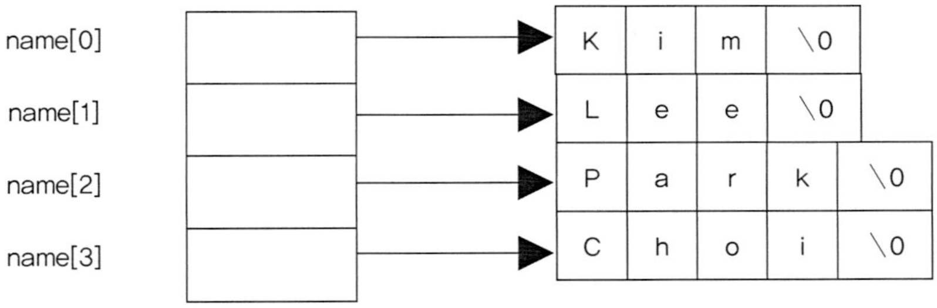

그림 5-3 문자열 포인터의 배열

그림 5-3에서 배열 name[0]은 문자열 "Kim"의 첫 글자인 'K'의 주소를 가지고 있으며, 마찬가지로 name[1]은 'L'의 주소, name[2]는 'P'의 주소, name[3]은 'C'의 주소를 저장하고 있다. 아래의 코드를 이용하여 확인할 수 있다.

```
printf("name[0] = %X : address of 'K' is %X\n", name[0], &name[0][0]);
printf("name[1] = %X : address of 'L' is %X\n", name[1], &name[1][0]);
printf("name[2] = %X : address of 'P' is %X\n", name[2], &name[2][0]);
printf("name[3] = %X : address of 'C' is %X\n", name[3], &name[3][0]);
```

Perl 언어는 변수명이 '@'로 시작하면 배열로 간주한다. 각 배열의 요소를 액세스할 때는 '$'를 사용한다. 초기화 명령어는 다음과 같다(Perl에서 '#'은 주석을 표시한다).

```
@one = (1, 2, 3);      # $one[0] = 1; $one[1] = 2; $one[2] = 3;
$a = $one[0] + $one[2];  # 변수 $a에는 4가 저장된다.
```

Perl 언어는 연관 배열을 허용한다. 이는 배열의 첨자를 정수 대신에 문자열을 사용할 수 있게 한다. 연관 배열은 문자 '%'로 시작한다. 연관 배열의 각 요소를 참조하기 위해서 첨자와 함께 사용하는 괄호는 대괄호 '[' 대신에 중괄호 '{'를 사용한다.

연관 배열의 초기화 명령어는 다음과 같다.

```
%price_table = ("apple", 200, "banana", 100, "berry", 300);
$price = $price_table("apple") * $price_table{"banana"};
# 변수 $price에 20000이 저장된다.
```

배열의 구현 : 배열 요소의 주소 계산

배열의 요소를 액세스하기 위해서는 배열의 시작 주소부터 요소 위치까지의 거리를 계산해야 한다. 예를 들어, C 언어에서 정수 배열 name의 k번째 요소를 액세스하려면, name[k]의 주소를 계산해야 한다.

```
name[k]의 주소 = &name[0] + k * 정수의 크기
```

일반적인 언어에서 name[k]의 주소를 계산하는 식은 다음과 같다. 여기서 lower_bound는 사용자 또는 시스템에서 정의한 첨자의 최소값이다.

```
name[k]의 주소 = 배열 name의 시작 주소 + (k - lower_bound) * 요소의 크기
```

2차원 배열의 주소 계산식은 약간 더 복잡하다. C 언어에서 배열 a가 다음과 같이 선언되었을 경우,

```
int a[m][n];
```

a[i][j]의 주소 계산식은 다음과 같다($0 \le i \le m-1$; $0 \le j \le n-1$).

```
&a[0][0] + sizeof(int) * (i * n) + j)
```

위의 식이 어떻게 나왔는지는 다음 그림 5-4를 보고 이해하기 바란다. 하트 모양이 있는 곳의 주소가 시작 주소로부터 얼마나 떨어져 있는가를 각자 계산하여 보기 바란다.

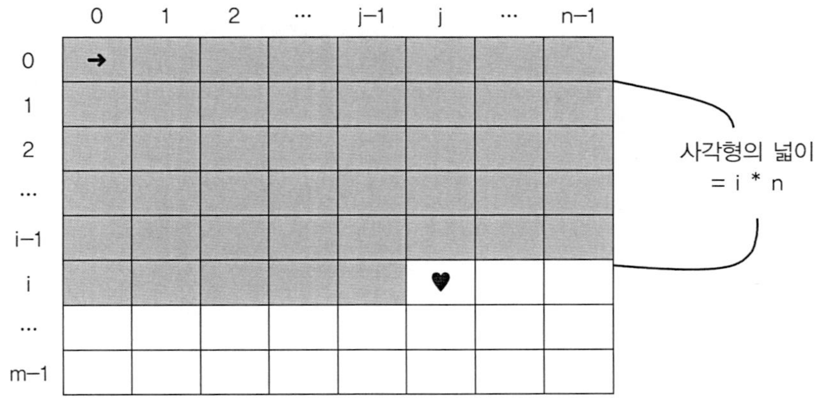

그림 5-4 a[i][j]의 주소 계산(하트가 위치한 곳)

3.2 문자열 형(string type)

문자열은 연속된 문자로 구성된 데이터를 말한다. 데이터 입출력의 대부분이 문자열 데이터로 이루어지고 있으므로 문자열 형 역시 대부분의 언어에서 중요한 자료형 중 하나이다. 각 언어의 문자열 변수 취급 특성은 다음과 같이 세 가지로 요약할 수 있다.

① 문자열이 기본 데이터 형으로 지원되는가? 그렇지 않으면, 문자의 배열로 취급하는가?
② 문자열의 길이는 고정적인가? 가변적인가?
③ 제공되는 문자열 처리 연산은 무엇인가?

문자열 변수의 선언

C, Pascal, Ada와 같은 일부 언어에서는 문자열 형이 기본 자료형으로 지원되지 않는다. 이러한 언어에서는 문자의 배열에 문자열을 저장하는 방식을 취한다. Pascal 언어에서 배열은 처리 속도의 향상을 위해서 요소 간에 공간을 두고 있으나(unpacked array) 기억장소가 낭비되는 것을 피할 수 없다. 문자열을 연속적으로 저장하고 기억장소를 절약하기 위해서 Pascal 언어는 'packed'라는 키워드를 제공하고 있다. 다음에 몇몇 언어에서의 문자열 변수 선언에 대한 예를 제시한다.

C, C++ 언어에서 문자열 변수를 다음과 같이 문자열의 포인터나 문자 배열로 선언한다.

```
char *str = "computer";
char str[] = {'c', 'o', 'm', 'p', 'u', 't', 'e', 'r'};
char name[] = "Kim";
```

C 언어에서는 문자열의 마지막에 null 문자('\0')가 추가되어 아래 그림과 같이 초기화된다.

name :	'K'	'i'	'm'	'\0'

그러므로, 다음과 같은 선언은 실행 시간 오류를 발생시킬 수 있다. 왜냐하면 name[4]에는 문자열의 끝을 나타내는 '\0'을 저장할 공간이 없기 때문이다.

```
char name[4] = "kiss";
```

다음은 FORTRAN 언어의 예이다. FORTRAN 77은 문자열을 기본 데이터 형으로 제공하며, 고정 길이 문자열 변수를 다음과 같이 선언한다. 다음 예에서 문자열 변수 L의 길이는 15, M의 길이는 10이다. 즉 변수 L은 문자 15개를 저장할 수 있다.

```
CHARACTER L*15, M*10
```

다음은 Pascal 언어의 예로서 12개의 문자 배열로 'Name' 변수를 선언하고 있다.

```
Name: packed array [1..12] of char;
```

Ada는 다음과 같은 표준 package에서 STRING 형을 다음과 같이 정의하였다.

```
type STRING is array (POSITIVE range <>) of character
```

다음에 정의된 STRING 형을 사용하여 다음과 같이 문자열을 선언할 수 있다.

```
NAME: STRING(1..10)
BIRD: STRING(1..5) := ('m', 'e', 'r', 'r', 'y'); -- 초기값 지정
```

Perl 언어에서는 문자열 형을 scalar 형으로 간주한다. Perl 언어에서는 특별히 문

자열을 선언할 필요없이 scalar 형 변수에 대입하면 된다.

```
$var1 = "kim";
$var1 = 2;
```

문자열 변수의 연산

프로그래밍 언어는 다음과 같은 다양한 문자열 연산을 지원할 수 있다. 그러나 실제로 지원되는 문자열 연산은 프로그래밍 언어에 따라 많은 차이가 있다.

① 문자열 변수간의 배정(assign)과 연결(concatenation)

배정 연산은 두 개의 문자열 변수 A, B 사이에 A = B;와 같은 연산이 지원되느냐의 문제이다. 대부분의 언어에서 이 연산이 지원되지만, C 언어에서 이러한 연산은 지원되지 않는다. C 언어에서 문자열 변수간 배정 및 연결 연산을 하려면, 프로그램 소스에 #include 〈string.h〉를 포함한 후, 표준 라이브러리 함수 strcpy(target, source)와 strcat()을 사용해야 한다.

Pascal 언어에서는 다음과 같이 문자열 배정 연산(':=') 및 연결 연산('+')이 가능하다.

```
var
  str1, str2 : string[20];
  five : string[5];
begin
  str1 := 'X-mas';     (* Pascal의 문자열은 'string'으로 표시한다. *)
  str2 := 'merry' + str1;  (* str2에 'merryX-max'가 저장된다. *)
  five := '123456789';    (* five에 '12345'만이 저장된다. *)
...
```

Ada 언어에서도 배정 연산(':=')과 연결 연산('&')이 가능하다. 변수 FIVE가 STRING(1..5);로 선언되었으면 다음의 연산이 가능하다.

```
선언 부분
   FIVE: STRING(1..5);
실행 부분
   FIVE := "Ann" & "ie";   -- FIVE := "Annie"와 동일하다.
```

② 문자열의 비교

크기를 비교하는 관계 연산자(〉, 〈, = 등)를 숫자뿐 아니라 문자열에도 적용할 수 있다. 문자열의 크기는 일반적으로 ASCII 코드 값을 기준으로 한다. 예를 들어 문자열 “ABC”와 “ABB”를 비교하면, ‘C’의 ASCII 코드값이 ‘B’보다 더 크므로, “ABC”가 더 크다고 정의한다. C 언어에서는 문자열을 비교하는 연산을 제공하지 않으므로 함수 strcmp()를 사용하여 문자열간의 크기를 비교할 수 있다.

Pascal에서는 =, 〈, 〉, 등의 관계 연산자를 문자열에도 적용할 수 있다.

```
'A' < 'B'                    is true;
'A' < 'a'                    is true;
'computer' = 'computer'      is true;
```

③ 첨자를 사용한 문자열의 일부 선택

많은 언어에서 문자열 데이터를 쉽게 다루기 위해서 첨자를 사용하여 문자열의 일부를 선택할 수 있는 연산자를 제공하고 있다.

FORTRAN 언어의 경우 두 개의 첨자를 사용하여 첫 번째 첨자는 선택한 문자열의 시작 위치, 두 번째 첨자는 마지막 위치를 의미하도록 한다. 예를 들어 FIRST = FULL(4..10)의 의미는 문자열 FULL의 4번째 문자부터 10번째 문자까지를 선택하여 FIRST에 저장하라는 의미이다.

Ada 언어도 비슷한 연산을 지원한다.

```
선언 부분
   FULLNAME: STRING(1..20);
실행 부분
   FULLNAME := "Kim Hoon";
   MES : = "Hello!" & FULLNAME(1..3); -- MES에 "Hello! Kim"이 저장
        된다.
```

④ 입출력 형식 정의

문자열 데이터를 처리하는 것 중에 가장 중요한 것이 사용자가 보기 좋은 형식으로 문자열 데이터를 입출력하는 것이다. 입출력 형식을 정의하는 기능은 대

부분의 범용 프로그래밍 언어에서 중요한 부분이다. C 언어에서 문자열을 출력할 때는 '%s'를 사용한다.

⑤ 문자열간의 패턴 매칭(pattern matching)

문자열 처리를 중요시하는 ICON이나 Perl과 같은 언어는 문자열 패턴 매칭에 관한 많은 연산을 가지고 있다. Pascal 언어는 Pos(obj, target)라는 함수를 지원한다. 이 함수는 문자열 데이터 obj가 target에 나타나는 위치를 반환한다. 만일 문자열 obj를 발견하지 못하면 0을 반환한다. Pascal 언어의 예는 다음과 같다.

```
String := 'ABCDEFG';
Pos('DE', String)의 반환값은 4이다.
Pos('H', String)의 반환값은 0이다.
```

Perl 언어는 문자열의 패턴을 다양하게 지정할 수 있다. Perl 언어에서 문자열 패턴을 지정하는 형식은 정규 문법(regular grammar)과 비슷하다. 다음 예제 프로그램은 문자열 $str 안에 "hat"라는 문자열의 포함 여부를 검사하여 적당한 메시지를 출력하는 Perl 코드이다.

```
if ( $str = ~/hat/)
{ print "Yes, it contains \"hat\".\n";}
else { print "No, it does not. \n"; }
```

표 5-2에서 Perl 언어에서 패턴 매칭 연산을 위해 지원하는 다양한 문자열 패턴의 일부를 소개한다.

표 5-2 Perl의 문자열 패턴 매칭을 위한 문자열 패턴

패턴	특수 기호의 의미	왼쪽 패턴과 일치되는 문자열의 예
t.e	'.'은 한 문자를 의미	the, tie, toe, …
^xx	^은 줄의 시작을 의미	xx로 시작되는 줄
zz$	$는 줄의 끝을 의미	zz로 끝나는 줄
sh*e	*는 0개 이상의 문자	se, she, shhe, …
sh+e	+는 1개 이상의 문자	she, shhe, shhhe, …
[st]x	[] 안의 문자 중 택일	sx, tx

3.3 레코드 형(record type)

배열은 동질적인 요소의 모임이지만 레코드는 여러 개의 다른 유형(heterogeneous) 데이터 요소의 모임이다. 레코드를 구성하는 데이터 요소를 필드(field)라고 부른다. 레코드의 필드는 정수형 첨자로 선택되지 않고 이름(식별자)을 사용하여 선택된다. 1960년대 초 COBOL 언어가 레코드의 개념을 도입한 후 대부분의 범용 프로그래밍 언어에서 레코드를 지원하게 되었다.

레코드 형의 선언

레코드는 여러 개의 필드로 구성되며, 각 필드는 이름과 데이터 형이 명시되어야 한다. COBOL 프로그램은 데이터 부(data division)에서 레코드를 선언한다. 다음은 COBOL 언어의 레코드 선언 예이다.

```
01 EMPLOYEE-REC
  02 NAME
    05 FIRST PICTURE IS X(20).
    05 LAST PICTURE IS X(15).
  02 DEPARTMENT PICTURE IS X(10);
  02 SALARY PICTURE IS 99999V99.
```

EMPOYEE-REC 레코드는 이름(NAME), 부서(DEPARTMENT) 및 월급(SALARY)으로 구성되어 있다. 01, 02, 05와 같은 번호는 각 필드의 레벨(level)을 나타낸다. 이 레벨 번호가 레코드의 필드를 계층 구조로 만들어 준다. X(20)은 알파벳 20자로 필드가 구성되었다는 의미이며, 99999V99에서 V는 소수점의 위치를 나타낸다. 즉 다섯 개의 소수점 이상 숫자와 2개의 소수점 이하 숫자로 구성된다는 의미이다.

C 언어에서는 record를 구성하기 위해서 struct라는 키워드를 사용한다.

```
typedef enum {Hyundai, Daewoo, Kia, Ford, Honda } Major_Maker;
typedef struct {
  major_Maker maker;
  char color[10];
  char name[16];
  int num_wheel;
  int engine_size;
  } Car_type;
```

앞의 Car_type 레코드를 Ada 언어로 다시 작성하면 다음과 같다.

```
type Major_Make is (Hyundai, Daewoo, Kia, Ford, Honda);
type Car_type is
  record
    maker : Major_Maker;
    color : String(1..10);
    name : String(1..16);
    num_wheel : integer;
    engine_size : integer;
  end record;
```

레코드 변수의 연산

레코드 변수의 필드를 선택하는 연산자가 필요하다. 필드 선택 연산자로는 일반적으로 점(.)이 사용된다. 변수 Car1의 유형이 Car_type이라면, Car1의 engine_size 필드를 선택하기 위해서는 Car1.engine_size가 사용된다. 일반적으로 다음과 같은 배정문을 사용할 수 있다.

```
Car1.maker = Hyundai;
Car1.color = "Silver";
Car1.name = "Tuscani";
Car1.num_wheel = 4;
Car1.engine_size = 2000;
```

레코드 변수에 대한 연산자의 종류는 많지 않다. 일반적으로 동일한 유형의 레코드 변수간에 배정문이 허용된다. Pascal, Ada 및 C 언어의 경우 다음과 같은 배정문이 허용된다.

```
var student1, student2 : Student_Record
...
student1 := stduent2;
```

레코드 변수 student2의 모든 필드 값이 student1로 복사된다. 각 필드를 일일이 지정하여도 된다. COBOL과 PL/I에서는 서로 다른 레코드 타입의 변수간에도 하나 이상의 동일한 필드가 존재할 때 배정문을 사용할 수 있다. 예를 들면, COBOL 언

어의 경우 다음 한 문장을 사용하면,

```
MOVE CORRESPONDING EMPLOY-REC TO EMPLOY1.
```

EMPLOY-REC의 필드와 EMPLOY1의 필드 중 동일한 필드(이름과 타입이 같아야 함)를 모두 배정할 수 있다. 예를 들어 EMPLOY-REC에는 LAST-NAME, FIRST-NAME, EMP-NUMBER, HOUR-RATE의 필드가 있고, EMPLOY1에는 LAST-NAME, FIRST-NAME, GROSS-PAY, EMP-NUMBER, NET-PAY의 필드가 있다고 하자. 위의 MOVE 명령을 실행하면, 양 레코드간에 동일한 필드는 LAST-NAME, FIRST-NAME, EMP-NUMBER 필드 값이 복사된다.

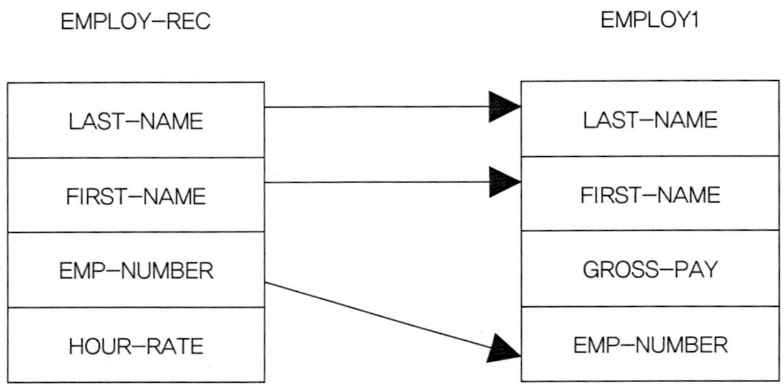

그림 5-5 MOVE CORRESPONDING의 역할

한 레코드 변수의 모든 필드 값을 지정하려면 각 필드명은 물론 레코드 변수명이 매번 명시되어야 한다. 이를 줄이기 위해서 Pascal 언어에서는 with 문장을 지원한다. 다음 예를 살펴보자.

```
studeut1.name := "Kim";
student1.age := 21;
student1.sez := 'M';
```

위의 문장을 with를 사용해서 다시 쓰면 다음과 같다. 즉 레코드 변수명을 생략할 수 있다. 특히 필드의 수가 많을 때 사용하면 코드가 간결해진다.

```
with student1 do
  begin
    name := "Kim";
    age := 21;
    sex := 'M';
  end;
```

C 언어에서는 레코드를 하나의 요소로 가진 배열을 선언할 수 있다. 예를 들어 다음과 같은 선언이 가능하다.

```
struct stud {
            int ID;
            char name[10];
} student[50];
```

이렇게 선언하면 student는 구조체 stud를 element로 하는 배열 변수이다. 이런 복합 구조를 선택하기 위해서는 student[3].ID와 같이 배열의 요소를 먼저 선택하고 레코드의 요소를 선택해야 한다.

가변형 레코드(variant record)

Pascal 언어는 레코드의 종류에 따라 구성요소를 변경할 수 있는 가변형 레코드의 개념을 도입하였다. 즉 레코드의 종류를 나타내는 필드가 있고 그 값에 따라 레코드의 구성요소를 변경시킬 수 있다. Pascal의 예를 살펴보자.

```
type
  VehicleType = (car, truck);
  CarType =
    record
      NumWheel : integer;
      case vtype : VehicleType of
          car : (passenger : integer);
          truck : (passenger : integer;
                  cargo : integer);
    end;
var car1, car2 : CarType;
```

선언된 레코드 변수 car1, car2는 다음과 같이 기억장소를 할당 받는다.

필드명	NumWheel	vtype	passenger	cargo
자료형	integer	VehicleType	integer	integer

vtype의 값은 실행 시간에 결정되는데, vtype의 값이 car인 경우에는 passenger 필드는 사용되고 cargo 필드는 무시된다. vtype의 값이 truck인 경우에는 passenger와 cargo 필드 모두 사용된다. 가변형 레코드를 처리하기 위해서는 일반 레코드보다 주의를 필요로 한다. 실행 시간에 vtype의 값을 비교하여 그 결과에 따라 달리 처리해야 한다. 다음은 가변 레코드 변수 car1을 출력하는 Pascal 코드이다.

```
writeln('car1 has', car1.NumWheel, 'wheels');
case car1.vtype of
  car : writeln('car1 is car and passenger number is', passenger);
  truck: begin
        writeln('car1 is truck and passenger number is', pas-
                senger);
        writeln('and gargo size is', cargo);
        end
end
```

레코드 형의 선언

사용자가 정의한 레코드를 사용하기 위해서 새로운 레코드 타입을 지정할 수 있어야 한다. C, Pascal 및 Ada 언어에서는 사용자가 새로운 데이터 유형을 정의할 수 있다.

Pascal에서 다음과 같이 사용자 정의 레코드 형을 선언할 수 있다.

```
type Bunsu
    = Record
      BunMo : integer;
      BunJa : integer
    end;
```

이를 사용해서 분수형 변수 X, Y를 다음과 같이 선언할 수 있다.

```
var X, Y : Bunsu;
```

C 언어에서는 레코드를 구조체라고 부르며, 키워드 struct를 사용하여 분수형을 지정할 수 있다.

```
struct BunsuType {
    int BunMo;
    int BunJa;
};   // 구조체 선언 끝에 반드시 세미콜론을 사용함
```

이를 사용하여 구조체 변수 X, Y를 사용하려면 다음과 같이 선언할 수 있다.

```
struct BunsuType X, Y;
```

위의 레코드 선언과 구조체 변수 선언은 다음과 같이 할 수도 있다.

```
struct {
    int BunMo;
    int BunJa;
} BunsuType;
BunsuType X, Y;
```

또한 다음의 세 가지 경우와 같이 키워드 typedef를 사용하며, 구조체형 BunsuType을 기본 자료형처럼 선언할 수 있게 해준다.

```
1. struct BunsuType {
       int BunMo;
       int BunJa;
   };
   typedef struct BunsuType Bunsu;
2. typedef struct BunsuType{
       int BunMo;
       int BunJa;
   } Bunsu;
3. typedef struct {
       int BunMo;
```

```
        int BunJa;
    } Bunsu;

변수 선언: Bunsu X, Y;
```

C 언어와 Pascal 언어에서는 새로운 데이터 형을 선언할 수 있으나, 그와 연관된 연산을 같이 정의할 수는 없다. 예를 들어, stack과 같은 데이터 형은 자료를 저장하는 배열 이외에 push(), pop()이라는 연산이 같이 정의되어야 한다. C 언어와 Pascal 언어에서는 이러한 연산을 별도의 함수로 작성하여 사용할 수 있다. 객체지향 프로그래밍 언어인 C++에서는 구조체 내에 자료형과 연산을 동시에 선언할 수 있다(이를 클래스라고 함). 또한 구조체 내의 자료는 클래스 외부에서 직접 액세스가 불가능하고 클래스 내에서 정의된 연산을 통해서만 액세스할 수 있다. 클래스는 10장의 객체지향 프로그래밍에서 자세히 설명하기로 한다.

3.4 포인터 형(pointer type)

포인터는 다른 객체를 가리키는 데이터를 의미한다. 일반 변수는 자신의 값을 기억하고 있는데 비하여, 포인터 변수는 다른 객체를 가리키기 위해서 그 객체의 시작 주소를 기억하고 있다. 포인터 변수는 nil(또는 null)이란 값을 가질 수 있는데, 이는 포인터 변수가 아무런 객체를 가리키고 있지 않다는 의미이다.

포인터 변수는 다음 경우에 유용하게 사용될 수 있다.

① 트리(tree) 및 연결 리스트(linked list) 등 동적 자료 구조를 보다 자연스럽게 표현할 수 있다. 포인터가 제공되지 않는 언어에서는 배열을 사용하여 이러한 자료형을 흉내내어야만 한다. 이는 프로그래머에게 문제를 푸는 알고리즘보다 자료 표현에 시간을 낭비하게 한다.

② 실행 시간 전에 데이터의 양을 정할 수 없는 경우가 있다. 실수 변수, 정수 변수, 배열 등은 데이터의 크기를 미리 알 수 있어서 컴파일 시에 필요한 메모리 크기를 미리 계산할 수 있다. 그러나 트리나 연결 리스트와 같은 데이터의 경우에는 데이터의 크기를 미리 정하기 어렵다. 포인터가 허용되지 않는 언어에서는 일반적으로 예상 가능한 최대 크기를 예측하여 기억장소를 할당한다. FORTRAN 언어와 같이 포인터 형이 제공되지 않는 언어에서는 이와 같은 방법이 많이 사용되었다. 그러나 이같은 방법은 매우 비효율적이며 메모리 공간을 낭비한다.

프로그래밍 언어가 포인터 형을 지원하기 위해서는 다음과 같은 특징이 있어야 한다.

① 다른 데이터의 주소값이나 nil(또는 null) 값을 가질 수 있는 데이터 형을 지원해야 한다. C 언어에서는 문자 '*'를 사용해서 이러한 데이터 형을 나타내고 Pascal 언어의 경우에는 문자 '^'을 사용한다.

```
int *ip;                          // C example
type iptr = ^integer;             (* Pascal example *)
var x;
```

② 포인터가 가리키는 데이터를 동적으로 할당할 수 있어야 한다. Pascal이나 C++ 언어에서는 new라는 연산자, C 언어에서는 malloc() 함수를 이용하여 데이터를 동적으로 할당할 수 있게 한다. 또한 더 이상 사용하지 않는 데이터의 공간을 회수할 수 있어야 하는데, Pascal 언어에서는 dispose() 함수, C 언어에서는 free() 함수, C++ 언어에서는 delete 연산자를 이용하여 데이터가 차지하던 공간을 회수할 수 있다.

③ 포인터가 가리키는 데이터를 액세스할 수 있는 역참조(dereference)를 지원해야 한다. C 언어의 특징 중에 하나가 다양한 포인터 연산을 지원한다는 것이다.

```
int i, *p;
p = &i;
*p = 10;
```

문장 "int *p;"는 p가 정수를 가리키는 포인터임을 선언하는 것이다. '&'는 주소 연산자이며 '&i'는 변수 i의 주소를 나타낸다. Pascal 언어는 변수의 주소를 반환하는 주소 연산자를 지원하지 않는다. '*p'는 p가 가리키는 곳의 내용(값)을 의미한다. 위의 명령을 실행한 후의 메모리 구성은 다음과 같다. 아래 그림은 변수 'p'는 110번지에, 변수 'i'는 100번지에 저장되어 있다고 가정한 모습이다.

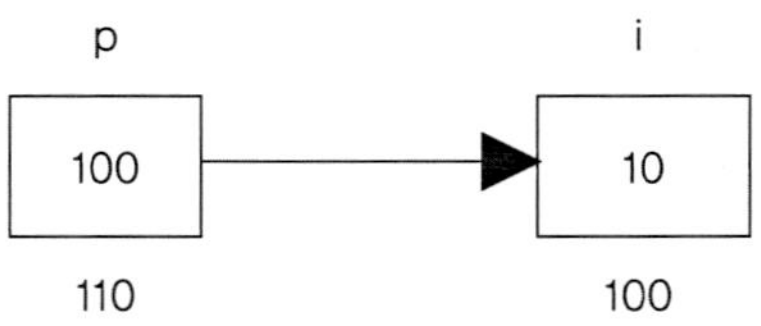

p는 i의 주소를 기억하며, *p는 p가 가리키는 곳의 값을 의미한다. 즉 *p와 i는 동일한 기억장소의 값을 의미한다. 따라서 "*p = 10;"은 "i = 10;"과 서로 동일하다.

C 언어에서 기억장소를 할당하여 포인터에 대입할 때는 캐스트(cast) 연산을 사용한다. 표준 할당자가 항상 적절한 타입의 포인터를 반환하는 것이 아니기 때문이다. 다음 예를 보자.

```
int *i_ptr;
char *str;

i_ptr = (int *) malloc(sizeof(int));
str = (char *) malloc(sizeof(char) * 32);
```

첫 번째 문장에서 함수 malloc()은 정수형의 크기만큼 할당된 기억장소의 주소를 반환하며, (int *)에 의해 그 장소에 정수가 저장됨을 알려준다. 따라서 변수 'i_ptr'이 가리키는 공간에 "*i_ptr = 10;"의 문장을 써서 정수값 10을 저장할 수 있다. 두 번째 문장에서 함수 malloc()은 문자 32개를 저장할 수 있는 기억장소를 할당하고 그 첫 번째 기억장소의 주소를 반환하여 변수 'str'이 그 주소값을 가진다. 이 경우 "strcpy(str, "this is a string");"이라는 문장을 써서 "this is a string"이라는 문장을 기억장소에 저장할 수 있다. 다음 그림은 이러한 상황을 보여준다.

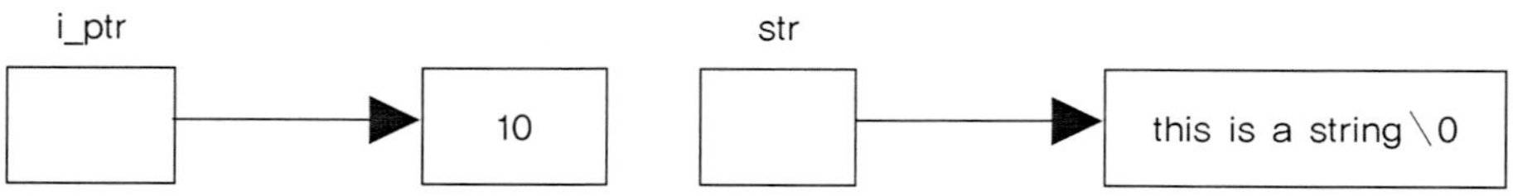

C 언어에서 배열과 포인터는 아주 밀접한 관계가 있다. 배열명은 포인터 상수로 간주된다. 즉 배열명은 배열의 시작 주소값과 같다. 따라서 배열의 각 요소를 참조하기 위해서 포인터 변수를 사용할 수 있다. 역으로 포인터 변수를 배열 변수 형식으로 사용할 수도 있다. 예를 들어 다음과 같은 선언문과 배정문을 살펴보자. 배열명이 포인터 상수이므로 주소 연산자를 이용하는 "p = &a;" 문장이 아니라 "p = a;"라는 문장을 이용한다. 아래 문장이 실행된 후 메모리의 모습은 다음과 같다.

```
int a[10], *p;
p = a;          // 또는 p = &a[0]
```

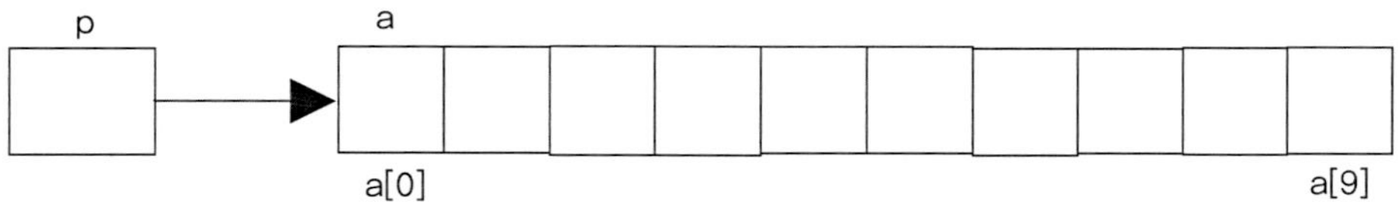

① 배열명 a는 &a[0]와 같은 의미이다. 즉 a는 정수 배열의 시작 주소를 기억하고 있다. 그러므로

```
*a는 a[0]과, *(a+1)은 a[1]과, …, *(a+9)는 a[9]와 서로 같다.
```

② 특히 포인터 변수에 정수를 더하거나 뺄 수 있다. 포인터 변수에 정수를 더하면 다음 요소를 가리키게 된다. 다음 예를 살펴보자.

```
p는 &a[0]과, p+1은 &a[1]과, …, p+9는 &a[9]와 서로 같다.
```

③ 다음 4개의 주소는 서로 같다(포인터 변수 p를 p[]의 형식으로 사용할 수 있다).

```
p + i, a + i, &p[i], &a[i];
```

④ 다음 값은 모두 같다.

```
a[i], p[i], *(p+i), *(a+i)
```

위에서도 언급하였듯이 배열명은 포인터 상수이다. 따라서 포인터 변수는 다른 주소값을 가질 수 있지만(①) 배열명은 다른 주소값을 가질 수 없다(②). 다음 예를 보자.

```
int a[10], *p, b=10;
p = a;

p = &b;                // ① O.K.
a = &b;                // ② not allowed
```

다음 C 프로그램은 1차원 정수 배열 a[3]과 b[3]을 매개변수로 받아 그 합을 계산하고 c[3]으로 반환하는 네 개의 함수 vector_d1(), vector_d2(), vector_d3(), vector_d4()를 포함하고 있다. 매개변수로 받은 정수 배열을 처리하는 형식은 다르지만 기능은 모두 동일하다.

```
void vector_d1(int *a, int *b, int *c)
{
    int i;
    for (i = 0; i < 3; i++) {
      *c = *a + *b;
      c++; a++; b++;
    }
}
void vector_d2(int *a, int *b, int *c)
{
    int i;
    for (i = 0; i < 3; i++) {
      *(c+i) = *(a+i) + *(b + i);
    }
}
 void vector_d3(int *a, int *b int *c)
{
    int i;
    for (i = 0; i < 3; I++)
      c[I] = a[I] + b[I];
}
void vector_d4(int a[], int b[], int c[])
{
    int i;
    for (i = 0; i < 3; i ++)
        c[i] = a[i] + b[i];
}
void main()
{
    int a[3] = {1, 2, 3};
    int b[3] = {4, 5, 6};
    int i, c[3];

    vector_d1(a, b, c); // 다른 함수를 호출해도 결과는 동일하다.
    for (i = 0; i < 3; i++) printf("%d", c[i]);
    printf("\nEnd of vector_d1\n\n");
}
```

포인터 형 변수를 사용하면 메모리를 직접 조작할 수 있어서 하드웨어에 대한 제어권을 가질 뿐만 아니라 여러 가지 편리한 점이 많으나, 다음과 같은 기억장소 관리 문제를 발생시킬 수 있다.

Dangling reference(허상 참조)

포인터 변수가 더 이상 의미 없는 데이터를 가리키고 있을 때, 이를 허상 참조라고 한다. 일반적으로 허상 참조는 포인터 변수가 관련된 자료 객체의 수명이 다한 후(객체가 차지하고 있던 메모리가 해제된 후)에도 계속 그 주소값을 가지고 있는 경우에 발생한다. 일반적으로 여러 개의 포인터가 하나의 데이터 객체를 가리킬 수 있다. 이 포인터 중 하나를 이용하여 공유 데이터 객체의 기억장소를 회수하면 다른 포인터 변수들은 의미 없는 기억장소를 가리키게 되며, 이때 다른 포인터 변수들은 허상 참조를 하고 있는 것이다. 허상 참조는 프로그램 실행 중에 오류를 발생시키므로 코드 작성시 주의해야 한다. 다음 예는 C 언어로 작성된 프로그램에서 블록 구조로 인하여 허상 참조가 발생한 경우를 보여준다.

```
void main()
{
  int *m;
  {
    int n;
    m = &n;  // *m과 n은 동일한 의미를 갖게 된다.
    n = 4;    // *m의 값은 4가 된다.
    …
}    // n을 선언한 블록이 끝남. 즉 n의 기억장소는 회수된다.
…   // *m은 허상 참조가 된다.
}
```

다음은 Pascal 프로그램에서 함수 dispose()를 사용하여 허상 참조가 발생한 경우이다.

```
type iptr = ^integer;     (* iptr은 정수의 포인터 형이다. *)
var m, n : iptr;
begin
  …
  new(m);
```

```
  m^ := 12;
  n := m;         (* m과 n은 같은 메모리 장소를 가리킨다. *)
  dispose(m);     (* 이후 n은 허상 참조가 된다. *)
  ...
end;
```

쓰레기(garbage)

데이터 객체에 대한 모든 접근 경로가 없어진 후에도 데이터 객체가 메모리에 계속 남아 있을 때 데이터 객체가 차지하고 있는 메모리 공간을 쓰레기라 한다. Garbage는 접근 경로가 없으므로 사용이 불가능하여 낭비되는 메모리 공간이므로 메모리 관리에 가장 일반적인 문제점 중 하나이다. 즉 프로그램이 오랫동안 수행될 때 사용 가능한 메모리 공간이 조금씩 줄어들어서(메모리 누수: memory leakage) 프로그램의 오류가 발생하지 않더라도 메모리 공간 부족으로 더 이상의 프로그램 수행이 불가능한 상황이 될 수 있다. 따라서 포인터를 이용하여 데이터 객체를 사용할 때 쓰레기가 발생하지 않도록 필요하지 않은 데이터 객체가 차지한 메모리 공간을 반드시 해제해야 한다. 다음은 쓰레기가 발생하는 C 프로그램의 예이다. 메모리 공간을 해제하는 free()나 dispose() 함수를 적절히 사용하여 쓰레기가 생기지 않도록 프로그래밍하는 것은 매우 중요한 일이다.

```
void main()
{
  {
    char *ptr;
    ptr = (char *) malloc(24 * sizeof(char));
            // heap 영역에서 24개의 문자를 기억할 수 있는 공간 할당
    ...
  }   // 포인터 ptr의 영역이 끝남. 그러므로 프로그램이 실행될 때
      // 포인터 ptr은 여기서 회수되고, heap 영역의 문자열 기억장소는
      // 더 이상 액세스 할 수 없는 garbage가 된다.
  ...
}
```

C 언어의 또 다른 예이다.

```
void main()
{
  char *ptr1 = "this is a string";
  char *ptr2 = "this is another string";
     …
  ptr1 = ptr2;
     …    // ptr1이 가리키던 "this is a string"은 garbage가 된다.
}
```

이를 그림으로 표현하면 다음과 같다.

- ptr1, ptr2가 선언되었을 때

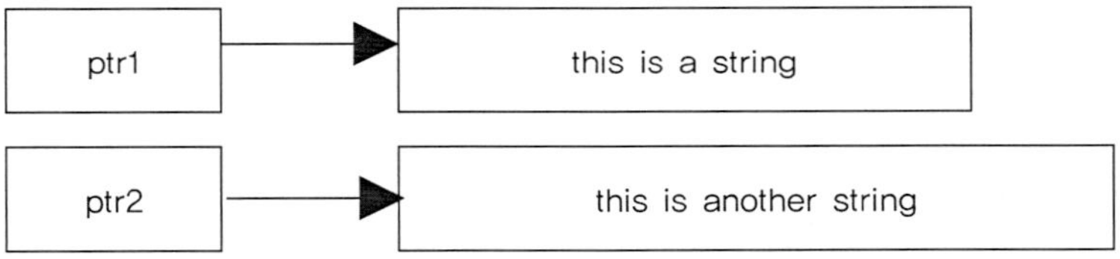

- ptr1 = ptr2를 실행한 후

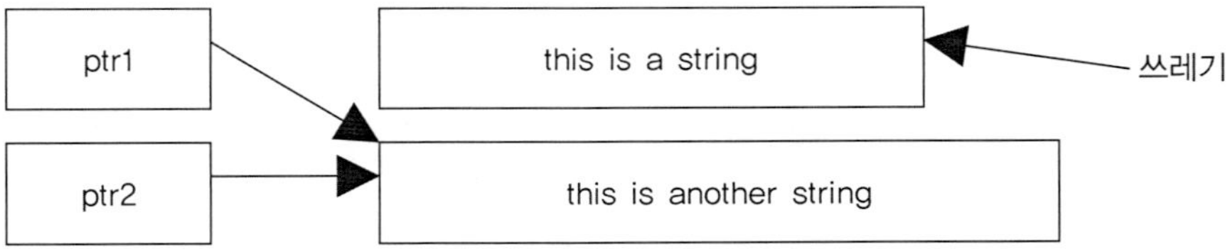

여기서 "this is a string"을 저장하고 있는 기억장소는 주소값을 잃어 버렸으므로 더 이상 액세스할 수 없게 되었기 때문에 쓰레기가 된다.

3.5 자신을 참조하는 레코드 형

레코드의 한 필드가 자신과 동일한 레코드 형을 가리키는 포인터 형일 때 이를 자신을 참조하는 레코드 형이라고 한다. 트리나 연결 리스트를 표현하는 데에 자신을 참조하는 레코드 형이 필요하다. 다음 Pascal 프로그램의 예를 살펴보자.

```
type
  linked = ^node;   (* linked는 node를 가리키는 포인터임 *)
  node = record     (* node는 다음의 필드를 가진 레코드임 *)
        data : integer;
        next : linked
        end;
var x, y : linked;
```

레코드 node는 자기 자신을 가리키는 포인터를 가지고 있음을 주의한다. 위의 선언문 var x, y: linked;에 의해 다음과 같이 변수 x와 y의 기억장소가 할당된다. 중요한 것은 x, y가 레코드를 가리키는 포인터라는 사실이다.

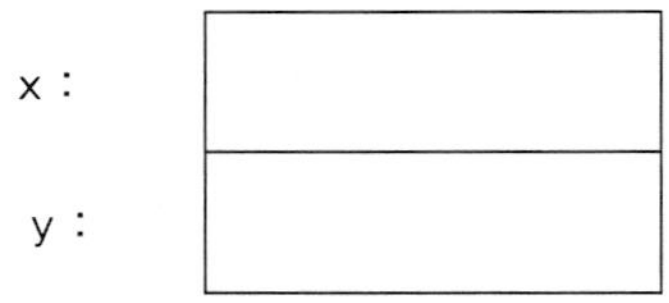

문장 new(x)를 실행하면 다음과 같이 heap 영역에서 node를 저장할 메모리를 할당하게 된다. 변수 x는 할당된 메모리의 시작 주소를 가리키게 된다(x는 node를 가리키는 형이므로 레코드 node를 저장할 공간을 할당한다).

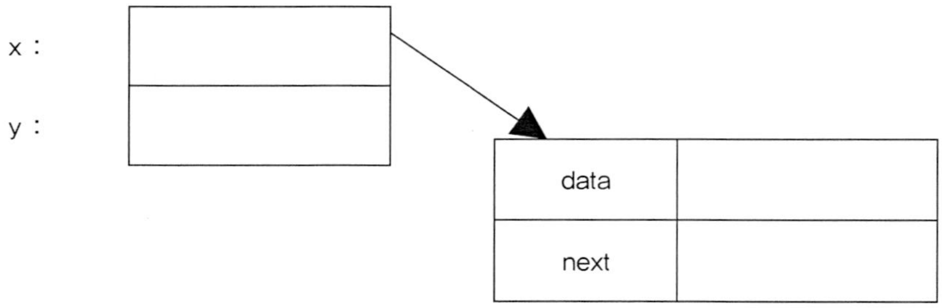

변수 x가 가리키는 객체는 자신의 이름이 없고 x를 통해서만 액세스가 가능하다. 즉 data 필드는 x^.data를 사용하여 액세스할 수 있다. 후에 변수 x가 가리키는 객체의 메모리 공간을 반환하고 싶으면 dispose(x)를 사용한다.

포인터가 제공되는 언어에서는 실행 시간에 메모리를 할당할 수 있는 동적 메모리 할당(dynamic memory allocation)이 가능하다. 또한 동적 메모리 할당을 위한 heap이라는 메모리 공간을 두고 있다. Heap은 별도의 메모리 공간이므로 heap에서 할당된 변수의 수명은 블록 경계를 넘어선다. 즉 new()나 malloc()에 의해서 할당된 메모리 공간의 수명은 new가 나타난 블록과 관계가 없다. 다음 예제는 Node 구조체의 주소값을 반환하는 tree() 함수를 C 언어로 기술한 것이다.

```
typedef struct _node {
    int number;
    struct _node *next;
} Node;
Node *tree(int n)     // 함수 tree는 Node에 대한 포인터를 반환한다.
{
    Node *p;
    p = (Node *) malloc(sizeof(Node));     // 메모리 할당
    pànumber = n;
    pànext = NULL;
    return p;     // 함수에서 할당된 트리의 주소를 반환
}
void main()
{
    Node *p1;
    ...
    p1 = tree(4);     // p1은 함수 tree에서 할당된 트리의 주소를 저장
    ...
}
```

위의 예제는 main()에서 함수 tree()를 호출하고 있다. 함수 tree()는 Node 형 저장 공간을 할당하고, 필드 number를 n으로 변경한 후, Node의 주소값을 반환하고 있다. 물론 함수 tree()의 지역 변수 p는 tree()가 실행을 시작하면 할당되고 tree()의 실행이 종료하면 회수된다. 그렇지만 p가 가리키고 있던 Node는 heap 영역에서 할당되었으므로 tree()의 종료 후에도 회수되지 않는다. Heap 영역에서 할당된 기억 장소를 회수하려면 free()를 사용해야 한다.

3.6 Java 언어와 포인터

Java 언어는 C 언어의 많은 특성을 상속 받았지만 포인터 형을 지원하지 않는다. 포인터 형을 지원하지 않는 이유는 포인터를 사용함으로써 프로그램의 디버깅이 어려워지고 메모리에 관련된 오류를 발생시킬 수 있다고 보았기 때문이다. 또한 Java는 네트워크 환경을 위해 설계한 언어이기 때문에 유효하지 않은 메모리 참조

를 막기 위해서도 포인터를 지원하지 않았다. C 언어에서는 정수를 가리키는 포인터, 문자를 가리키는 포인터, 구조체를 가리키는 포인터 등을 선언할 수 있었으나 Java에서는 이를 허용하지 않는다.

그러나 중요한 것은 명시적으로 포인터를 지원하지 않을 뿐 객체나 배열과 같은 구조적인 데이터를 사용하기 위해서는 묵시적인 포인터를 사용하고 있음을 주의해야 한다. Java의 변수는 속성 변수(attribute variable)와 참조 변수(referential variable)로 구분할 수 있다. 속성 변수는 변수의 저장 공간에 변수 값을 저장하고 있으며, 참조 변수는 실제 데이터가 있는 주소값을 저장하고 있다. 그러므로 Java의 참조 변수는 C 언어의 포인터와 매우 유사하다고 할 수 있다. 그러나 C 언어에서와 같이 *나 →를 사용하여 데이터를 액세스하지 않고 속성 변수처럼 사용한다. Java의 정수형, 실수형, 문자형, Boolean 변수는 속성 변수이며, 객체, 문자열, 배열 변수는 참조 변수이다.

Java의 속성 변수

다음 선언문을 실행한 결과의 메모리 모습은 오른쪽과 같다.

```
int amount = 100;
int amount2 = 200;
```

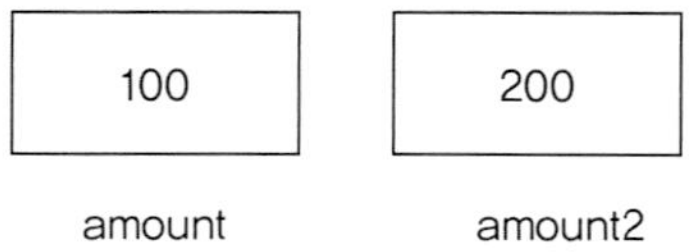

다음 배정문을 실행한 결과는 오른쪽과 같다.

```
amount = amount2;
```

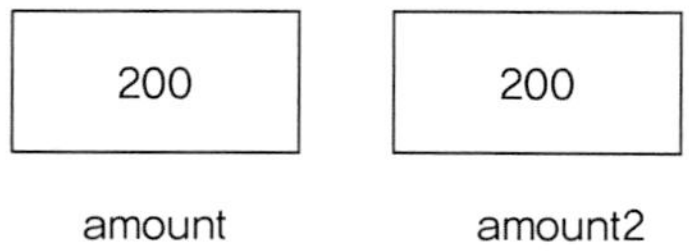

즉, 속성 변수는 C 언어에서의 정수형, 실수형, 문자형 등과 동일하다고 할 수 있다.

Java 언어의 참조 변수

다음 선언문을 실행하면 메모리의 모습은 오른쪽과 같다.

```
int [] a, b;
```

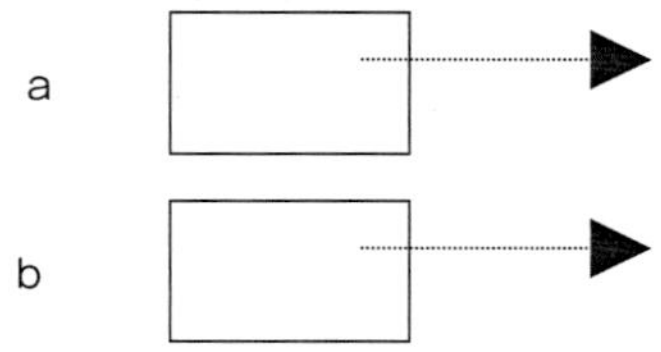

다음과 같이 new 명령어를 사용하여 배열을 할당하면 오른쪽과 같다.

```
a = new int[3];
```

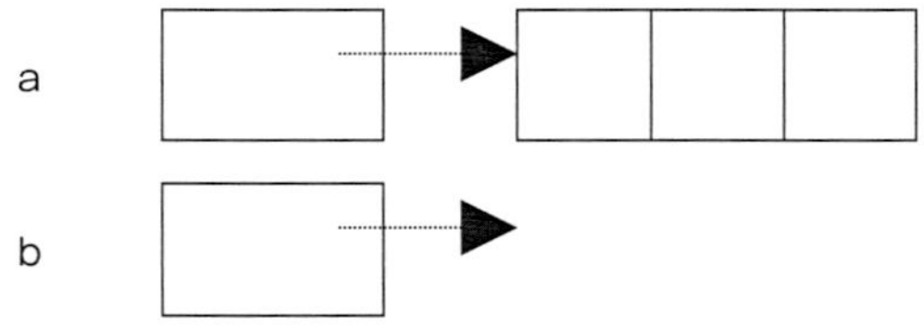

다음과 같은 배정문을 실행한 결과는 오른쪽 그림과 같다.

```
b = a;
```

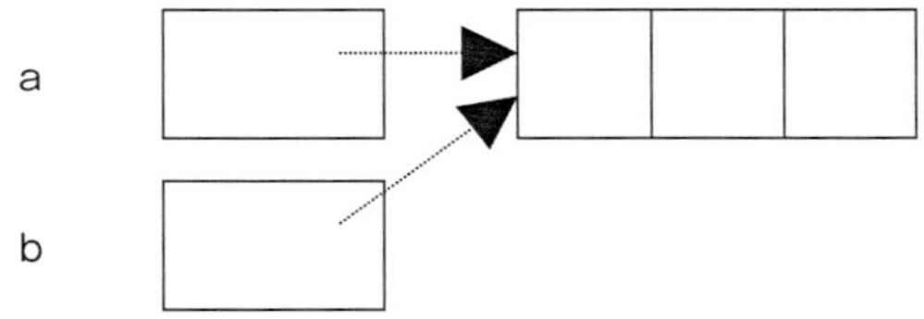

즉, 참조 변수의 사용은 속성 변수와 같이 변수 이름을 그대로 쓰면 된다. 비록 Java 언어가 명시적으로 포인터를 지원하지 않고 있지만, 객체 참조 변수를 사용하면 연결 리스트, 트리 등과 같은 동적 자료 구조를 충분히 표현할 수 있다. 그런데 Java에서는 참조 변수간에 배정문을 실행하면 두 변수가 이명 관계가 되므로 이를 주의해야 한다.

4 자료형의 일치(type compatibility)

두 자료형이 일치한다는 의미는 무엇인가? 이 문제는 정수형, 실수형과 같은 기본 자료형에서는 단순한 질문이 되겠지만 레코드와 같은 사용자 정의 자료형에서는 문제가 미묘해진다. Pascal 언어의 형식으로 쓰여진 다음 예를 살펴보자.

```
type
  vect1 : array[1..10] of integer;
  vect2 : array[1..10] of integer;
var
  x, y : Vect1;
  z : Vect2;
```

자료형 Vect1과 Vect2는 비록 이름은 다르지만 내부 구조는 동일하다. 변수 x와 y는 Vect1으로 선언되어 있다. 즉 x와 y는 동일한 자료형이다. 변수 z는 Vect2로 선언되어 있다. 여기서 변수 x와 z를 동일한 유형으로 판단할 것인가? 아니면 다른 유형으로 간주할 것인가? 만일 프로그램 내에서 다음과 같은 배정문이 있다면,

```
x := z;
```

이를 어떻게 처리할 것인가? 이러한 질문에 대한 해결책으로 다음 두 가지 방법이 있다.

이름 동치(name equivalence)

두 변수는 그 타입의 이름이 동일해야 동일한 유형으로 간주한다. 따라서 자료형 Vect1과 Vect2는 이름이 다르므로 같은 유형이 아니다. 변수 x와 z는 동일한 자료형이 아니므로 위의 배정문은 허용되지 않는다. Pascal, Ada 등의 언어가 이 규칙을 따르고 있다.

구조적 동치(structural equivalence)

자료형의 이름에 관계없이 자료형의 구성요소가 같다면 두 자료형을 동일한 유형으로 간주한다. 따라서 자료형 Vect1과 Vect2는 이름은 다르지만 내부 구성요소가 동일하므로 같은 형이다. 따라서 위의 배정문도 허용된다.

구조적 동치는 이름 동치보다 많은 융통성과 편리성을 제공하지만 다음과 같은 문제점을 가지고 있다.

① 두 자료형의 구조적 동치성을 정의하는 데는 어려움이 있다. 레코드 내 모든 요소들의 이름과 순서까지 일치해야 하는가? 아니면 요소들의 순서는 일치할 필요는 없는가? 다음의 예에서 date1과 date2를 살펴보자.

type date1 =	type date2 =
record	record
month : 1..12;	day : 1..31;
day : 1..31;	month : 1..12;
year : 00..99	year : 00..99
end;	end;

일부 나라에서는 날짜를 표시할 때, mm/dd/yy의 형식을 사용하기도 하고 dd/mm/yy의 형식을 사용하기도 한다. 이러한 경우, 자료형 date1과 date2는 구조적으로 일치하는가? 자료형 date1과 date2는 구성요소의 순서만 다를 뿐 모든 구성요소의 이름과 형이 일치하고 있다. 만일 구성요소의 이름이 하나가 다르다면 어떻게 판단할 것인가?

② 구조적으로 동등한 변수간의 연산을 허용함으로써 프로그램의 논리적인 오류를 발견할 수 없게 되는 경우가 발생할 수 있다. 다음 예를 살펴보자.

```
type triangle = record
  height : real;
  width : real
 end;
rectangle = record
  height : real;
  width : real
end;
var t1, t2 : triangle;
    r1, r2 : rectangle;
```

앞의 예제 프로그램에서 변수 t1과 r1은 구조적으로 동등하다. 그러나 논리적인 의미는 아주 다르다. t1은 삼각형, r1은 사각형이다. 구조적 동치를 채택한 언어의 프로그램 안에서 다음과 같은 배정문

```
t1 := r1;
```

은 논리적인 오류에도 불구하고 정상적으로 수행될 것이다. 구조적 동치는 이름 동치 규칙보다 타입 검사 시간에 논리적인 오류가 발견되지 않을 가능성이 높아진다.

일반적으로 구조적 동치가 논리적으로 보다 설득력이 있으나 구현의 어려움으로 인해 많은 프로그래밍 언어에서는 이름 동치를 채택하고 있다.

Chapter 6 실행 순서 제어

실행 순서 제어는 프로그램의 문장들을 어떠한 순서로 실행시킬 것인지를 제어하는 것을 의미한다. 일반적으로 프로그램은 앞에서부터 순차적으로 실행되나 프로그래머는 일부 코드를 선택적으로 또는 반복적으로 실행하도록 할 수도 있다. 또는 실행할 문장을 건너뛰기도 한다. 이 장에서는 이러한 프로그램의 실행 순서 제어에 대해서 설명하는데, 먼저 한 문장 안에서의 순서 제어를, 그리고 문장간의 순서 제어에 대해서 설명한다.

1 수식(expression) 안에서의 실행 제어

프로그램에서 사용되는 수식은 수학적인 수식과 비슷하며 계산 결과(return value)를 반환한다. 수식의 목적은 수학적 계산을 명시하는 것이다. 수식은 연산자, 피연산자, 괄호, 함수 호출 등으로 구성된다. 연산자는 요구하는 피연산자의 수에 따라, 단항(unary) 연산자, 이항(binary) 연산자, 삼항(ternary) 연산자 등으로 나눌 수 있다.

수식의 표현을 표현하는 기법은 다음과 같이 전위 표기법, 중위 표기법 및 후위 표기법 등이 있다.

전위(prefix) 표기법

연산 기호를 먼저 쓰고 피연산자를 나중에 쓰는 표기법이다. 함수 표기법은 대표적인 prefix 표현이다. 예를 들어 fun(x,y)와 같이 함수 이름을 먼저 쓰고 함수 연산에 필요한 인자를 나중에 쓴다. 연산식에서 괄호를 사용할 필요가 없으며 피연산자의 개수에 제한이 없다.

수식 a + (b * c)를 prefix로 표현하면, + a * b c가 된다. LISP 언어에서는 Cambridge Polish 표기법을 사용하며 괄호 안에 연산자, 연산에 필요한 피연산자 순서로 작성한다. 예를 들어 LISP에서 (+ A B C 15)라는 표기법은 A+B+C+15를 의미한다. 수식 a + (b * c)를 Cambridge Polish 표기법으로 나타내면, (+ a (* b c))가 된다. 이 Cambridge Polish 표기법과는 달리 일반 전위 표기법에서는 괄호를 사용하지 않는다.

중위(infix) 표기법

두 개의 피연산자를 취하는 이항(binary) 연산자에 적합한 표기법이다. 수학적 산술 연산과 비교 연산 등에 많이 사용되어 왔으며 인간이 가장 이해하기 쉬운 표기법이다. FORTRAN, Pascal, C, C++, Ada 등 대부분의 언어가 중위 표기법을 사용한다. 그러나 중위 표기법에는 다음과 같은 문제점이 있다.

- 중위 표기법은 완벽하지 못하다. 중위 표기법은 이항 연산자에 대해서는 적합하지만, 단항 연산자나 삼항 연산자를 표현하기 위해서는 전위 표기법과 같이 사용해야 한다. 그러므로 중위 표기법을 사용하는 프로그램은 전위 표기법 또는 후위 표기법을 같이 사용해야 하므로 프로그램의 컴파일 과정이 좀 더 복잡하게 된다.
- 한 수식에 괄호 없이 여러 개의 연산자가 사용되고 있을 경우, 연산자 계산 순서에 모호성이 발생한다. 예를 들어, 2 + 3 * 4와 같은 수식에 있어 + 연산자와 * 연산자 중에 무엇을 먼저 해야 할 것인가? 10 − 4 − 2와 같은 수식에서 두 − 연산자 중 무엇을 먼저 할 것인가? 2 ^ 3 ^ 2 와 같은 수식에서 어느 power 연산(^)을 먼저 계산해야 하는가? 이를 해결하기 위해 연산자 우선순위 규칙 및 연산자 결합 규칙을 정의하고 적용해야 한다.

후위(postfix) 표기법

피연산자를 먼저 표기하고 연산자를 제일 뒤에 쓰는 표기법이다. 수식 a + (b * c)를 후위 표기법을 사용하여 작성하면, a b c * + 가 된다. FORTRH라는 언어는 후위 표기법을 사용한다. 후위 표기법이나 전위 표기법에서는 나타난 순서대로 연산을 적용하므로 연산 순서가 정확하여 연산자 우선순위나 결합 규칙이 필요 없다.

후위 표기법은 스택을 이용해서 수식의 값을 매우 간편하게 계산할 수 있다. 후위 표기법을 계산하는 방법은 다음과 같다. 후위 표기법에서 연산자는 피연산자의 뒤에 있기 때문에 수식의 요소(연산자나 피연산자)를 하나씩 읽는 과정에서 연산자를 만나면 피연산자는 이미 적재되어 있다.

① 계산할 수식의 다음 요소가 피연산자이면 스택에 push()한다.
② 계산할 수식의 다음 요소가 n항 연산자이면 스택에서 n개의 피연산자를 pop()한다. n개의 피연산자에 연산자를 적용하여 계산한 결과를 스택에 push()한다.
③ 계산할 수식을 다 읽었을 때 스택의 top에 있는 값이 수식의 계산 결과이다.

postfix로 표현된 수식을 계산하는 예: 8 9 * 2 +

단계 1 : operand 8을 stack에 push한다.
단계 2 : operand 9를 stack에 push한다.
단계 3 : 연산자 '*'를 만났으므로 stack의 두 피연산자를 pop한 후에 결과값 72를 push한다.
단계 4 : operand 2를 stack에 push한다.
단계 5 : 연산자 '+'를 만났으므로 stack의 두 피연산자를 pop한 후에 결과값 74를 push한다.
단계 6 : 수식을 다 읽었으므로 stack top에 있는 74가 수식의 결과값이다.

1.1 중위 표기법에서 연산자 계산 순서

수식에 존재하는 여러 개의 연산자 중에서 계산의 선후 관계는 괄호에 의해 명시적으로 나타낼 수 있다. 괄호가 없는 묵시적인 연산 순서는 연산자 우선순위와 결합 규칙에 따른다.

연산자 우선순위 규칙(operator precedence rule)

중위 표기법으로 기술된 수식에서 사용되는 연산자들에게 연산의 우선순위를 부여한다. 연산자 우선순위 규칙은 여러 연산자 중에서 어떤 연산자가 먼저 계산되는가를 정의한 것이다. 일반적으로 곱셈과 나눗셈은 덧셈과 뺄셈에 우선한다. 예를 들어 3 + 4 * 5와 같은 수식에서 * 연산의 우선순위가 + 연산보다 높기 때문에 * 연산을 먼저 실행한다.

결합 규칙(associativity rule)

결합 규칙은 수식 내에서 같은 우선순위의 연산자를 연속적으로 사용하였을 경우, 왼쪽의 연산자를 먼저 실행할 것인지 오른쪽의 연산자를 먼저 실행할 것인지를 규정한 것이다. 왼쪽부터 먼저 실행하는 연산자를 왼쪽 우선 결합(left associative) 연산자라고 하며, 오른쪽부터 실행하는 연산자를 오른쪽 우선 결합(right associative) 연산자라고 한다. 일반적인 산술 연산자(+, −, *, /)는 왼쪽 우선 결합 연산자이다. Power(승수) 연산자(^) 및 C 언어의 대입 연산자(=) 등은 오른쪽 우선 결합 연산자이다.

1) left associative operator
   - 수식 a − b − c는 (a − b) − c와 동일한 의미를 가진다.

2) right associative operator
   - C 언어에서 수식 a = b = 4는 a = (b = 4)와 동일하다.
   - a ^ b ^ c는 a ^ (b ^ c)와 동일하다(이는 수학적 power 연산 정의와 동일함).

1.2 프로그래밍 언어에서 알아야 할 연산자 우선순위

프로그래밍 언어를 공부할 때, 우리가 알아야 할 것은 각 언어에서 제공하는 연산자 우선순위 규칙을 이해하는 것이다. 이를 통해 수식이 주어졌을 때, 수식의 올바른 계산 순서를 알 수 있어야 하며, 원하는 결과를 얻을 수 있도록 정확하게 수식을 작성할 수 있는 능력이 있어야 한다. 아래에서 Ada, FORTRAN, C 언어의 연산자 우선순위를 제시한다.

표 6-1 Ada 언어의 연산자 우선순위

우선순위	연산자	연산 내용
높음	**, abs, not	지수, 절대값, 논리 부정
↑	*, /, mod	곱하기, 나누기, 몫
│	+, −	단항 +, −
│	+, −, &	더하기, 빼기, 연결 연산
↓	=, 〈=, 〈, 〉	비교 연산자
낮음	and, or, xor	논리 연산자

표 6-2 FORTRAN 언어의 연산자 우선순위

우선순위	연산자	연산 내용
높음 ▲	**	지수
	*	곱하기, 나누기
	+, −	더하기, 빼기
	.LE. .EQ. .NE. .LT. .GT.	비교(less or equal, not equal, …)
	.NOT.	논리 연산자(부정)
	.AND.	논리 연산자(and)
▼ 낮음	.OR.	논리 연산자(or)

표 6-3 C 언어의 연산자 우선순위

우선순위	연산자	연산 내용	결합 규칙
높음 ▲	.,	요소 선택	→
	++, −−	unary increment/decrement	←
	!, &, *	논리 부정, 주소, 주소지의 값	
	−	unary operator	
	*, /, %	승제 연산	→
	+, −	가감 연산	→
	〈〈, 〉〉	shift	→
	〈, 〈=, 〉=, 〉	비교 연산	→
	==, !=	등가 비교	→
	&	bit AND 연산	
	^	bit exclusive OR 연산	
	|	bit OR 연산	
	&&	논리 AND	→
	||	논리 OR	→
	?:	조건	←
	=, +=, −=, *=, /=, =	대입, 연산후 대입	←
▼ 낮음	,,	순서적인 계산	→

C 언어 연산자 우선순위표를 사용하여 다음 수식의 단순 구문 트리(abstract syntax tree)를 작성하여 보자. 단순 구문 트리는 수식 내의 연산 순서를 잘 나타낸다.

```
수식: E = a && b || c == d
```

사용된 연산자를 우선순위에 따라 정렬하면 ==, &&, ||, =와 같고 이에 따라 단순 구문 트리를 그리면 그림 6-1과 같다.

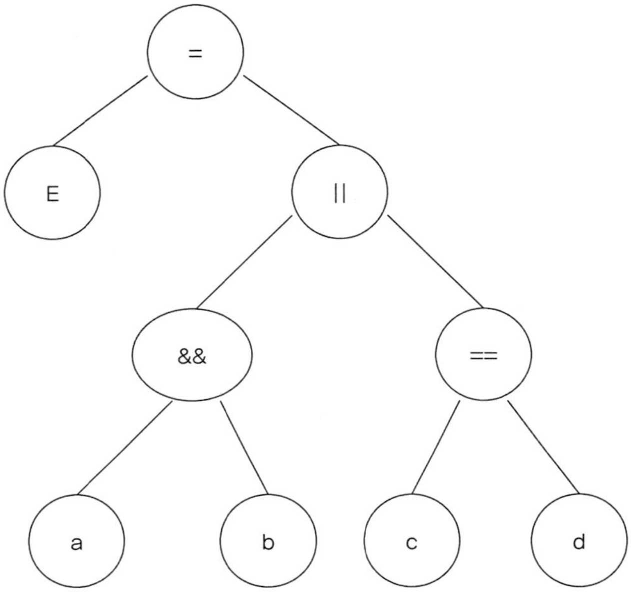

그림 6-1 단순 구문 트리

만일 변수 a, b, c, d, E가 모두 정수형이고, a = 0, b = 1, c = 2, d = 3의 값을 가지고 있다면 수식 E = a && b || c == d을 계산한 결과 E에는 0이 대입된다.

다음은 C 프로그램이다. 연산자 우선순위 표를 적용해서 단순 구문 트리를 작성하고 결과를 예측하시오('|'와 '&'는 bit 연산자이다).

```
void main()
{
    int a, b, c, d;
```

```
    b = 1; c = 2;
    a = c *= b + 1;
    d = 2 + 6 | 7 & 6 * 2;
    printf("a = %d b = %d c = %d d = %d\n", a, b, c, d);
}

[실행 결과]
a = 4 b = 1 c = 4 d = 12
```

C 언어의 표기법은 간결성을 위주로 하였기 때문에 때로는 수식의 의미를 파악하는 것이 어려울 때도 있다. 표 6-4에서 의미 파악이 어려운 C 언어의 수식 몇몇 예를 제시하고 이를 연산자 우선순위에 따라 해석한 결과를 제시한다.

표 6-4 C 수식의 해석

C의 표기	해 석
a += b != c;	a += (b != c);
*p → q;	*(p → q);
b = *x++;	b = *x; x++;
b = (*x)++;	b = (*x); (*x)++;
a = −b++;	a = −b; b = b + 1;
a = − −−b;	b = b − 1; a = −b;

1.3 논리식의 계산 순서와 단락 회로(short circuit)

논리식 A and B를 계산하기 위해서는 수식 A의 값과 B의 값을 모두 계산한 후 and 연산을 수행하는 것이 일반적이다. 일부 언어에서는 이러한 방식을 채택하고 있으나 이 계산 방식은 불필요한 계산을 한다. 예를 들어, 논리식

```
A and B
```

에서 A의 결과가 false(거짓)인 경우에는 B를 평가할 필요가 없다. 논리식의 결과는 B와 관계없이 거짓이 된다. 또한 A or B에서 A의 결과가 true(참)인 경우에는 B를 평가할 필요가 없다. 논리식의 결과는 B의 결과에 관계없이 참이 된다. 일부

언어는 논리식을 평가할 때 이와 같은 방법으로 불필요한 평가를 줄이고 있다.

이와 같이 불필요한 평가를 생략하고 논리식을 평가하는 방법을 단락 회로 기법(short circuit, 혹은 조건부 평가 기법)이라고 한다. 전기회로에서 두 개의 병렬 스위치가 달려있을 때, 한 스위치만을 off하면 다른 스위치의 on/off에 무관하게 회로는 short(단락)되는 것과 마찬가지이다.

조건부 평가방법을 사용하면 논리식의 계산 시간을 줄일 수 있을 뿐만 아니라 프로그램의 실행 오류도 방지할 수 있다. 다음의 예를 보자.

```
if x != 0 and y/x > 1 then z:=10;                    ①
```

x의 값이 0인 경우 if 안의 조건문 결과는 무조건 거짓(false)이 된다. 즉 조건부 평가에서는 and 이후의 수식은 평가할 필요가 없다. 그러나 단일 평가방법(uniform evaluation rule)에서는 x의 값이 0인 경우에도 and 이후 수식을 계산하여 실행시간 오류(divided by 0)를 유발시킨다.

Ada는 단일 평가방법의 이러한 문제점을 개선하기 위해 키워드 "and then" 과 "or else"를 제공한다. 앞의 수식 ①을 Ada를 사용해서 다시 작성하여 x=0일 경우 실행시간 오류를 제거한 수식은 다음과 같다.

```
if x!=0 and then y/x > 1 then z:=10;
```

이 경우, 변수 x의 값이 0이 아닐 경우에만 수식 "y/x 〉 1"을 계산하므로 0으로 나누는 실행 오류가 발생하지 않는다.

C 언어와 Perl 언어에서는 &&(and) 및 ||(or) 연산자를 포함한 수식을 평가할 때 조건부 평가 방법을 사용한다.

다음 예는 Perl에서 파일 "test.dat"가 open이 안되었을 때, 오류 메시지를 출력하고 프로그램 실행을 중지하는 코드이다. 함수 open()은 파일이 정상적으로 open이 되었을 경우 1(참)을 반환하고 그렇지 않을 경우 0(거짓)을 반환한다. 즉 다음 문장은 정상적으로 파일이 open되었을 때에는 || 연산자의 뒷부분은 평가하지 않는다(즉 실행하지 않는다).

```
open(IN, "test.dat") || die("your file is not opened");
```

1.4 부작용(side effect)

수식(expression)은 연산자, 피연산자, 괄호 및 함수로 구성된다. 수식 안에 함수가 있을 경우 수식을 계산하기 위해서는 함수의 반환값을 계산해야 한다. 부작용이란 수식 안 요소들의 반환값을 계산하는 중에 묵시적으로 다른 요소의 값을 변경시키는 것을 말한다. 다음 수식을 살펴보자.

```
a * change(3) + a
```

위 수식의 값을 계산하기 위해서는 먼저 a의 r-value를 구하고 함수 change(3)의 반환값을 구한 뒤 곱셈 연산을 행한다. 그 곱셈의 결과와 a의 값을 더하게 된다. 일반적인 가정은 변수 a의 값은 함수 change() 계산 과정과 전혀 무관해야 한다는 것이다.

만일 함수 change() 내에서 a의 값을 변경시키는 부작용(side effect)이 있다면 이 수식의 계산 결과는 매우 예측하기 어려워진다. 다음의 C 예제 프로그램을 살펴보자.

```
int a;
int change(int x)
{
        a += 4;
        x += 4;
        return x;
}
void main()
{       int y;
        a=2;
        y = a * change(3) + a;
        printf("y=%d\n", y);
}
```

함수 change()는 전역 변수 a의 값을 4만큼 증가시키는 부작용을 지니고 있다(이러한 프로그램 방법은 절대 권장하지 않는다). 수식 a * change(3) + a의 계산 결과는 어떻게 될 것인가? 가능한 계산 결과는 16, 20, 44, 48이다.

함수 내에서 전역 변수를 액세스하거나 값을 변경하는 것은 프로그래밍을 할 때 흔한 경우이다. 이러한 함수의 부작용은 프로그램의 가독성을 떨어뜨리며 오류 수정 및 유지 보수를 어렵게 한다. 부작용에 대한 해결책은 함수 내에서 전역 변수에 대한 액세스를 금지하는 것이다. 즉 부작용이 발생하는 근본을 없애는 것이다. 그러나 이것은 프로그래머에게 불필요한 제한을 주게 되므로 이러한 방법은 잘 사용되지 않는다. 다른 해결책은 부작용을 허용하고 수식을 평가하는 순서를 일관성 있게 정의하는 방법이다. 즉 프로그래머가 부작용을 인식하고 그 계산 결과를 예측할 수 있게 하는 것이다. C 언어를 포함한 대부분의 언어가 이 방법을 채택하고 있다.

앞의 예제에서 C 언어에서는 함수의 연산자 우선순위가 가장 높다. 즉, 수식에서 함수 계산이 가장 먼저 이루어지며, 결과적으로 y = 48이 출력된다(6 * 7 + 6 = 48).

2 문장간의 실행 제어

이 절에서는 프로그램 문장의 실행 순서에 대해서 설명한다. 기본적인 프로그램의 문장 실행 순서는 순차적이다. Goto 문장은 실행 순서를 명시적으로 변경할 수 있다. Goto 외에 문장간의 실행 순서를 제어하는 방식은 다음 세 가지이다.

순차 실행(composition)

각 문장들은 실행되어야 할 순서대로 작성되며, 프로그램을 실행할 때 문장 하나씩 작성된 순서대로 실행된다.

선택 실행(alternation)

두 가지 수행 경로에 있는 일련의 문장 중에서 조건에 따라 하나가 선택되어 실행된다. 두 개의 수행 경로 중에 하나가 선택되어야 하며, 모두 선택 안되거나 모두 선택되지는 않는다.

반복 실행(iteration)

일련의 문장들이 조건에 따라 수행되지 않거나 조건이 만족될 때까지 여러 번 반복 수행된다.

2.1 GOTO 문

프로그램은 많은 문장(statement)으로 구성되며 순차적으로 실행된다. 문장 실행 순서에 관한 직접적인 명령어는 goto이다. 프로그래머는 goto문을 사용하여 실행 순서를 임의의 위치로 변경할 수 있다. Goto문은 다음 두 가지로 나눌 수 있다.

무조건 goto

프로그램 안에서 다음에 실행할 문장을 무조건 변경한다.

```
goto PROCESS
```

조건 goto

주어진 조건(X>0)이 맞으면 실행순서를 변경하고, 그렇지 않으면 순차적으로 수행한다.

```
if X > 0 then goto PROCESS
```

FORTRAN 언어는 가장 다양한 goto 문장을 제공한다. FORTRAN에서 goto와 같이 사용하는 라벨(label)은 숫자(문장 번호)로 표시된다.

FORTRAN 언어의 네 가지 유형의 GOTO 문장

① 무조건 GOTO

프로그램의 실행을 GOTO 다음에 명시된 문장 번호로 무조건 실행을 옮긴다.

```
무조건 100번 문장으로 간다.
    GOTO 100
```

② 대입형 GOTO

ASSIGN이라는 키워드를 사용하여 정수형 변수에 문장 번호를 지정한 후, GOTO 문장과 같이 사용하여 변수의 값과 일치하는 문장 번호로 실행을 옮긴다.

```
문장 번호가 100인 문장으로 jump 한다.
    ASSIGN 100 TO K
    GOTO K
```

③ 계산형(computed) GOTO

문장 번호의 배열 A와 정수형 변수 I가 주어진다. I가 배열 A의 첨자로 사용되어 점프할 문장 번호를 찾는다.

```
다음 예에서는 문장 번호가 300번인 문장으로 점프한다.
   I = 3
   GOTO (100, 120, 300, 400, 550), I
```

④ IF() 결과에 따른 GOTO
형식은 IF (expr) n1, n2, n3로서, 수식의 결과가 음이면 n1으로, 0이면 n2로, 양이면 n3으로 점프하는 명령이다. 아래의 예에서는 수식 (I-30)의 결과가 음수가 되므로 100번 문장으로 점프한다.

```
I = 20
F (I-30) 100, 200, 300
```

1960~1970년대의 프로그램은 많은 goto문을 포함하고 있었다. 그런데 1968년에 Dijkstra(다익스트라)는 프로그래밍에서 goto문을 제거해야 한다고 주장하였다. 왜냐하면, goto문을 사용하면 문장의 순서와 프로그램의 실행 순서가 일치하지 않으므로 "스파게티 코드"라 불리는 실행 순서를 이해하기 어려운 프로그램이 생성된다고 하였다. 즉 프로그램의 가독성이 떨어지고 유지 보수가 어려워지므로 goto문을 사용하지 않고 프로그램을 작성할 것을 권고하였다.

2.2 GOTO 문장의 장·단점

장점

- FORTRAN 문장의 기본 제어구조로서 가장 많이 사용되어 왔다.
- 작은 프로그램에서는 사용하기가 간단하고 쉽다.
- 어셈블리 언어나 옛날 언어에 익숙한 프로그래머에게 친숙하다.
- 이론적으로 모든 제어구조를 표현할 수 있다.

단점

- 비구조적인 프로그램이 되어 계층적인 프로그램 작성을 어렵게 만든다.
- 많은 goto문을 사용하면 문장의 순서와 실행 순서가 일치하지 않으므로, 프로그램의 이해가 어렵다.

GOTO 문의 이러한 특징은 하드웨어의 가격이 높아서 프로그램의 크기가 중요했던 시절에는 장점이 될 수 있었지만 큰 프로그램을 개발할 때는 유지 보수와 프로그램

이해를 매우 어렵게 한다.

그러나 goto를 사용해야만 하는, 또는 사용하면 쉽게 프로그래밍할 수 있는 경우도 있다. 예를 들어 중첩된 순환문(while, for 등)에서 한 번에 순환을 벗어날 때가 이에 해당한다. 그렇지 않으면 여러 번의 break문을 사용할 수밖에 없으나 이를 프로그래밍하는 것은 매우 복잡하고 작성된 프로그램의 가독성도 떨어진다.

2.3 구조적 프로그래밍(structured programming)

컴퓨터 하드웨어의 가격은 점차로 낮아지고 컴퓨터로 점차 복잡하고 중요한 작업을 처리하게 됨에 따라 프로그램의 효율성보다는 신뢰성이 보다 중요하게 되었다. 프로그램의 가독성을 높이고 유지 보수 및 디버깅을 용이하게 하기 위해서 구조적 프로그래밍 기법이 개발되었다. 구조적 프로그래밍 기법은 다음과 같다.

- 순차, 선택, 반복의 제어 구조만을 사용하고 goto문을 사용하지 않는다.
- 계층적인 설계를 구조적 제어문을 사용하고 프로그램 코드에서도 계층적인 성질을 유지한다.
- 프로그램의 문장 순서와 실행 순서를 같게 한다.
- 프로그램 코드의 양이 많아지더라도 일련의 문장들은 하나의 목적으로만 사용한다.

Dijkstra는 ① 순차, ② 선택, ③ 반복 제어 구조와 같이 한 개의 입구와 한 개의 출구를 가진 구조가 이해하기 쉽고 프로그램의 정확성에 관한 증명을 쉽게 할 수 있다고 주장하였다.

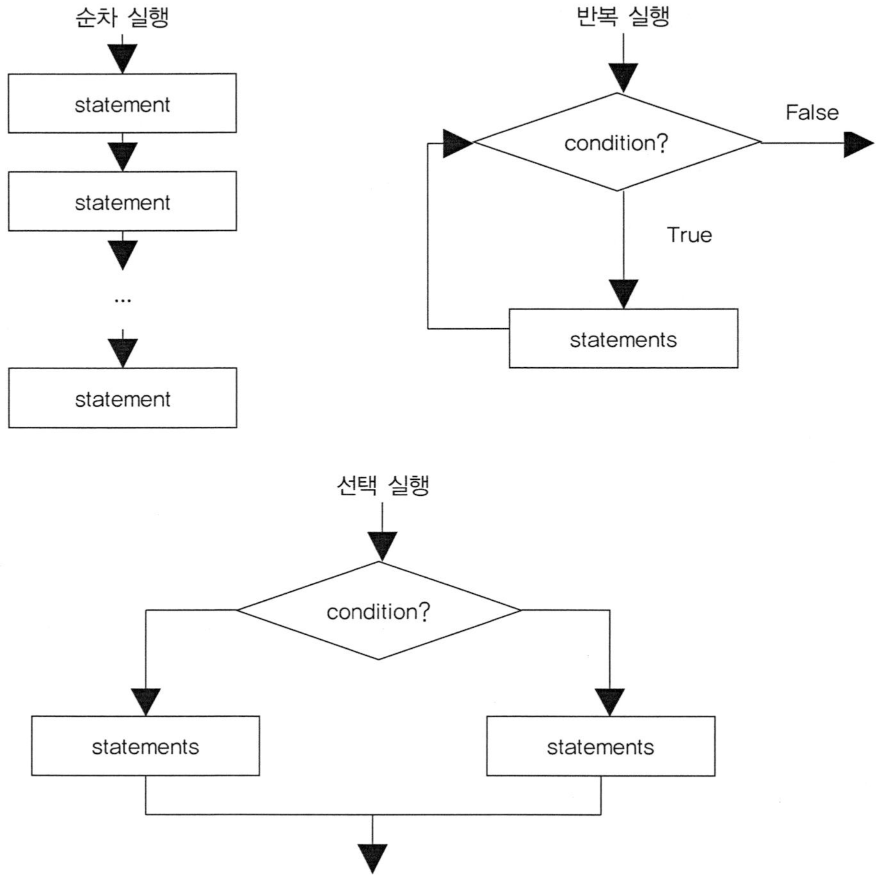

그림 6-2 구조적 프로그래밍의 구조

2.4 선택 실행문: if 문

if 문장의 종류

if 문장은 조건에 따라서 두 가지 실행 경로 중 하나를 선택할 때 사용하며, 다음과 같은 종류가 있다.

- 단순 if 문

  어떤 문장의 수행 여부를 결정할 때 사용한다.

  예) **if** x > y **then** *statement* **endif**

● 선택 if 문

두 가지 실행 경로 중 하나를 선택할 때 사용한다.

예) **if** x > y **then** statement1 **else** *statement2* **endif**

● 중첩 if 문

If 문 안에 다른 if 문을 포함하고 있을 때, 이를 중첩 if 문이라고 한다. 선택할 수행 경로가 2개를 초과할 때 사용한다. 중첩 if 문보다 switch 문을 사용하는 것이 보다 이해하기 쉽다.

예) **if** x > y **then if** a > b **then** *statment1* **else** *statement2* **endif else** *statement3* **endif**

x 〉 y	a 〉 b	왼쪽 조건일 때 실행 문장
true	true	statement1
false	false	statement2
	무관	statement3

if 문을 사용함에 있어서 흔한 실수 중 하나는 boolean 값을 계산하기 위해서 불필요한 if 문을 사용하는 것이다. 예를 들어 다음과 같은 if 문장은

```
if Number > 10 then Result = True
else Result = False
endif;
```

다음과 같이 표현하는 것이 보다 간결하고 바람직한 표현이다.

```
Result = Number > 10;
```

미결합(dangling) else 문제

미결합 else 문제는 중첩 if 문에서 if의 수보다 else의 수가 적을 때 발생한다. 즉 else를 어느 if와 연관시킬 것인가에 관한 것이다. 아래의 문장을 보자.

```
if cond1 then if cond2 then statement1 else statement2
```

위의 문장에서 마지막의 else는 어느 if와 연관을 지어야 할 것인가? 다음 두 가지

로 해석될 수 있다.

```
ⓐ if cond1 then ( if cond2 then statement1 )else statement2
ⓑ if cond1 then ( if cond2 then statement1 else statement2 )
```

이러한 미결합 else 문제의 일반적인 해결책은 다음과 같다.

① else를 가장 가까운 if와 연관시킨다(Pascal, PL/I). 즉 위의 예와 같은 경우, 다음과 같이 해석한다.

```
if cond1 then ( if cond2 then statement1 else statement2 )
```

② 모든 if 문장은 fi로 종결시킨다(Algol 68). 위의 예 ⓐ, ⓑ는 다음과 같이 코딩될 수 있다.

```
ⓐ if cond1 then if cond2 then statement1 fi else statement2 fi
ⓑ if cond1 then if cond2 then statement1 else statement2 fi fi
```

③ begin/end나 { }를 사용한다. 위의 예 ⓐ, ⓑ는 다음과 같이 코딩될 수 있다.

```
ⓐ if cond1 then { if cond2 then statement 1 } else statement2
ⓑ if cond1 then { if cond2 then statement1 else statement2 }
```

주요 언어의 if 문에서 사용하는 산술 비교 연산자와 논리 비교 연산자를 정리하면 표 6-5, 6-6과 같다.

표 6-5 주요 언어의 산술 비교 연산자

의 미	Pascal	FORTRAN	C, Perl, C++, Java	Visual Basic
크다	>	.GT.	>	>
작다	<	.LT.	<	<
크거나 같다	>=	.GE.	>=	>=
작거나 같다	<=	.LE.	<=	<=
같지 않다	<>	.NE.	!=	<>

표 6-6 주요 언어의 논리 연산자

의 미	Pascal	FORTRAN	C, Perl, C++, Java	Visual Basic
논리 부정	.NOT.	.NOT.	!	NOT
논리 AND	.AND.	.AND.	&&	AND
논리 OR	.OR.	.OR.	||	OR

Ada의 elsif(elsif의 철자 주의)

Ada의 if 문장의 특징은 다음과 같다.

- 형식 : ⓐ **if** *Boolean_exp* **then** *multiple_statements* **end if;**
  ⓑ **if** *Boolean_exp* **then** *multiple_statements*
  else *multiple_statements* **end if**
- 순차적인 중첩 if 문인 경우, elsif라는 키워드를 제공한다.

Ada의 if 문장 example

```
if x = y then
  x:= x-1;
  put(x);
else
  y := y+1;
  put (y);
end if;
```

```
if x > y then
  x := x-1;
elsif x > y then
  y := y+1;
elsif x > z then
  z := z+1;
end if;
```

일반적인 중첩 if 문장과 순차적인 중첩 if 문장의 비교

① 일반적인 중첩 if 문: 각 if에서 서로 다른 변수를 비교함. 즉 남녀를 먼저 비교한 후 수학 성적을 비교

```
만일 X가 남학생이고
        수학 성적이 80점 이상이면, 상을 준다.
        그렇지 않으면, 보충 수업을 한다.
그렇지 않으면 (즉 X가 여학생이면)
        영어 성적이 80점 이상이면, 상을 준다.
        그렇지 않으면, 보충 수업을 한다.
```

② 순차적인 중첩 if 문: 하나의 변수를 여러 범주로 분류함.

```
성적이 90점 이상은 A이다.
그렇지 않은 성적 중 80점 이상은 B이다.
그렇지 않은 성적 중 70점 이상은 C이다.
그렇지 않은 성적은 모두 D이다.
```

순차적인 중첩 if 문을 Ada의 "if then end if" 형식으로 나타내면 다음과 같다.

```
if score >= 90 then
        grade := A;
else
        if score >= 80 then
                grade := B;
        else
                if score >= 70 then
                        grade := C;
                else
                        grade := D;
                end if;
        end if;
end if;
```

위의 if 문장을 살펴보면, 문장 끝에 다소 불필요하게 보이는 end if가 반복되고 있고 구조가 복잡하여 프로그램의 이해가 어렵다. Ada에서는 elsif라는 키워드를 제공하여 순차적인 중첩 if 문을 하나의 if 문으로 작성할 수 있도록 해준다. elsif를 사용하여 다시 작성한 코드는 다음과 같다.

```
if score >= 90 then
```

```
        grade := A;
elsif score >= 80 then
        grade := B;
elsif score >= 70 then
        grade := C;
else grade := D;
end if;
```

elsif를 사용한 코드가 간결하고 이해하기 쉽다는 것을 알 수 있다. 따라서 프로그램을 작성할 때 의미가 같더라도 간결한 표현을 사용하는 것이 프로그램의 이해도를 높이고 유지보수에 유리하므로 적절한 표현을 사용하는 것이 중요하다.

2.5 선택 실행문: case(또는 switch) 문

if 문장은 양자 선택에 알맞으며 그 이상의 실행 경로를 선택해야 할 경우에 case 문을 사용한다. case 문은 Hoare와 Wirth에 의해서 Algol-W 언어에 처음으로 채택되었다. Algol-W 언어에 사용된 case 문의 실행방법은 다음과 같다. 먼저 1부터 n사이의 결과값을 가지는 정수식(integer_expression)을 평가한다. 정수식의 평가값 i에 따라 i번째 문장을 수행한 후 case 문을 벗어난다. Algol-W의 case 문의 형식은 다음과 같다.

```
case integer_expression of
        begin
          statement_1;
          statement_2;
          ...
          statement_n
        end;
```

C 언어에서는 다중 선택문을 switch-case 문이라고 부르며 그 형식은 다음과 같다.

```
switch(expression)
{
        case label_1 : statement-list_1; break;
        case label_2 : statement-list_2; break;
```

```
        ...
        case label_n : statement-list_n; break;
        default: statement-list
}
```

C의 switch-case 문은 다음과 같이 실행된다. 먼저 정수식 expression의 값을 평가한다. 다음으로 평가된 정수값과 일치하는 label을 찾아서 연관된 문장들을 실행한다. break 문을 만나면 switch-case 문을 빠져나간다. 만일 일치하는 label이 없으면 default의 문장을 실행한다. 다음 문장은 홀수와 짝수의 개수와 그 합을 계산하는 C 언어 switch-case 문의 예이다.

```
int index;
      ...
switch(index) {
case 1:
case 3: odd_count++;
        odd_sum += index;
        break;
case 2:
case 4: even_count++;
        even_sum += index;
        break;
default: printf("error occurred\n");
}
```

Pascal 언어도 C 언어와 형식이 비슷하나 일부 키워드가 다르고 label에 여러 값을 나열할 수 있으며 break 문을 사용하지 않는다. 또한 default 대신에 else를 사용하는 것이 특이하다. 앞의 C 언어 코드를 Pascal 언어로 다시 작성하면 다음과 같다.

```
case index of
  1, 3 : begin
         OddCount := OddCount + 1;
         OddSum := OddSum + index
         end;
  2, 4 : begin
         EvenCount := EvenCount +1;
```

```
        Evensum := EvenSum + index
        end;
  else    writeln('error occurred')
end;
```

일반적으로 case 문장은 다중 if 문과 기능이 약간 다르다. if 문이 논리 비교나 산술 비교를 할 수 있는 반면에 case 문장은 수식의 결과와 레이블(label)간에 동일성만을 검사한다. 대부분의 언어에서 문자열이나 실수형과 같은 자료형은 레이블로 사용하지 못한다. 그러므로, 모든 다중 if 문을 case 문으로 직접 변환하기는 곤란하다.

Ada 언어의 경우는 레이블에 여러 값을 나열할 수 있으며('|' 사용), 범위형과 나열형 값을 사용할 수 있다. 앞의 C 예제 코드를 Ada로 옮기면 다음과 같다.

Ada example

```
case index is
   when 1 | 3 =>
            odd_count := odd_count + 1;
            odd_sum := odd_sum + index;
   when 2 | 4 =>
            even_count := even_count + 1;
            even_sum := even_sum + index;
   when others =>
            put("error occurred");
end case;
```

앞의 elsif를 사용한 성적처리 Ada 코드도 case 문을 사용하여 다음과 같이 보다 간결하게 작성할 수 있다.

Ada example

```
case score is
      when 90..100 => grade := A;
      when 80..89 => grade := B;
```

```
        when 70..79 => grade := C;
        when others => grade := D;
end case;
```

또한 Ada에서는 다음과 같이 나열형의 일부 값을 사용할 수 있다.

```
type date is (mon, tues, wed, thur, fri, sat, sun);
case day is
        when mon..fri => put("you have to work");
        when sat..sun => put("thanks Got! I'm free");
end case;
```

2.6 반복문

반복 수행의 개념은 기계어 단계부터 고급 언어에 이르기까지 필수적인 요소이다. 반복문은 프로그래밍하기가 쉽지 않고 경계 조건에서 오류를 범하기가 쉽다. 많은 프로그램 실행 시간 오류는 무한 루프를 실행하는 것이고, 이는 반복문의 경계 조건에서 프로그래머가 논리적인 실수를 범한 것이다. 일반적인 반복문의 구조는 다음 그림과 같다.

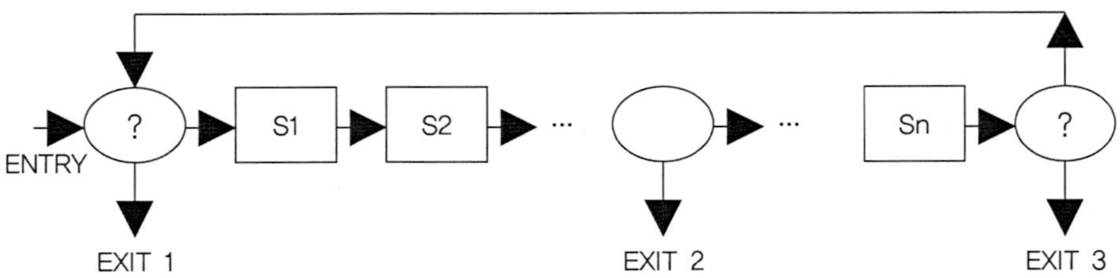

반복문은 하나의 입구(ENTRY)를 가지며 하나 또는 그 이상의 출구(EXIT)를 가진다. 출구 지점에서 조건식을 평가하여 반복문의 수행을 종료할 수 있다. 조건식 평가 결과에 따라 반복 루프 안을 계속 수행할 것인지 종료할 것인지를 결정한다.

Pascal 언어는 for, while, repeat-until 등의 세 가지 반복문을 지원한다.

Pascal while 문

```
while <condition> do
begin
  multiple-statements
end;
```

반복문을 수행하기 전에 먼저 조건 〈condition〉을 조사한 후 참이면 루프 안의 문장을 실행한다. Pascal 언어의 while 문은 앞의 그림에서 출구의 위치가 EXIT1인 경우이다.

Pascal repeat-until 문

```
repeat
  multiple-statements
until <condition>
```

먼저 루프 안의 문장들을 한 번 실행한 후에 〈condition〉을 조사한다. 또한 while 문은 조건식의 결과가 참일 경우에만 루프 안의 명령문을 실행하지만, repeat-until 문은 조건식이 참이 되기 전(즉 거짓을 경우에만)까지만 실행한다.

Ada 언어는 키워드 loop와 exit를 지원한다. exit는 loop를 빠져 나오는 명령어이다. 앞의 Pascal while 문과 repeat-until 문을 loop와 exit를 사용하여 다시 작성하면 다음과 같다.

Pascal	while <cond> do
	begin
	 <statement>
	end
		repeat
		 <statement>
		until <cond>

Ada	loop exit when not <cond>; <statement> end loop;	loop <statement> exit when <cond>; end loop;

For 문장

반복문 중에서 가장 오래된 역사를 가지고 있는 것이 바로 for 문장이다. For 문장의 특징은 반복 회수를 기억하는 정수형 변수 counter를 가지고 있다는 점이다. FORTRAN의 DO 문장이 가장 오래된 for 문장이라고 할 수 있고 다음과 같은 형식을 가진다.

```
            DO stmt_num int_var = init_value, final_value,
               increment
            statement 1
               ...
stmt_num    statement n
```

위의 형식에서 stmt_num은 DO 루프의 마지막 문장 번호를 나타내며, int_var은 반복 제어 변수, init_value는 초기값, final_value는 최종값, increment는 증가값을 나타낸다. DO 루프 안에서 초기값, 최종값, 증가값을 변경하면 원하지 않은 횟수만큼의 반복 수행이 될 수 있으므로 주의해야 한다. 다음 예는 FORTRAN의 DO 문을 써서 정수 1부터 11까지의 홀수의 합을 구하는 코드이다.

```
      ISUM=0
      DO 80 I=1, 11, 2
80    ISUM = ISUM + I
```

C 언어의 for 문장은 두 개의 세미콜론을 사용하여 초기값, 조건, 증가분을 표시한다. 그 형식은 다음과 같다.

```
for (initial_exp ; condition ; increment) {
      statement_list;
}
```

초기식 initial_exp는 반복 문장이 실행되기 전에 처음 한 번만 실행된다. 곧이어 조건식 condition을 평가하여 참이면 루프를 실행한다. 루프를 실행한 후 증감 연산 increment를 실행하고 다시 조건식 condition을 평가하여 루프 실행을 계속할 것인지 판단한다. 루프의 실행 전에 조건식을 검사하기 때문에 C 언어에서는 for 루프를 한 번도 실행하지 않을 수 있다. 다음은 C 언어에서 while 문을 for 문으로 다시 작성한 것이다(변수 index, low, high 등은 모두 정수형이다).

C의 while 문장	C의 for 문장

index = low;
while (index <= high)
{
  statement;
  i++;
}
	
	for (i = low; i <= high; i++)
	{
	  statement;
	}

Ada의 for 문장도 비슷한 형식을 가지고 있다.

```
for Loop_Counter in Discrete_Range loop
      <statements>
end loop;
```

Discrete_Range에는 정수형의 범위, 나열형의 범위를 사용할 수 있다. 예를 들어 다음과 같이 문장을 작성할 수 있다.

```
for day in Mon..Fri loop
      ...
end loop;
```

일반적인 for 문장의 형식은 Algol 60에서 다음과 같이 정의하였다.

```
for <counter_var> := <initial> step <increment> until <final> do
begin
      <statement_list>
end;
```

프로그래밍 언어에서 for loop의 동작을 완벽히 이해하려면, 다음 쟁점에 대한 명확한 정의를 이해해야 한다.

① 반복 회수를 기억하는 〈count_var〉 변수에 허용된 자료형은 무엇인가? 일반적으로 정수형과 나열형이 허용된다.
② 수식의 초기값 〈initial〉, 최종값 〈final〉, 증가분〈increment〉 등은 단순 변수만 허용되는가? 아니면 수식도 허용되는가?
③ 반복 실행이 진행될 때, 최종값과 증가분은 얼마나 자주 계산되는가? 아니면 처

음 시작할 때 1번만 평가되는가?

④ 반복 변수가 최종값과 비교되는 때는 언제인가? 반복 변수에 초기값으로 대입된 후, 바로 최종값과 비교하는가? 아니면 최소한 루프 안을 1번 수행한 후에 비교되는가?

⑤ 반복 변수는 언제 변경되는가?

⑥ 반복 변수의 영역은 어떻게 되는가?

Pascal 언어의 형식으로 작성된 다음 for 문장을 살펴보자.

```
K:=4;
for I:=1 to K-1 do
begin
        S:= S + I;
        K:= K + 1
end;
```

위의 코드를 살펴보면 최종값에 영향을 미치는 변수 K가 for 루프 내부에서 증가되고 있다. 만일 최종값의 평가를 for 문장의 실행을 시작하는 시점에 1번만 한다면 위의 begin/end 안의 문장들은 세 번만 실행될 것이다. 최종값 계산을 루프가 돌 때마다 실행한다면, 위의 코드는 무한 루프에 빠지게 된다. 프로그래머는 항상 사용하는 언어의 형식과 의미에 대해서 정확하게 알고 있어야 한다.

C++ 언어에서는 for loop안에서 사용되는 반복 변수를 for 문장에서 같이 선언할 수 있다. C++ 언어로 작성된 다음 예제 프로그램에서는 for문 안에서 반복 변수 cnt를 선언해서 사용하고 있다(주의: 변수 cnt는 for 문장 안에서만 유효하다).

```
#include <stdio.h>
void main()
{
        int sum=0, m_cnt;
        for (int cnt=1; cnt <= 10; cnt++)  // loop 안의 cnt 변수 선언
        {
           sum += cnt;
           m_cnt = cnt;
        }
```

```
        printf("sum=%d m_cnt=%d\n", sum,  m_cnt);    // loop 밖에서
                                                   cnt 액세스 안됨
}

[실행결과]
sum=55 cnt=10
```

Perl 언어에서는 리스트에 대한 for 루프를 지원한다. 키워드 foreach를 사용하여 배열 변수에 저장되어 있는 리스트의 각 요소에 대한 연산을 수행한다. 다음 Perl 프로그램을 살펴보자.

```
@words = ("This", "is", "Perl", 24);
foreach $element (@words)
{
        print("$element\n");
}

[실행결과]
This
is
Perl
24
```

문자열과 숫자의 리스트가 배열 @words에 기억되었고 배열의 각 요소들이 변수 $element에 하나씩 대입되어 출력되었다. 이러한 foreach 문장은 UNIX 쉘(shell) 프로그래밍에서도 지원되었던 것과 같다.

무한 루프의 표현

계속적인 서비스를 제공하는 프로그램(server 프로그램)의 경우, 실행이 끝나지 않는 무한 루프를 표현해야 할 경우가 있다. Ada의 경우는 키워드 loop에 의해 직접 표현이 가능하다.

```
loop
...
end loop;
```

C 언어의 경우, 다음 두 가지 표현을 사용할 수 있다.

```
for (;;) {…..}
while (1) {…..}
```

Pascal 언어의 경우도 C와 비슷하게 표현할 수 있다.

```
while true do
    begin
    …
    end;
```

Ada 언어의 exit, C 언어의 break/continue 문장

Goto 문장은 앞에서 기술한 바와 같이, 계층 구조의 프로그래밍을 어렵게 만들고 프로그램의 가독성이나 유지 보수를 어렵게 만드는 문장이다. 그러나 ① 여러 개의 while 루프 안에서 빠져나가야 할 경우, ② while 루프 중간에서 루프를 빠져나가야 할 경우, ③ 오류가 발생하여 그에 대한 처리 루틴으로 jump할 경우 등에서는 goto 문을 사용하는 것이 편리하다. 대부분의 언어에서는 이러한 필요성에 따라서 goto 문을 지원하고 있으며, break, exit 등의 준 goto 문장을 지원하고 있다.

C 언어에서 break 문은 switch-case 문, while 문, for 문과 같이 사용된다. Switch-case 문을 실행하는 중에 break 문을 만나면 break 문 이후의 문장을 수행하지 않고 switch-case 문장의 블록을 빠져 나와 switch-case 다음의 문장을 실행한다. While 문이나 for 문을 실행하는 중에 break 문을 만나면 break 문 이후의 문장을 수행하지 않고, 해당 순환문의 블록을 빠져 나와 다음의 문장을 실행한다. Continue 문장은 블록을 빠져나가지 않고 다음 번 루프의 실행을 시작한다. 다음 예를 살펴보자.

	break 문의 예	continue 문의 예

소스 코드	void main()
	{
	  int sum = 0;
	  for (int i=1; i < 11; i++)
	  {
	    if ((i%3) == 0) break;
	    sum += i;
	  }
	}
		void main()
		{
		  int sum = 0;
		  for (int i=1; i < 11; i++)
		  {
		    if ((i%3) == 0) continue;
		    sum += i;
		  }
		}

실행 결과	i = 3 sum = 3	i = 11 sum = 37

break 문의 경우, i가 3이 되면 for 루프를 빠져 나온다. 실행 결과는 1 + 2 = 3이 된다. continue 문의 경우, i가 3이 되면 바로 다음 continue 뒤의 문장을 실행하지 않고 다음 번 루프를 실행한다. 1부터 10까지 정수에서 3의 배수인 3, 6, 9를 제외한 합을 구한다(즉 55 - 3 - 6 - 9 = 55 - 18 = 37).

Ada 언어에서는 exit 문이 C 언어의 break 문과 비슷하다. 즉 loop 문을 수행하는 중에 exit 문을 만나면 loop를 빠져 나와 다음 문장을 수행한다. 만일 루프에 LB라는 레이블이 붙어 있으면 루프 안의 어떤 위치에서도 exit LB라고 기술할 수 있다. 즉 exit LB를 만나면 루프 LB를 빠져나가 다음 문장을 수행한다. 다음 Ada 프로그램의 예를 살펴보자.

```
OUTER:
loop
            ....
        INNER:
            loop
            exit OUTER;                              --- ⓐ
            ...
        end loop INNER:
end loop OUTER;
statement_N;
```

위의 프로그램의 위치 ⓐ에서 exit OUTER;를 만나면, OUTER 루프를 빠져 나와서 다음 문장인 statement_N을 수행한다. 즉 Ada 언어는 loop와 레이블을 사용하여 여러 개의 loop를 한꺼번에 벗어날 수 있다.

Chapter 7 서브 프로그램(sub program)

프로그램의 규모가 커지면서 하나의 프로그램을 작성하기 보다는 작은 여러 개의 프로그램을 작성하여 하나의 프로그램을 완성하는 방식으로 프로그램을 개발하기 시작하였다. 서브 프로그램이란 하나의 프로그램을 구성하는 작은 프로그램을 지칭하며 프로그램의 어떠한 부분에서도 호출되어 실행될 수 있다. 이 장에서는 서브 프로그램의 정의와 서브 프로그램간의 매개변수 전달 방법, 그리고 서브 프로그램의 구현 방법 등에 대하여 설명한다. 특히 서브 프로그램의 매개변수 전달 방법은 매우 중요하며, 중요한 매개변수 전달 방법에는 값 전달(call by value), 값과 결과 전달(call by value result), 참조 전달(call by reference), 이름 전달(call by name) 기법 등이 있다.

1 서브 프로그램의 정의

서브 프로그램은 일련의 실행을 단순화하기 위해서 프로그래밍 언어에서 제공하는 메커니즘이다. 프로세스는 호출하는 서브 프로그램의 이름과 매개변수(parameter)를 명시함으로써 원하는 일련의 실행을 행할 수 있다.

서브 프로그램을 사용하는 첫 번째 이유는 프로그램의 크기를 줄이는 것이다. 자주 사용되는 수십 라인 또는 그 이상의 코드를 반복하는 것보다 하나의 서브 프로그램으로 작성하여 필요할 때마다 호출하는 것이 경제적이다. 또 하나의 이유는 프로그램 설계 원칙이다. FORTRAN 언어와 같은 초기의 언어를 개발한 과학자들도 대형 프로그램을 작성하기 위해서는 프로그램을 보다 작고 이해할 수 있는 단위로 나누어야 한다는 사실을 알고 있었다. 이러한 설계 원칙을 모듈화 프로그래밍(modular programming)이라고 부른다. 동일한 목적을 가진 일련의 코드를 하나의 서브 프로그램으로 묶어 사용하는 것은 프로그램의 가독성과 유지 보수에 많은 도움이 된다.

서브 프로그램(subprogram)은 프로시저(procedure), 함수(function) 또는 서브루틴(subroutine) 등으로 불린다. 함수는 프로그래밍 언어가 제공하는 연산자의 확장이라 할 수 있으며 반환값을 가진다. 프로시저는 행동이나 문장의 확장이라 할 수 있으며 반환값을 가지지 않는다. 따라서 함수는 수식(expression)의 구성요소가 되지만 프로시저는 될 수 없다. C 언어는 함수만을 가지며 프로시저는 없다. 그러나 반환값이 없는 함수를 허용하는데, 함수의 반환형을 'void'로 하면 된다.

서브 프로그램은 네 가지 요소로 구성된다. 그 구성요소는 ① 서브 프로그램 이름, ② 매개변수 리스트, ③ 몸체(body), ④ 참조 환경(reference environment)이다. 서브 프로그램의 이름과 매개변수 리스트를 합하여 서브 프로프로그램의 머리부(header)라고도 한다. 서브 프로그램의 몸체는 서브 프로그램에서 변수를 선언하는 부분과 실행 문장으로 구성된다. 몸체에서 선언하는 변수와 매개변수들이 서브 프로그램의 참조 환경을 구성한다. Pascal 언어의 프로시저 형식은 다음과 같다.

```
procedure p_name (parameter list)
        local variable declaration part
        begin
          body
        end;
```

1.1 서브 프로그램의 명시

서브 프로그램을 호출하기 위해서는 다음과 같은 사항을 알아야 한다.

① 서브 프로그램의 이름
② 서브 프로그램의 매개변수의 개수와 각 매개변수의 유형
③ 반환되는 값의 개수와 그 유형
④ 서브 프로그램에서 수행하는 기능(function)

Pascal 언어의 형식으로 작성된 다음 함수를 사용하여 두 정수의 최대공약수를 계산하려 한다.

```
function gcd(m, n : integer) : integer;
```

위의 선언에는 함수의 이름(gcd), 매개변수의 수와 유형(두 개의 정수), 반환값의 유형(정수)이 명시되어 있다. 여기서 프로그래머는 gcd 함수가 어떠한 변수를 사용하고 어떠한 알고리즘을 써서 최대공약수를 구하는지를 알 필요가 없다. 서브 프로그램은 프로그래밍 언어에서 제공하는 추상화(단순화, abstraction) 메커니즘의 하나이다. 즉 서브 프로그램 기능 구현의 세부사항은 서브 프로그램 작성자에게 일임하고, 사용자는 호출방법과 기능만을 알면 된다.

주 프로그램에서 서브 프로그램을 호출하는 방식은 여러 가지이다. FORTRAN 언어는 다음과 같은 형식을 사용한다.

```
CALL PROC(I, J)
```

C, Ada, Pascal 등과 같은 언어에서는 다음과 같은 형식을 사용한다.

```
proc(i, j);
```

Perl은 인터프리터 언어로서 특수문자(&)를 이용하여 서브 프로그램을 호출한다는 정보를 인터프리터에게 알려준다. 그 형식은 다음과 같다.

```
&proc(i, j);
```

서브 프로그램을 작성하기 위해서는 적절한 자료 구조를 설정하고 실제 프로그래밍 언어의 문장을 사용하여 실행 절차를 명시해야 한다.

최대공약수를 구하는 함수를 Pascal 언어로 작성하면 다음과 같다(조건 m 〉 n).

```
function gcd(m, n: integer) : integer;
      begin
            if (m mod n) = 0 then gcd := n
            else gcd := gcd(n, m mod n)
      end;
```

함수 gcd()를 사용하는 Pascal 프로그램의 예는 다음과 같다.

```
program compute(input, output)
  var a, b, result : integer;
  function gcd(m, n: integer) : integer;
        begin
          if (m mod n) = 0 then gcd := n
               else gcd := gcd(n, m mod n)
        end;
begin
  a:=240; b:= 48;
  result := gcd(a, b);
  write(result)
end.
```

선언 부분

실행 부분

그림 7-1 Pascal 프로그램에서의 함수 호출

함수는 서브 프로그램의 일종이며, 프로시저와는 달리 반환값이 있다. 이는 수학적인 함수의 정의와 일치한다. Pascal, FORTRAN과 같은 언어는 반환하는 결과값을 함수이름에 대입한다(앞의 Pascal 함수 gcd 참조). 이와 같이 배정문을 사용하여 결과값을 반환하는 것은 바람직한 프로그래밍 스타일이라고 할 수 없다. C, Ada, Perl과 같은 언어는 return 문장을 사용하여 결과값을 반환한다.

서브 프로그램의 이름과 서브 프로그램의 기능을 수학적인 함수로 표시할 수 있으면 서브 프로그램을 보다 간결하게 명시할 수 있을 것이다. 즉 서브 프로그램을 입력 인자(a1, a2,..), 수학적 함수, 결과 리스트로 명시할 수 있을 것이다. 그렇지만, 다음과 같은 프로그래밍 언어의 특성으로 인해 서브 프로그램을 수학적 함수로 나타내기가 어렵다.

① 서브 프로그램은 특이한 매개변수 값에 대하여 정상적인 연산을 수행하지 못한다. 컴퓨터의 정밀도는 한계가 있기 때문에 underflow나 overflow가 발생한다. 수학적 계산에 있어서는 이러한 오류가 발생하지 않는다.
② 서브 프로그램은 비명시적인 매개변수를 가질 수 있다. 선언된 형식 매개변수 이외에 서브 프로그램 안에서 비지역 변수(non-local variable)를 참조할 수 있으며 수행 결과를 비지역 변수에 저장시킬 수도 있다.

③ 서브 프로그램은 내부 상태를 저장할 수 있다(예 C 언어의 static 변수). 동일한 매개변수를 사용하여 같은 서브 프로그램을 호출하더라도 내부 상태에 따라 다른 결과를 출력한다. 예를 들어, 난수(random number)를 발생하는 함수는 호출할 때마다 동일한 난수를 발생시키지는 않는다.

1.2 순환 함수(되부름 서브 프로그램, 재귀 함수, recursive subprogram)

순환 함수는 함수의 기능(function)을 정의할 때 함수 자신을 사용하는 것을 말하며 수학적 함수의 정의에서 많이 사용되고 있다. 예를 들어 factorial을 구하는 함수 fact(n)를 다음과 같이 나타낼 수 있다(n은 양의 정수라고 가정).

```
if n = 1 then n!=1
else n! = n × (n-1) !
```

이 순환 함수의 수학적 정의를 사용하여 다음 C 프로그램으로 작성할 수 있다.

```
int fact(int  n)
{
    if (n==1) return 1;
    else return n * fact(n-1);
}
```

일반적으로 순환 함수를 사용하면 프로그램을 이해하기 쉽고 간결하게 작성할 수 있다. 예를 들어 Hanoi tower라는 문제는 순환 함수를 사용하면 아주 간단하게 작성할 수 있지만, 순환 함수를 사용하지 않고 작성하려면 매우 어렵고, 또한 작성된 프로그램의 이해도 매우 어렵다. 따라서 순환 함수를 적절하게 사용하면 프로그램을 간결하게 작성하면서 프로그램의 이해도를 높일 수 있다.

1.3 블록 구조(block structure)

블록 구조를 처음으로 사용한 언어는 Algol이다. 블록은 이름이 있는 블록(서브 프로그램)과 이름 없는 블록으로 나눌 수 있으며 하나의 블록은 선언부(declaration part)와 실행부(execution part)로 구성된다. 블록의 선언부에서는 블록 안에서 사용 가능한 지역 변수를 선언한다. 블록의 실행부는 여러 개의 실행 문장으로 구성된다. 일부 언어는 블록 안에 다른 블록을 포함할 수 있는 중첩 블록 구조(nested block structure)를 허용한다. 이름 없는 블록은 변수의 영역을 제한하는 데 유용하다. 즉 서브 프로그램의 시작 부분에서 필요한 변수를 모두 선언하지 않고 변수가 필요한 부분에서 변수를 선언할 수 있도록 하는데 이름 없는 블록이 사용된다. 그러나 서브 프로그램의 크기가 줄어들고 있는 상황에서 이름 없는 블록의 유용성은 예전만 못하다. Pascal 언어는 이름을 가지는 블록 내부에 또 다른 이름을 가지는 블록을 포함할 수 있지만 C 언어는 이를 허용하지 않는다. 따라서 Pascal 언어가 블록 구조를 적절하게 지원하는 언어로서 블록 구조의 예를 제시할 때 자주 사용된다. Ada 언어는 두 가지 블록을 모두 허용한다.

블록 구조 언어(예를 들어 Pascal, PL/I, Ada, C, C++)는 정적 영역 규칙(static scope rule)을 준수하며, 다음과 같은 블록 구조의 특성을 가지고 있다.

① 각 블록은 시작 부분에서 블록 안에서 사용될 지역 변수(local variable)를 선언할 수 있다. 블록 X의 내부에서 선언된 지역 변수들은 블록 X의 외부에서 접근할 수 없다. 이를 정보 은닉(information hiding)이라고 부른다.

② 프로그램이 실행될 때, 어느 한 블록의 실행을 시작하면 그 블록의 지역 변수를 위한 기억장소가 할당되고, 그 블록의 실행이 종료되면 할당되었던 기억장소가 회수된다.

③ 변수명이 참조되면 변수명이 사용된 위치에서 가장 안쪽의 블록에서 선언된 동일한 이름의 변수를 사용한다. 일반적으로 현재 수행 중인 블록에서 비지역 변수 x와 동일한 이름의 지역 변수 x를 선언하였으면, 비지역 변수 x는 현 블록에서는 액세스가 불가능하다.

④ 블록은 이름을 가질 수 있으며 이름을 가진 블록은 호출될 수 있다. 블록을 호출할 때 매개변수를 같이 넘겨줄 수 있다. 일반적으로 이름을 가지고 있으며 호출할 수 있는 블록을 서브 프로프로그램이라고 한다. Pascal 언어는 서브 프로그램 내에 다른 서브 프로그램(nested subprogram)을 포함할 수 있다. 서브 프로그램을 포함하는 서브 프로그램을 X, 포함된 서브 프로그램을 Y라 할 때, Y는 X에서만 호출할 수 있고 X 외부에서는 호출할 수 없다. 이것 역시 정보 은닉의 한 종류이다. C 언어는 이러한 중첩 블록 구조를 허용하지 않는다.

```
PROGRAM main;
   VAR a: integer;
   PROCEDURE outer(p1:integer);
     VAR b: integer;
     PROCEDURE inner(p2:integer);
        VAR c: integer;
        BEGIN                                          inner의
          { statement of inner : area ⓐ }              영역
        END;
     BEGIN                                             outer의
        { statements of outer : area ⓑ }              영역
     END;
BEGIN                                                  main의
{ statements of main : area ⓒ }                       영역
END.
```

위의 Pascal 예제는 main 프로그램 안에 outer라는 프로시저가 선언되어 있고, 프로시저 outer안에 inner라는 프로시저가 선언되어 있다. 프로그램의 구조가 복잡해서 프로그램의 실행 순서를 파악하기 어려울 것 같지만, 실행 순서는 다음과 같이 매우 간단하다.

- 프로그램 main의 실행 순서는 곧바로 area ⓒ의 문장을 실행한다. area ⓒ의 문장에서 프로시저 outer는 호출할 수 있다. 그러나 프로시저 inner는 outer에 의해 감추어져 있으므로 호출할 수 없다. area ⓒ의 문장을 모두 실행하면 프로그램은 종료된다.
- 프로시저 outer가 호출되면 곧바로 area ⓑ의 코드를 실행한다. 물론 필요에 따라 프로시저 inner를 호출할 수 있다. area ⓑ의 문장을 다 실행하면 프로시저 outer는 종료되고 호출한 위치로 되돌아간다.
- 각 영역에서 사용할 수 있는 변수와 프로시저 이름을 정리하면 다음과 같다.

영 역	사용 가능한 변수 및 프로시저
area ⓐ	a, b, c, p1, p2, outer, inner
area ⓑ	a, b, p1, outer, inner
area ⓒ	a, outer

2 형식 매개변수(formal parameter)와 실제 매개변수(actual parameter)

서브 프로그램은 프로그램의 실행 중 여러 번 호출되어 실행될 수 있으며 그때마다 같은 행동을 한다. 그러나 서브 프로그램에 전달된 값이 호출될 때마다 다를 수 있기 때문에 다른 결과를 생성하여 반환하는 것이 일반적이다. 서브 프로그램에게 계산할 데이터를 넘겨주고 계산 결과를 반환 받기 위해서는 비지역 변수를 사용할 수도 있다. 그러나 서브 프로그램에서 비지역 변수를 사용하는 것은 부작용과 모호한 버그(bug)를 유발할 수 있기 때문에 모듈화 프로그래밍에서는 비지역 변수 사용을 권장하지 않는다. 일반적으로 함수를 호출할 때 서브 프로그램에 전달되는 일련의 값을 매개변수(parameter)라 한다. 매개변수는 수학의 함수에 전달되는 인자(argument)와 같은 개념이다. 매개변수는 형식 매개변수와 실제 매개변수 두 가지로 구분한다. 일반적으로 실제 값을 저장하고 있는 변수를 실제 매개변수로, 함수 선언에 사용하는 변수를 형식 매개변수라 한다. 형식 매개변수의 값은 프로그램이 실행되는 동안에 함수가 호출될 때 실제 매개변수로부터 넘겨받아 결정된다.

예를 들어, 그림 7-1의 Pascal 프로그램을 살펴보자. 실행 부분에 gcd 함수를 호출하는 코드 "gcd(a, b)"에서 매개변수 a, b에는 함수 계산에 사용될 실제값(240과 48)이 들어 있다. 그러므로 a, b는 실제 매개변수라고 한다. 함수를 선언하는 코드 "function gcd(m, n: integer): integer;"에서 매개변수 m, n의 값은 호출할 때 실제 매개변수의 값에 의해 결정된다. 이를 형식 매개변수라고 한다.

2.1 실제 매개변수와 형식 매개변수의 대응

서브 프로그램이 호출되었을 때, 실제 매개변수의 값이 대응되는 형식 매개변수로 넘겨진다. 이러한 대응 관계를 확립하는데 두 가지 방법이 사용된다.

위치에 의한 대응

일반적으로 각 실제 매개변수의 위치를 기준으로 대응되는 형식 매개변수에 값을 넘겨준다. 왼쪽에서 시작하여 첫 번째 실제 매개변수와 첫 번째 형식 매개변수, 두 번째 실제 매개변수와 두 번째 형식 매개변수의 순서로 대응된다.

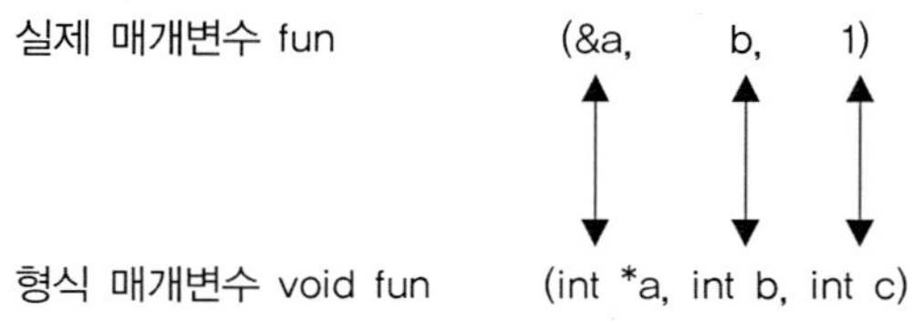

이름에 의한 대응

Ada 언어에서 사용하는 방법으로 서브 프로그램을 호출할 때 실제 매개변수 앞에 형식 매개변수의 이름을 명시한다. 이 경우 프로그래머는 서브 프로그램 선언에서 사용된 형식 매개변수의 이름을 기억해야 한다. 다음 Ada 코드를 살펴보자.

```
declare
...
procedure SEARCH(Vector: in StrArray, Name: in STRING, Index: out
    Integer) is
  begin
    ...
  end;
begin
  ...
  SEARCH(Name=>"Kim", Vector=>Name_List, Index=> result);  -- ⓐ
  ...
end;
```

Ada 언어의 프로시저 선언은 약간 특이하다. 각 매개변수의 이름 뒤에는 in, out, inout의 키워드가 있는 데 이는 매개변수의 전달 방향을 나타낸다. 즉 키워드 in은 서브 프로그램으로 매개변수의 값을 전송하고, out은 서브 프로그램의 결과를 반환받는다는 것을 나타낸다. 두 가지 모두 발생할 때는 inout을 사용한다. 실행 문장 ⓐ에서 프로시저 SEARCH를 호출할 때, 각 실제 매개변수와 형식 매개변수간의 대응 관계를 명시하고 있다.

2.2 형식 매개변수의 기본값(default value)

C++와 Ada와 같은 언어는 형식 매개변수의 기본값을 명시할 수 있다. 이 경우 실제 매개변수의 개수가 형식 매개변수의 개수보다 적게 명시되었어도 함수 호출이 가능하다. 명시되지 않은 실제 매개변수는 형식 매개변수의 기본값으로 대치되기

때문이다. 다음은 C++의 예로서 매우 간결하게 매개변수의 기본값을 표시하고 있다. 함수 sum()은 정수 매개변수를 1개에서 5개까지 받아들여 그 합을 반환한다(명시된 실제 매개변수들이 가장 왼쪽의 형식 매개변수부터 채워짐에 주의한다).

```
#include <iostream.h>
int sum(int i, int j=0, int k=0, int m=0, int n=0)
{
        return i+j+k+m+n;
}
void main()
{
        cout << sum(4) << "\n";
        cout << sum(4, 4) << "\n";
        cout << sum(4, 4, 4) <<"\n";
        cout << sum(5, 5, 4, 4) << "\n";
        cout << sum(1, 2, 3, 4, 5) << "\n";
}
[실행결과]
4
8
12
18
15
```

Ada 언어도 비슷한 방법으로 매개변수의 기본값을 표시한다. C++ 언어로 작성된 함수 sum()을 Ada로 다시 나타내면 다음과 같다.

```
function Sum ( I, J, K, M, N: integer :=0) return integer is
begin
        return I+J+K+M+N;
end;

Ada 언어로 작성된 함수 Sum은 다음과 같이 호출될 수 있다.
X := Sum;                  -- return 0
X := Sum(1,2,3);           -- return 6
```

3 서브 프로그램의 매개변수 전달 방법

주 프로그램에서 서브 프로그램을 호출하면 호출한 코드의 실제 매개변수가 서브 프로그램의 형식 매개변수에게 전달된다. 일부 예외적인 프로그래밍 언어도 있지만 매개변수들의 나열 순서대로 전달된다. 프로그램 오류 중 찾기 어려운 오류는 매개변수 전달에서의 실수에서 유발될 수 있으므로 매개변수 전달 방법을 정확하게 이해하는 것은 정확한 프로그램을 작성하는데 매우 중요하다.

매개변수 전달 기법에는 값 전달, 참조 전달, 이름 전달, 값과 결과 전달 방식 등이 있다. 각각의 전달 방식에 따라 프로그램의 실행 결과가 달라질 수 있으므로 매개변수 전달 방법에 대한 정확한 이해가 필요하다.

3.1 값 전달(call by value) 방법

값 전달(또는 값에 의한 호출) 방법은 실제 매개변수의 **값**(r-value)을 형식 매개변수에게 전달하는 방법이다. 실제 매개변수와 형식 매개변수는 서로 별도의 독립된 저장 공간을 가지고 서브 프로그램을 호출할 때 실제 매개변수의 값이 형식 매개변수의 값으로 복사된다. 서브 프로그램의 실행이 끝나면 형식 매개변수에게 할당된 기억장소는 회수된다. C 언어 형식으로 작성된 다음 예제 프로그램을 살펴보자(C 언어는 기본적으로 값 전달 방법을 사용한다).

```
#include <stdio.h>
 int big=48;
 void add(int a, int b) {
    big += 10;
    a += 2;
    b += 4;
 }
 void main() {
    int i=2;
    add(i, big);
    printf("i=%d, big=%d\n", i, big);
}
```

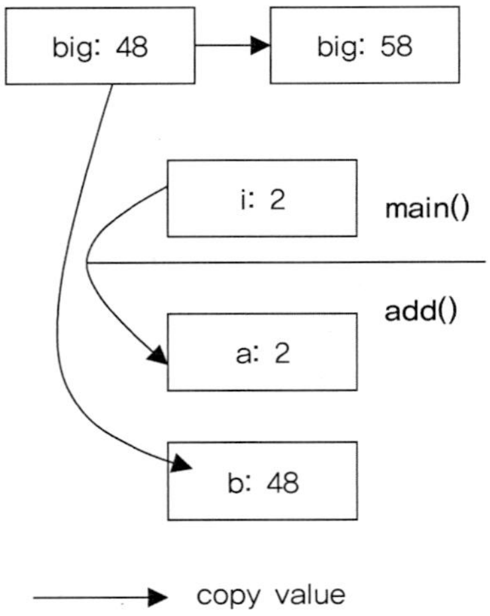

오른쪽 그림은 main()에서 add()를 호출할 때 할당된 변수들과 그들이 기억하는 값을 표시한 것이다. 함수 add()가 호출되면, 형식 매개변수 a와 b를 저장할 공간이 할당되고 실제 매개변수 i, big의 값이 복사된다. 그림에서 나타난 바와 같이 형식 매개변수와 실제 매개변수들의 메모리 공간간에는 아무런 연관이 없다. 서브 프로그램 add()의 실행이 종료되면 변수 a, b의 기억장소는 반환되고 main()의 실제 매개변수 i, big의 메모리 공간에는 아무런 영향을 주지 않는다. 다만, add() 내에서 전역 변수 big을 변경한 결과는 main()에 영향을 줄 수 있다(여기서는 big을 add() 함수에서 10 증가시키므로 add() 함수가 종료하면 big의 값은 58이 된다).

```
[실행 결과] (실제 C 프로그램의 실행 결과와 동일하다.)

i = 2 big = 58
```

3.2 값과 결과 전달(call by value result) 방법

값과 결과 전달 방법은 값 전달 방법과 실제 매개변수를 형식 매개변수에 전달하는 방법은 동일하다. 다만, 서브 프로그램 종료 후 형식 매개변수의 값을 실제 매개변수에 복사하여 되돌려 준다.

다음 그림은 서브 프로그램 add()의 종료 직전의 변수 값을 그린 것이다.

```
int big=48;
 void add(int a, int b) {
   big += 10;
   a += 2;
   b += 4;
 }
 void main() {
   int i=2;
   add(i, big);
   printf("i=%d, big=%d\n", i, big);
}
```

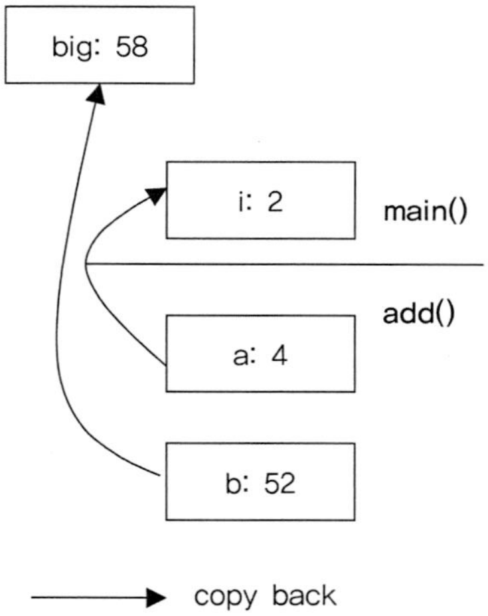

값과 결과 전달 방법을 사용하면, 서브 프로그램 종료 후 형식 매개변수의 값이 실

제 매개변수로 복사되므로, i=4, big=52가 된다.

3.3 참조 전달(call by reference) 방법

참조 전달 방법은 참조에 의한 호출 기법이라고 부르기도 한다. 참조 전달 방법은 실제 매개변수의 **주소**(l-value)를 형식 매개변수에게 넘겨주는 방식이다. 형식 매개변수는 실제 매개변수의 주소를 사용하여 직접 실제 매개변수를 액세스한다. 많은 언어가 참조 전달 방법을 사용하고 있다. 앞에서 사용한 예를 다시 살펴보자.

```
int big=48;
 void add(int a, int b) {
    big += 10;
    a += 2;
    b += 4;
 }
 void main() {
    int i=2;
    add(i, big);
    printf("i=%d, big=%d\n", i, big);
}
```

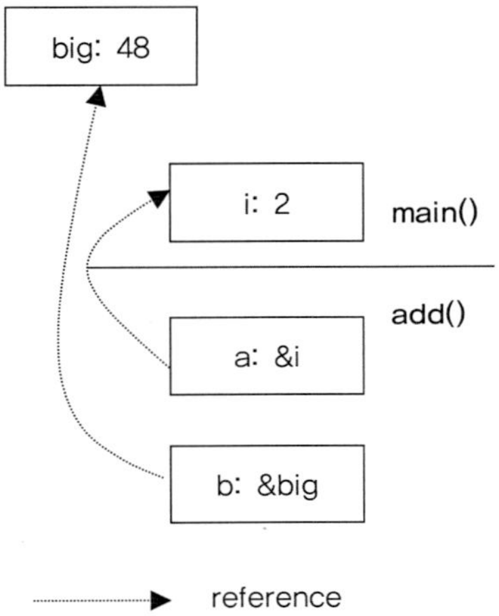

위의 그림은 함수 add()를 호출할 때 실제 매개변수와 형식 매개변수가 기억하는 값을 표시한 것이다. 형식 매개변수는 실제 매개변수의 주소를 사용하여 실제 매개변수를 직접 액세스한다. 참조에 의한 호출에서는 실제 매개변수와 형식 매개변수가 같은 메모리 공간을 지칭하는 이명이 된다. 결과적으로 함수 add()에서 a의 값을 변경하면 곧바로 이에 대응하는 실제 매개변수인 main()의 i 값이 변경된다.

```
[실행결과]

i=4 big=62
```

C 언어는 매개변수 전달 방식으로 값 전달 방법만을 지원하지만, 많은 C 프로그램에서 주소(&) 및 포인터(*) 연산자를 사용하여 참조 전달 방법의 효과를 얻을 수 있다. 앞의 C 형식의 프로그램을 다음과 같이 변경하면 주소를 전달하는 참조 전달

방법과 같은 효과를 얻는다. 즉 호출 서브 프로그램에서는 변수의 주소값을 매개변수로 넘겨주고(주소 연산자 '&'을 사용), 호출된 서브 프로그램에서는 그 주소를 사용하여(역참조 연산자 '*'을 사용) 실제 매개변수를 액세스한다.

```
int big=48;
void add(int *a, int *b) {
    big += 10;
    *a += 2;
    *b += 4;
}
void main() {
    int i=2;
    add(&i, &big);
    printf("i=%d, big=%d\n", i, big);
}
```

3.4 이름 전달(call by name) 방법

이름 전달 방법은 이름에 의한 호출 기법이라 부르기도 하는 매우 독특한 매개변수 전달 방식이다. 함수 안에서 형식 매개변수가 사용될 때마다 그에 대응하는 실제 매개변수가 사용된 것과 동일한 결과를 얻는다. 즉 형식 매개변수가 사용될 때마다 필요한 r-value와 l-value를 계산하여 실행하는 방법이다. 간단하게 설명하면, 형식 매개변수가 사용된 모든 자리에 실제 매개변수로 대치하여 실행하는 것으로 간주하는 방법이다. 앞의 예를 약간 변경한 다음 예를 살펴보자.

```
int big=48;
int i=2;
void add(int a, int b) {
    big += 10;
    a += 2;
    b += 4;
}
void main() {
    add(i, big);
    printf("i=%d, big=%d\n", i, big);
}
```

위의 C 프로그램을 이름 전달 방법으로 매개변수를 넘기면, 형식 매개변수를 모두 실제 매개변수로 대치한 것으로 실행된다. 즉 함수 add()가 다음과 같이 변경되어 실행되는 것과 같다.

```
void add() {
    big += 10;
    i += 2;
    big += 4;
}

[실행 결과]
i = 4 big = 62
```

유감스럽게도, 이 예제를 이름 전달 방법으로 실행한 결과는 참조 전달 방법으로 실행한 결과와 같다. 따라서 그 차이점을 인식하기가 쉽지 않아 다음 예제를 준비했다.

```
program X;
    var A: array[1..2] of integer;    (* 전역 변수 선언 *)
        i : integer;                  (* A와 i는 전역 변수이다. *)
    procedure X(K, M);                (* 프로시저 선언 *)
    begin
        K := K + 1;
        M := M +1
    end;
begin                                 (* 주 프로그램 시작 *)
    i := 1;
    A[1] := 1; A[2]:=4;
    X(i, A[i]);
    write(i, A[1], A[2])
end.
```

이 예제를 참조 전달 방법으로 실행하면, 실제 매개변수 i의 주소와 A[1]의 주소가 형식 매개변수로 넘어간다. 즉 프로시저 X에서 i=2, A[1]=1+1=2를 실행하고 출력 결과는 2 2 4가 된다.

이름 전달 방법으로 실행하면, 프로시저 X 내의 매개변수 K와 M은 각각 i와 A[i]로 대치되어 실행하는 결과를 얻는다. 즉 i=2, A[i]=A[2]=4+1=5의 결과를 얻는다. 따라서 출력 결과는 2 1 5가 된다.

이름 전달 방법은 구현하기가 어려우며 지원하는 언어가 거의 없는 실정이다. 값 전달 방법이 가장 일반적이고 구현이 용이하므로 많은 언어가 지원하고 있다. 다음 표는 여러 언어에서 지원하는 매개변수 전달 방법을 요약한 것이다.

언어	value	value-result	reference	name
Algol 60	O			O
Pascal	O		O	
C	O		가능	
Ada	O	가능	가능	
FORTRAN 77			O	
FORTRAN 90		O	O	

많은 프로그래밍 언어에서 매개변수 전달 방법을 선택할 수 있다. 다음은 매개변수 전달 방법을 명시하는 예이다.

① Algol60은 이름 전달 방법이 기본 매개변수 전달 방법이지만, 형식 매개변수 x 앞에 value x라고 명시하여 값 전달 방법을 사용할 수 있다.

② Pascal은 값 전달 방법이 기본 매개변수 전달 방법이지만, 형식 매개변수 x 앞에 var x라고 명시하여 참조 전달 방법을 사용할 수 있다. 다음 Pascal 프로그램을 살펴보자.

InPameter는 값 전달 방법을, OutPameter는 참조 전달 방법을 사용한다.

```
procedure proc(InPameter: integer, var OutPameter: integer);
begin
...
end;
```

③ C 언어는 값 전달 방법이 기본 매개변수 전달 방법이지만, 주소 연산자(&)와 포인터 연산자(*)를 사용하여 참조 전달 방법의 효과를 얻을 수 있다. 다음 예에서 in_pameter은 값 전달 방법으로 out_pameter은 참조 전달 방법을 사용한다.

```
void proc(int in_pameter, int *out_pameter)
  {  /* proc() body */ }
```

④ Ada 언어는 매개변수의 전달 방향을 지정할 수 있다는 점이 특이하다. 다음과 같은 키워드가 매개변수의 전송 방향을 명시한다.

- in: 실제 매개변수의 값이 호출된 프로시저의 상수(constant)로 전달된다.
- out: 매개변수의 값이 프로시저 실행 후 호출한 프로그램으로 반환된다.
- inout: 매개변수의 값이 프로시저로 전달되고 프로시저 수행 후 반환된다.

Ada 언어에서 in으로 명시된 매개변수는 값 전달 방법을 사용하는 것이며, out으로 명시된 매개변수는 값과 결과 전달 방법, inout으로 명시된 매개변수는 매개변수의 종류에 따라 참조 전달이나 값 전달 방법을 사용하는 것이다. 다음은 정수 X의 값을 받아서 X의 제곱을 반환하는 프로시저이다.

Ada example

```
procedure Square(X: in integer; SQ: out integer) is
begin
  SQ := X ** 2;
end;
```

3.5 Java 언어의 매개변수 전달 방법

Java 언어의 경우 정수형, 실수형, 문자형, boolean형 변수는 값 전달 방법을 사용하고, 문자열, 배열, 객체는 참조 전달 방법을 사용한다. 이는 Java 언어의 정수형, 실수형, 문자형, boolean 변수(이를 객체 속성 변수라고 한다)에는 값이 저장되어 있으며, 문자열, 배열, 객체 변수(이를 객체 참조 변수라고 한다)에는 실제 데이터가 저장된 메모리의 주소가 저장되어 있기 때문이다. 따라서 매개변수를 전달하고 받을 때 C 언어에서와 같이 주소 연산자나 역참조 연산자를 사용할 필요가 없이 변수의 이름만을 쓰면 된다.

```
class P {
  public void change(int i, int j[]) {
   i = 12;    // i는 값으로 전달되었으므로 main으로 되돌아가지 않음
   j[0] = 12;  // j[]는 참조로 전달되었으므로 main으로 되돌아감
  }
}
class M {
  public static void main(String args[]) {   // main 메소드의 시작
    P p1 = new P();
    int a = 4;
    int b[] = {1, 2};
    p1.change(a, b);
    System.out.println(a+ " "+b[0]+" "+b[1]);
  }
}

[실행 결과]
4 12 2
```

3.6 형식 매개변수 명시 방법(함수의 원형 표시, function prototyping)

많은 컴파일 언어는 형식 매개변수에 관한 여러 가지 정보를 명시하여 컴파일러에게 보다 많은 오류 검사를 할 수 있도록 하고 있다. Pascal, Ada, C와 같은 언어는 모든 형식 매개변수의 자료형을 선언해야 하며 함수 반환값의 자료형도 선언해야 한다. 일반적으로 함수나 서브 프로그램을 먼저 선언한 후에 호출하는 코드를 작성해야 한다. 컴파일러는 호출하는 서브 프로그램의 이름, 매개변수의 데이터 형, 반환값 등에 관한 정보를 미리 알아야 서브 프로그램의 호출을 올바르게 수행할 수 있다. 이러한 정보를 명시하는 것을 함수의 원형(function prototype)을 명시한다고 한다. 함수의 원형을 선언하기 위해서 Pascal에서는 키워드 'forward'를 지원한다. 키워드 'forward'는 프로시저의 정의 부분을 나중에 명시한다는 의미로 사용된다. 다음의 예를 살펴보자.

Pascal example

```
PROCEDURE add(VAR treasure: real; VAR index: integer);
forward;     (* add의 몸체는 나중에 명시된다. *)
...
PROCEDURE add;  (* 매개변수는 다시 반복되지 않는다 *)
(* add의 몸체가 여기에 명시된다. *)
```

C 언어에서는 함수 원형을 표시하기 위해서 함수의 반환형, 함수 이름, 함수의 매개변수를 명시한 후 함수의 몸체 없이 곧바로 세미콜론(;)으로 끝낸다. 다음 예제를 살펴보자.

```
int big=48;
void add(int *, int *);      // 함수 add()의 선언
                             // 매개변수가 2개의 정수 포인터임을 나타냄
void main()
{
    i = 2;
    add(&i, &big);           // add()가 정의되기 전에 호출됨
    printf("i=%d big=%d\n", i, big);
}
void add(int *a, int *b)     // 함수 add()의 정의
{
    big += 10;
    *a += 2;
    *b += 4;
}
```

4 복잡한 자료의 전달

배열이나 레코드 구조체와 같은 변수를 전달하는 것은 단순히 하나의 값이나 기억 장소 공간의 주소를 전달하는 것이 아니며, 실제로 프로그램을 작성할 때 많이 맞이하는 상황이므로 서브 프로그램간에 이러한 변수를 전달하는 방법을 명확하게 이해하는 것은 매우 중요하다.

배열이나 레코드와 같은 자료를 값 전달 방법으로 전달하려면 배열의 크기나 레코드 구조체의 크기에 따라 값을 복사하는 데 비용이 많이 든다. 또한 변경된 값을 반환하는 데에도 많은 시간이 소요되므로 참조 전달 방법을 사용하는 것이 일반적이다.

4.1 배열의 전달

서브 프로그램에 매개변수로 배열을 전달하는 다음 Pascal 예제 프로그램을 살펴보자.

```
program sample;
type vect = array[1..3] of integer;
var c, d: vect;
   m: integer;
procedure CA(k:vect; var l:vect);
   var n: integer;
   begin
      k[2]:= 12;
      l[2]:= 12
   end;
begin
   c[1]:=1; c[2]:=2; c[3]:=3;
   d[1]:=4; d[2]:=5; d[3]:=6;
   CA(c, d);
   for m:=1 to 3 do write(c[m]);
   for m:=1 to 3 do write(d[m]).
   end.
```

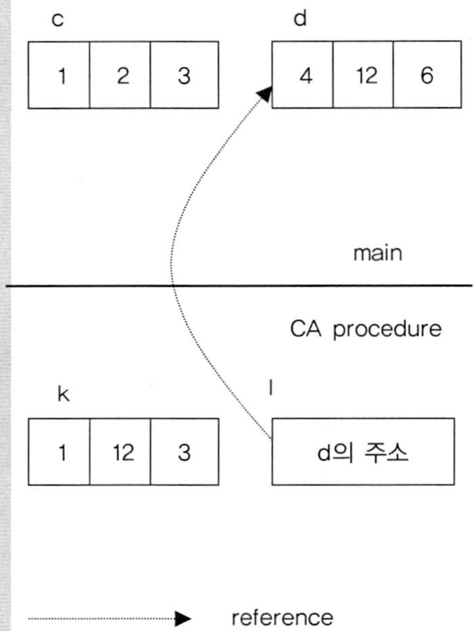

정수 배열 c와 d가 초기화되어 프로시저 CA의 실제 매개변수로 사용되고 있다. 여기서 주의할 것은 실제 매개변수 c는 값 전달 방법으로 실제 매개변수 d는 참조 전달 방법을 사용하여 서브 프로그램으로 전달된다는 사실이다. 오른쪽 그림은 매개변수들에게 할당된 기억장소를 나타낸 것이다. 변수 k는 값을 전달 받았으므로, 새로운 배열을 위한 기억장소를 할당하여 배열 c의 모든 값을 복사한다. 변수 l은 주소값을 전달받았으므로, 배열 d의 주소값을 가지고 원래 배열 d를 액세스한다. 실행결과는 1 2 3 4 12 6이다. 오른쪽 그림에서도 알 수 있듯이 배열과 같은 매개변수

를 값 전달 방법으로 전달하는 것은 배열의 모든 요소를 복사해야 하므로 시간과 공간면에서 비효율적이다.

배열을 매개변수로 전달하는 C 프로그램의 예제는 다음과 같다.

```
int Add(int size, int a[])
{
    int i, sum=0;

    for(i=0; i<size; i++) sum += a[i];
    a[0]=20;
    return sum;
}
void main()
{
    int i, b[3];

    b[0]=2; b[1]=4; b[2]=8;
    printf("the sum = %d\n", Add(3, b));
    for(i=0; i< 3; i++) printf("%d ",b[i]);
    printf("\n");
}

[실행결과]
the sum = 14
20 4 8
```

정수 배열 b[]에서 b는 &b[0]의 의미이다(배열 b의 첫 번째 방의 주소). 그러므로, 함수 Add()는 다음과 같이 포인터 연산자(*)를 사용하여 다시 작성할 수 있다. C 언어에서 a[i]의 의미는 *(a+i)와 동일하다.

```
int Add(int size, int *a)
{
    int i, sum=0;
    for(i=0; i<size; i++) sum += *(a+i);
    *a=20;
    return sum;
}
```

4.2 레코드 형 변수(C의 구조체)의 전달

레코드 형 변수를 서브 프로그램의 매개변수로 사용할 때에도 참조 전달 방법을 많이 사용한다. 다음은 C 프로그램의 예이다. 함수 p_color()를 호출할 때는 매개변수의 값(call by value)을, 함수 sub()를 호출할 때는 매개변수의 주소(call by reference)를 넘겨주고 있다. 이때 호출된 함수에서 매개변수의 레코드 필드를 액세스하는 방법의 차이에 주의해야 한다(→ 와 .사용).

```
struct colors {
        char c1[10];
        char c2[10];
        char c3[10];
};
void p_color(struct colors x)                // call by value
{
    printf("color=  %s %s %s\n", x.c1, x.c2, x.c3);
}
void sub_by_value(struct colors v)           // call by value
{
    strcpy(v.c1, "white");
    strcpy(v.c2, "black");
    strcpy(v.c3, "grey");
}
void sub_by_reference(struct colors *r)      // call by reference
{
    strcpy(r->c1, "cyan");
    strcpy(r->c2, "magenta");
    strcpy(r->c3, "brown");
}
void main()
{
    struct colors col = { "red", "green", "blue" };
    p_color(col);
    sub_by_value(col);
    p_color(col);
    sub_by_reference(&col);
}
```

```
[실행결과]
color=  red green blue
color=  red green blue
color=  cyan magenta brown
```

4.3 서브 프로그램을 매개변수로 전달

일부 언어에서는 서브 프로그램을 매개변수로 사용할 수 있다. 즉 서브 프로그램을 호출하면서 실제 매개변수로 서브 프로그램을 넘겨 줄 수 있다. 서브 프로그램을 매개변수로 전달할 때는 서브 프로그램의 이름뿐 아니라, 그 서브 프로그램의 매개변수도 동시에 전달해야 한다. Pascal, C, C++ 등의 언어에서 서브 프로그램을 매개변수로 사용할 수 있다. 다음은 C 프로그램의 예이다.

```
int add(int a, int b)                    // 함수 add() 정의
{
    return a + b;
}
int mul(int a, int b)                    // 함수 mul() 정의
{
    return a * b;
}
int sub(int a, int b)
{
    return a - b;
}
int process( int (*pf)(int, int), int x, int y)    // pf가 함수의 포인터
                                                    임을 선언
{                    // pf가 가리키는 함수는 2개의 정수형 매개변수를 가짐
    return (*pf)(x, y);
}
void main()
{
    printf("add      = %d\n", process(add, 8, 4));
    printf("multiply = %d\n", process(mul, 8, 4));
    printf("subtract = %d\n", process(sub, 8, 4));
}
```

[해설]

- 함수 main()에서 함수 process()를 호출하면서 함수의 이름(실제로는 함수의 주소값)과 함수에서 사용될 매개변수를 넘겨준다.
- 함수 process() 선언 부분을 살펴보면, 첫 번째 형식 매개변수는 int (*pf)(int, int)이다. 즉 pf가 두 개의 정수 매개변수를 갖고 정수를 반환하는 함수의 포인터임을 나타내고 있다. 실제 함수 호출은 (*pf)(x, y)에서 이루어진다. 즉 함수 process()는 매개변수로 넘겨받은 함수의 주소와 두 개의 정수 매개변수를 사용하여 실제 계산을 수행할 함수(add, mul, sub 중 하나)를 호출한다.

```
[실행결과]
add      = 12
multiply = 32
subtract = 4
```

4.4 함수 중복(function overloading)

함수 중복은 동일한 함수 이름을 사용하면서 매개변수 형태에 따라 여러 기능을 수행하는 함수를 정의하는 것을 의미한다. 예를 들어 매개변수의 제곱을 구하는 함수 square()가 있다고 하자. 함수 square()의 매개변수의 데이터 형이 정수형이라면 결과로 정수형을 반환한다. 만일 square()의 매개변수의 데이터 형이 실수형이면 결과로 실수를 반환할 것이다. 함수 중복이 지원되지 않는다면, 정수형 제곱을 구하는 함수와 실수형 제곱을 구하는 함수를 서로 다른 이름으로 정의해야 한다. Ada나 C++와 같이 함수 중복을 지원하는 언어를 사용하면 같은 함수 이름으로 실수형 제곱과 정수형 제곱을 계산하는 함수를 정의할 수 있다. 다음 Ada의 프로그램을 살펴보자.

```
declare
    function SQUARE(X: integer) return integer is
    begin
        return X * X;
    end SQUARE;
    function SQUARE(X: float) return float is
    begin
        return X * X;
```

```
        end SQUARE;
begin
        put(SQUARE(2));
        put(SQUARE(2.4));
end;
```

함수 SQUARE는 매개변수와 결과값이 다르게 두 가지가 정의되어 있다. 만일 함수 중복이 지원되지 않는 다른 언어에서는 컴파일할 때 "multiple function SQUARE declaration error"와 같은 오류 메시지를 출력할 것이다. 함수 SQUARE를 호출할 때 전달되는 매개변수의 유형에 따라 두 개의 정의 중에 하나를 선택하여 실행하게 된다. C++ 언어도 함수 중복이 지원되며 C++을 사용하여 위의 프로그램을 다시 작성하면 다음과 같다.

```
#include <iostream>
using namespace std;
double square(double f) {
      return (f*f);
}
int square(int i) {
      return (i*i);
}
void main() {
      cout << square(2) << "\n";
      cout << square(2.4) << "\n";
}

[실행결과]
4
5.76
```

4.5 Java 언어에서의 함수 중복

Java 언어에서도 Ada, C++ 언어와 매우 유사한 함수 중복을 지원하고 있다. 단 Ada와 C++와는 달리 Java의 함수(method)는 독자적으로 존재하지 않고 클래스 안에서만 존재할 수 있다는 차이점이 있다. 다음은 Java에서의 함수 중복 예제 코드이다. 다음 예제에서 클래스 Square는 두 개의 set() 메소드를 가지고 있는데 하나는 매개변수 없이 호출할 때 실행되고 다른 하나는 두 개의 정수형 매개변수를 가지고 호출될 때 실행된다. 따라서 프로그래머는 상황에 맞게 Square 클래스 객체의 너비(width)와 깊이(depth)를 설정할 수 있으며, 설정할 때는 어느 상황이던지 set()이라는 이름만을 사용하면 되므로 프로그램이 편리하다.

```
class Square {
  int width;
  int depth;
  void set() {       // 중복 정의된 메소드 set()
    width = 1;
    depth = 1;
  }
  void set(int a, int b) {      // 중복 정의된 메소드 set()
    width = a;
    depth = b;
  }
  public static void main(String args[]) {
    Square s = new Square();
    s.set();
    System.out.println(s.width + " " + s.depth);
    s.set(12, 12);
    System.out.println(s.width + " " + s.depth);
  }
}

[실행 결과]
1 1
12 12
```

5 서브 프로그램의 실행 및 구현

서브 프로그램은 프로그램을 구성하는 단위이므로 프로그램은 여러 개의 서브 프로그램으로 구성된다. 프로그램의 실행 중에 서브 프로그램에서 다른 서브 프로그램을 호출하여 서브 프로그램이 실행되고 그 실행이 종료하면 호출한 다음 문장을 실행함으로써 올바른 순서로 프로그램이 실행되어야 한다. 올바른 순서로 프로그램을 실행시키기 위해서는 서브 프로그램을 호출할 때 현재 실행 중인 서브 프로그램의 상태를 저장하고 호출된 서브 프로그램을 실행하며, 실행이 종료한 후에는 저장한 상태를 복구하여 다시 제어를 호출한 서브 프로그램으로 반환해야 한다. 이 절에서는 서브 프로그램을 호출할 때 서브 프로그램의 상태를 저장하는 방법과 호출된 서브 프로그램이 종료한 후에 어떻게 저장한 상태를 복구하여 제어를 반환하는가에 대해서 설명한다.

5.1 코루틴(coroutine)과 서브루틴(subroutine)

서브 프로그램의 수행이 종료된 후에 호출한 서브 프로그램으로 제어를 반환하는 서브 프로그램을 서브루틴이라고 하며, 서브 프로그램의 수행이 종료되기 전에 호출한 서브 프로그램으로 제어를 반환할 수 있는 서브 프로그램을 코루틴이라고 한다. 코루틴이 호출되면 일부분만을 수행하고 제어를 반환할 수 있고, 나중에 다시 호출되면 앞에서 제어가 반환된 곳에서 수행이 재개(resume)된다.

코루틴 사이의 호출한 프로그램과 호출된 프로그램은 다음 그림과 같이 서로 대등한 관계를 가지며 수행되어간다.

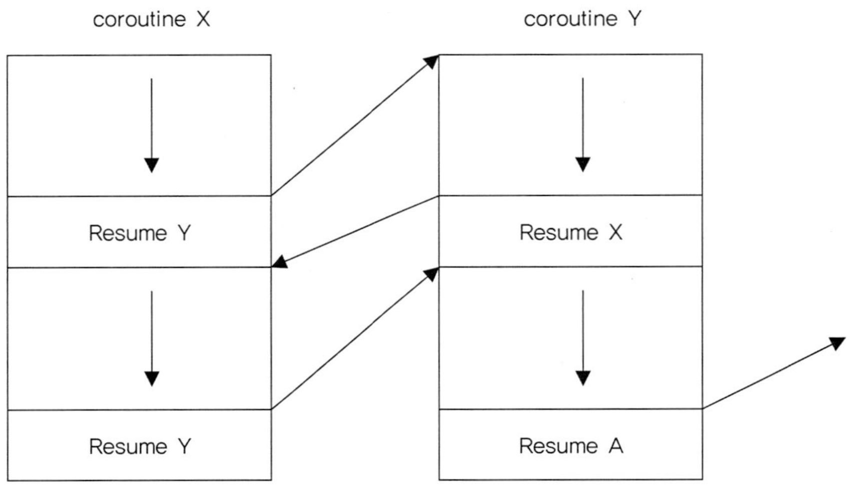

5.2 단순 서브 프로그램의 호출/반환 구조

일반적으로 프로그램은 하나의 주 프로그램과 여러 개의 서브 프로그램으로 구성된다. 프로그램의 실행은 주 프로그램에서 시작하여 여러 개의 서브 프로그램을 호출할 수 있으며, 호출된 서브 프로그램은 다시 다른 서브 프로그램을 호출할 수 있다. 호출한 프로그램은 실행을 중단하며 호출된 서브 프로그램은 즉시 실행을 시작한다. 서브 프로그램 실행 종료 후에 호출한 프로그램으로 제어를 반환한다. 호출한 프로그램은 서브 프로그램을 호출한 위치의 다음 문장에서 실행을 재개한다.

이러한 단순 호출/반환 구조는 어셈블리, FORTRAN이나 COBOL과 같은 언어에서 사용되었다. 어셈블리와 같은 언어에서는 단순 호출/반환 구조를 구현하기 위하여 복사 규칙(copy rule)을 사용하였다. 복사 규칙이란 서브 프로그램의 호출 문장은 호출되는 서브 프로그램을 복사하여 실행시키는 것과 같다는 의미이다. 이러한 단순 호출/반환 구조에서 서브 프로그램을 사용하는 것은 단순히 서브 프로그램에 해당하는 같은 코드가 프로그램의 여러 곳에 존재하는 것을 방지하여 프로그램의 크기를 작게 만들기 위함이다. 이러한 제어 구조는 다음과 같은 한계를 가진다.

① 순환 함수(재귀 함수)를 허용하지 않는다. 서브 프로그램 안에서 보다 단순해진 매개변수를 사용하여 자신을 다시 호출하는 것을 순환 함수라고 한다. 그러나 단순 호출/반환 구조는 복사 규칙에 의해 서브 프로그램 안에 자신의 코드를 무한히 반복하여 복사해야 하는데 이는 불가능하다. 또한 실제 구현에 있어 단순 호출/반환 구조는 서브 프로그램에서 선언한 지역 변수들의 저장 공간이 하나뿐이므로 순환 함수를 허용하지 못한다.

② 명시적인 서브 프로그램 호출 문장이 있어야 한다. 복사 규칙을 적용하기 위해서는 코드가 복사되는 위치가 명시되어야 한다. 그러나 예외처리와 같은 서브 프로그램은 명시적인 호출문이 존재하지 않을 수 있다(예를 들어 "divided by 0"와 같은 예외는 컴퓨터 하드웨어에 의해 감지된다).

③ 호출된 서브 프로그램은 수행을 종료한 후에 제어를 반환한다. 서브 프로그램이 호출될 때마다 그 프로그램은 시작부터 논리적인 끝까지 수행을 완료한 후에 제어를 반환해야 한다는 것은 복사 규칙의 묵시적인 가정 사항이다. 코루틴의 경우 프로그램 수행은 바로 직전의 호출에서 수행한 마지막 문장 다음부터 시작되므로 단순 호출/반환 구조는 코루틴을 지원하지 못한다.

5.3 서브 프로그램의 구현

단순 호출/반환 제어 구조를 이해하기 위해서 프로그램 수행을 위한 모델을 구축하는 것이 선행되어야 한다. 프로그램 작성에 사용된 연산식과 문장들은 수행 가능한 코드로 번역된다. 프로그램이 수행된다는 것은 하드웨어나 소프트웨어 해석기에 의해 프로그램 코드가 실행된다는 것을 의미한다. 서브 프로그램의 수행은 다음과 같은 사항을 고려해야 한다.

① 서브 프로그램은 정의(definition) 부분과 활성화(activation) 부분으로 구분된다. 서브 프로그램 정의 부분은 작성된 프로그램이며, 이는 활성화 부분을 만드는 형판(template) 역할을 한다. 서브 프로그램 활성화 부분은 서브 프로그램이 호출될 때마다 앞의 형판을 사용하여 만들어진다.

② 서브 프로그램 활성화 부분은 코드 부분(code segment)과 활성 레코드(activation record)로 구분된다. 코드 부분은 실행 코드와 상수로 구성되며, 활성 레코드는 서브 프로그램의 지역 변수(local variables), 매개변수(parameters) 등의 데이터로 구성된다.

③ 코드 부분은 프로그램이 시작할 때 기억장소 공간을 할당 받아 프로그램이 종료할 때까지 기억장소를 유지하고, 종료 후에 기억장소를 해제한다. 또한 코드 부분은 실행 중 변경되지 않기 때문에 동일한 서브 프로그램이 여러 번 활성화 될 때에도 하나의 코드 부분을 공유할 수 있다.

④ 활성 레코드는 서브 프로그램이 호출되었을 때 기억장소가 할당되고 서브 프로그램이 종료되어 제어를 호출한 서브 프로그램으로 반환할 때 기억장소를 해제한다.

5.4 CIP(current instruction pointer)와 CEP(current environment pointer)

CIP(현재 명령어 포인터)

연산식과 문장은 실행될 때 기계어 명령어로 되어 있으며 코드 부분에 저장되어 있다. 프로그램의 수행을 추적하기 위해서 하드웨어나 소프트웨어에 의해 수행되고 있는 현재 명령어의 위치를 알아야 한다. 이러한 정보를 유지하는 것이 바로 현재 명령어 포인터이다. 컴퓨터 하드웨어에서는 CPU 내부에 있는 PC(program counter) 레지스터가 이 역할을 한다.

CEP(현재 환경 포인터)

같은 서브 프로그램에서 만들어지는 활성화 부분의 코드 부분은 공유되기 때문에 수행되는 명령어의 주소만으로는 완벽하게 서브 프로그램의 수행을 추적할 수 없다. 즉 현재 수행 중인 서브 프로그램의 활성 레코드에 대한 포인터가 필요하다. 활성 레코드는 서브 프로그램의 참조 환경(reference environment)을 나타내기 때문에 현재 환경 포인터라고 한다.

5.5 단순 호출/반환 구조의 구현

그림 7-2는 코드 부분과 활성 레코드를 표현하여 단순 호출/반환 구조를 설명하고 있다. 각 서브 프로그램은 하나의 코드 부분과 하나의 활성 레코드를 가진다. 현재 실행 중인 명령어의 주소는 함수 B()의 0033이다. 즉 주 프로그램이 함수 A()를 호출하고 함수 A()는 B()를 호출하였다. 주 프로그램의 활성 레코드는 R1, 함수 A()의 활성 레코드는 R2, 함수 B()의 활성 레코드는 R3이다. 각각의 활성 레코드에는 각 서브 프로그램의 지역 변수와 매개변수를 위한 공간이 할당되어 있으며, 서브 프로그램 종료 후에 되돌아갈 명령어의 주소와 활성 레코드에 대한 정보를 기억하고 있다(첫 번째 줄에는 되돌아갈 주소를 포함하고 두 번째 줄에는 되돌아갈 활성 레코드를 가리키는 정보를 포함한다).

서브 프로그램을 호출할 때는 다음과 같은 일을 수행한다. 현재 명령어 포인터(서브 프로그램 호출 다음 문장을 가리킴)와 현재 환경 포인터를 호출된 서브 프로그램의 활성 레코드에 저장한다. 그리고 현재 명령어 포인터와 현재 환경 포인터를 각각 호출된 서브 프로그램의 첫 번째 문장과 활성 레코드를 가리키도록 수정한다. 서브 프로그램이 종료할 때는 활성 레코드에 저장한 명령어 포인터와 환경 포인터를 현재 명령어 포인터(CIP)와 현재 환경 포인터(CEP)에 복구시켜 호출한 서브 프로그램의 수행을 계속할 수 있게 한다. 그림 7-2에서 함수 B()가 종료하면 R3에 저장했던 0022와 R2를 각각 CIP와 CEP에 복구하여 함수 A()에서 함수 B()를 호출한 다음 문장부터 함수 A()를 수행할 수 있게 한다.

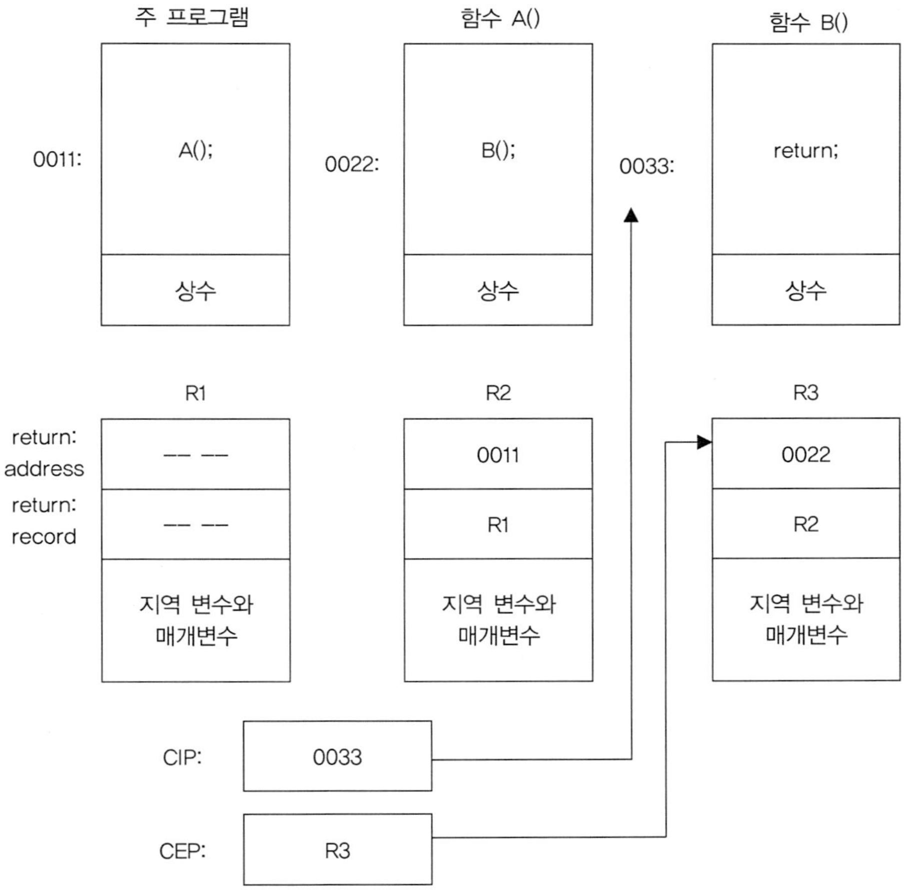

그림 7-2 단순 호출/반환 구조의 구현

단순 호출/반환 구조에서는 활성 레코드를 단순화 할 수 있다. 일반적으로 활성 레코드는 서브 프로그램이 호출되어 수행을 시작할 때 기억장소 공간이 할당되고 서브 프로그램이 종료하면 기억장소를 반환한다. 따라서 프로그램의 실행 중에 기억장소의 할당과 해제 작업이 발생하여 프로그램 실행 속도를 느리게 한다. 단순 호출/반환 구조는 복사 규칙을 적용하므로 하나의 서브 프로그램은 프로그램 실행 중에 같은 시기에 호출될 수 없다. 즉 서브 프로그램이 실행 중일 때 같은 서브 프로그램이 호출되지 않는다는 것이며, 이는 재귀 호출을 지원하지 않는다는 의미이다. 결과적으로 특정 서브 프로그램을 위한 활성 레코드는 같은 서브 프로그램의 활성 레코드를 위한 기억장소 공간이 할당되기 전(같은 서브 프로그램을 호출하기 전)에 해제(서브 프로그램이 종료)된다. 따라서 서브 프로그램을 위한 활성 레코드는 프로그램 실행 중에 오직 하나만 존재할 수 있으며 이러한 사실을 이용하여 활성 레코드를 위한 기억장소를 프로그램이 시작할 때 코드 부분 다음에 정적으로 할당하는 방법을 적용할 수 있다. 활성 레코드를 위한 기억장소를 정적으로 할당함으로써 프로그램의 실행 중에는 기억장소에 관한 어떠한 작업도 수행하지 않아도 되므로, 프로그램의 실행 속도를 높일 수 있다. 서브 프로그램이 호출될 때는 활성 레코드를 초기화하기만 하면 되고 코드 부분 뒤에 활성 레코드가 위치하므로 현재 환경 포인터가 필요 없다. 초기의 언어인 FORTRAN과 COBOL 등에서 이러한 활성 레코드 단순화 방법을 이용하였다.

5.6 서브 프로그램의 되부름 구현

되부름(재귀 호출, recursion)이 허용되면 서브 프로그램 X는 자기 자신 X를 호출할 수 있으며, X가 호출한 서브 프로그램 Y에서도 X를 호출할 수 있다. 서브 프로그램의 정의와 활성화를 확실히 구분한다면 되부름을 구현하는 것은 별로 어렵지 않다. 되부름 호출과 일반 호출의 유일한 차이점은 되부름 호출은 서브 프로그램의 첫 번째 활성 레코드가 존재하는 동안에 두 번째 활성 레코드가 생성될 수 있다는 점이다. 또한 첫 번째 활성 레코드의 지역 변수 내용과 두 번째 활성 레코드의 지역 변수 내용 간에는 서로 아무런 영향을 미치지 않는다는 점을 주의해야 한다.

같은 정의에 대해 여러 개의 서브 프로그램 활성화 부분이 동시에 존재하는 것 외에는 단순 호출/반환 구조와 동일하기 때문에 그림 7-2와 유사한 모델로 쉽게 구현할 수 있다. 서브 프로그램 A()가 B()를 호출하였을 경우, A()의 활성 레코드 생존 기간이 B()의 활성 레코드 생존 기간을 포함한다. 즉 호출한 서브 프로그램의 생존 기간이 호출된 서브 프로그램의 생존 기간보다 더 길기 때문에 이러한 구조에서는 활성 레코드를 스택(stack) 영역에 할당할 수 있다.

각 활성 레코드에는 되돌아갈 명령어 주소와 활성 레코드(환경 포인터, environment pointer)를 저장하는 필드가 있다. 되돌아갈 환경을 가리키는 값들을 자세히 살펴보면 활성 레코드가 스택에 할당된 순서를 연결하는 체인을 형성하고 있음을 알 수 있다. 그 체인이 시작된 레코드가 바로 주 프로그램의 활성 레코드이다. 이런 연결 체인은 프로그램 수행 중 동적으로 할당된 활성 레코드를 순서대로 연결하고 있기 때문에 동적 체인(dynamic chain)이라고 한다.

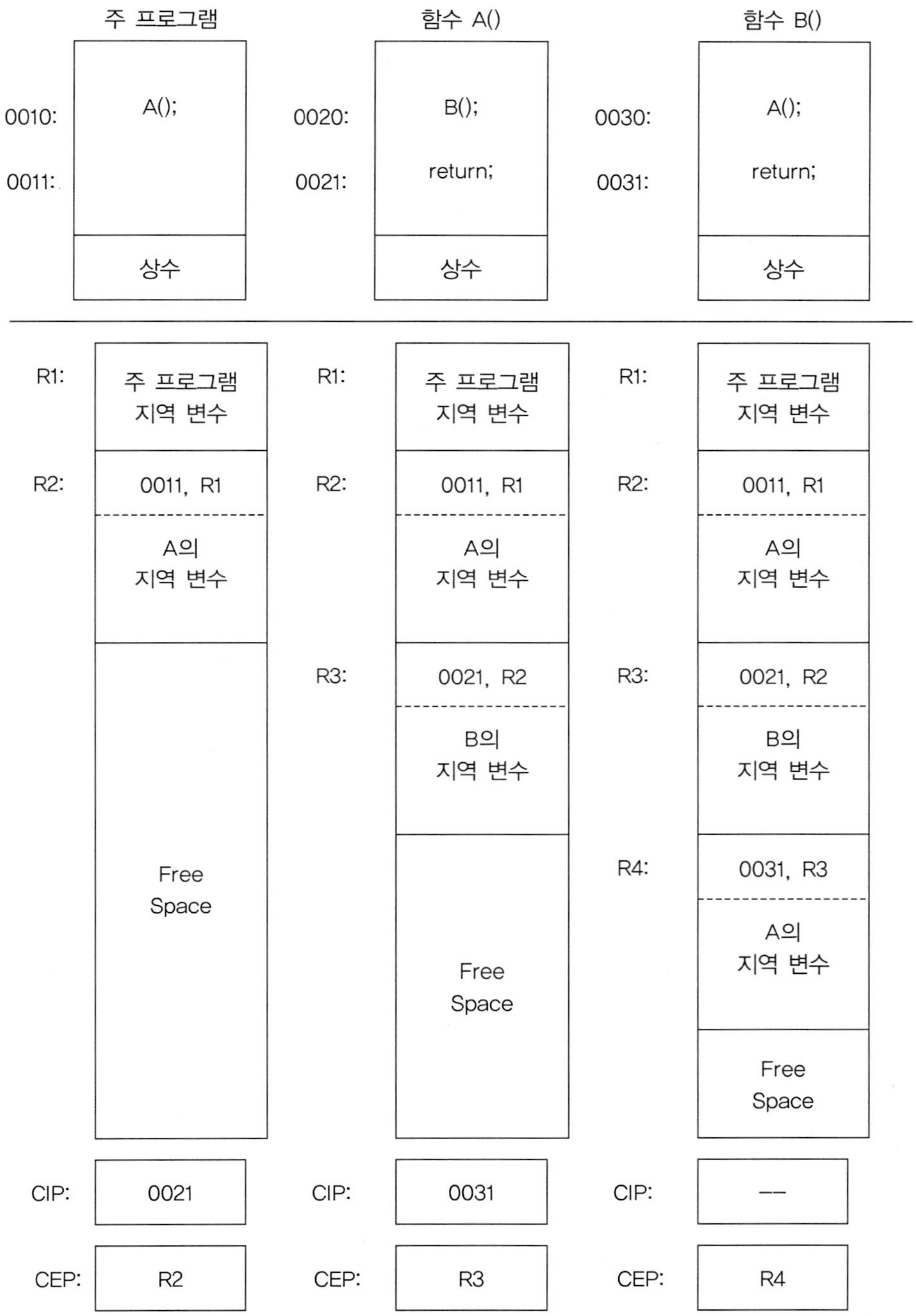

그림 7-3 프로그램 진행에 따른 활성 레코드의 변화

그림 7-3은 주 프로그램과 두 개의 서브 프로그램 A, B를 나타내고 있다. 주 프로그램은 서브 프로그램 A를 호출하고, 서브 프로그램 A는 서브 프로그램 B를 호출한다. 호출된 서브 프로그램 B가 다시 A를 호출함으로써 재귀 호출(recursive call)을 하고 있다. 프로그램이 실행됨에 따라 스택 영역에 어떻게 활성 레코드가 할당되는지 살펴보면 다음과 같음을 알 수 있다. 새로 호출되는 서브 프로그램의 활성 레코드는 항상 스택의 맨 윗부분에 위치한다. 따라서 현재 실행 중인 서브 프로그램의 활성 레코드가 스택의 맨 윗부분을 차지하게 된다. 서브 프로그램의 실행이 끝나고 호출한 서브 프로그램으로 복귀하면 실행이 끝난 서브 프로그램을 위한 활성 레코드가 스택에서 제거되며, 이때 복귀한 서브 프로그램을 위한 활성 레코드가 스택의 맨 윗부분에 위치하게 된다. 항상 스택의 맨 윗부분은 현재 실행 중인 서브 프로그램의 활성 레코드가 위치하며 실행이 끝나면 스택에서 제거된다. 활성 레코드가 생성되고 소멸되는 순서는 서브 프로그램이 호출되고 실행이 끝나는 순서의 반대가 되므로 각 서브 프로그램을 위한 활성 레코드들을 스택 형식으로 관리하는 것이 매우 효과적인 방법이라 할 수 있다.

Chapter 8

기억장소 관리

이 장에서는 기억장소를 필요로 하는 프로그램의 구성요소, 기억장소 관리 주체, 기억장소 관리의 단계, 기억장소 관리방법의 종류 등에 관하여 설명한다.

프로그램이란 기억장소의 설정과 이의 조작으로 주어진 계산과 작업을 수행하는 것이며 정확하고 효율적인 프로그램의 개발을 위해서는 기억장소가 어떻게 관리되며 운영되는지에 관한 이해가 필요하다.

이 장에서 설명하는 기억장소 관리에 대한 이해는 프로그램의 실행이 어떻게 이루어지는가에 대한 이해를 돕는데 중요한 사항들이라 할 수 있다.

1 기억장소를 필요로 하는 요소

프로그램의 실행을 위해서 여러 요소들이 기억장소를 필요로 한다. 프로그램의 실행을 위해 필요한 요소들에게 적절하게 기억장소를 할당하고 회수하는 일은 프로그램의 올바른 실행을 위해 매우 중요한 일이다.

첫째, 프로그램의 코드 부분(code segment)을 위한 기억장소가 필요하다. 프로그램이 실행되기 위하여 번역 과정이 필요하며 번역된 기계어 프로그램은 컴퓨터의 주기억장치에 적재(load)되어 실행된다. 코드 부분이 적재될만한 적절한 크기의 기억장소가 할당되어야만 프로그램이 실행될 수 있다. 코드 부분은 프로그램의 실행 중에 변경되지 않는 부분이다.

둘째, 프로그램의 데이터 부분(data segment)을 위한 기억장소가 필요하다. 프로그래머가 정의한 데이터인 변수와 상수값을 저장하는 부분이다. 이 부분은 프로그램의 실행 중에 변경되는 부분이다.

셋째, 서브 프로그램의 실행을 위한 기억장소가 필요하다. 서브 프로그램의 복귀 주소(return address)나 서브 프로그램의 참조 환경(referencing environment) 등을 위한 공간이 있어야 서브 프로그램의 올바른 실행과 호출/복귀가 가능하다.

넷째, 프로그램의 실행 중에 생성되고 소멸되는 데이터를 위한 기억장소가 필요하다. 예를 들어, C 언어의 malloc(), free() 함수나 C++ 언어의 new, delete 연산자들을 실행할 때 사용될 수 있는 기억장소가 이에 해당한다.

그 외에 컴퓨터 시스템이 프로그램의 실행을 위해 필요한 자료를 저장할 기억장소가 필요하다. 예를 들어 수식 평가(expression evaluation)나 매개변수 전달(parameter transmission)을 위해 필요한 임시 기억장소나 입출력 버퍼를 위한 공간, 그리고 동적 기억장소를 관리하기 위한 참조 계수(reference count)와 쓰레기 수집 비트(garbage collection bit) 등을 위한 기억장소 등이 그것이다.

2 기억장소 관리 주체

기억장소 관리 방법은 기억장소 관리의 주체에 따라 프로그래머가 제어하는 관리 방법과 시스템이 제어하는 방법으로 나눌 수 있다. 대부분의 프로그래밍 언어에서는 기억장소에 관하여 프로그래머에게 제어권을 주지 않고 있으나 C 언어에서는 프로그래머에게 기억장소를 관리할 수 있는 기능을 주고 있다. 이는 C 언어가 컴퓨터 운영체제의 개발을 목표로 하여 개발된 언어이므로 컴퓨터를 구성하는 요소를 직접 다룰 수 있도록 하였기 때문이다.

프로그래머가 제어하는 기억장소 관리 방법은 프로그래머가 메모리 할당과 해제를 직접 제어할 수 있는 방법이다. 예를 들어 C 언어는 malloc()과 free() 함수를 제공하여 프로그래머가 메모리를 직접 할당하고 해제할 수 있게 한다. 프로그래머에 의한 관리 방법은 기억장소 쓰레기(garbage)나 허상 참조(dangling reference) 등과 같은 문제를 유발할 수 있기 때문에 프로그래머의 주의가 필요하다. 또한 프로그래머가 모든 기억장소를 관리할 수 없다. 예를 들어, 수식 계산이나 매개변수 전달을 위한 임시 기억장소나 서브 프로그램 관리를 위한 데이터를 위한 공간 등은 프로그래머가 직접 관리할 수 없는 기억장소들이다. 그럼에도 불구하고 프로그래머가 기억장소를 관리하도록 허용하는 이유는 시스템이 기억장소를 효과적으로 할당하고 해제하는 시기를 결정하는 것이 매우 어렵기 때문이다. 프로그래머만이 프로그램의 특정 실행 부분에서 필요한 데이터와 더 이상 필요 없게 되어 기억장소를 해제해야만 하는 시기를 정확하게 알 수 있기 때문에 프로그래머에 의한 기억장소 관리는 기억장소를 가장 효율적, 효과적으로 사용할 수 있게 한다.

프로그래머에 의한 기억장소 관리는 효율성에서 이득이 있는 반면 프로그램 오류 위험이 크다. 그리고 시스템에 의한 기억장소 관리는 비록 효율성은 떨어지지만 프로그램의 안정성에서 보다 큰 장점을 지닌다고 할 수 있다. 따라서 프로그래밍 언어를 설계할 때 효율성과 안정성을 고려하여 프로그래머에게 기억장소 관리 능력을 어느 정도 허용할 지를 결정해야 한다. 예를 들어 인터넷 환경에서 실행되는 Java 프로그램의 경우 프로그램의 안정성을 위해서 프로그래머에 의한 기억장소 관리를 허용하지 않고 있다. 이이 따라 Java 언어는 포인터 변수를 허용하지 않는다.

3 기억장소 관리 단계

기억장소 관리 단계는 초기 할당, 복구, 압축과 재사용의 세 단계로 구분된다[1].

3.1 초기 할당(initial allocation)

프로그램의 실행이 시작할 때 프로그램의 코드와 데이터를 위한 기억장소가 할당된다. FORTRAN 언어의 경우 프로그램의 실행이 시작하면 코드와 데이터를 위한 모든 기억장소가 한 번에 할당되고 프로그램이 종료할 때까지 유지된다. C 언어 프로그램의 경우에는 실행이 시작하면 전역 변수와 상수, 그리고 프로그램 코드를 위한 기억장소가 할당되고 프로그램이 종료할 때가지 유지된다. 그리고 main() 함수가 시작할 때 main() 함수에서 사용하는 데이터를 위한 기억장소가 할당되고, 다른 함수도 마찬가지로 호출되어 실행을 시작할 때 함수에서 사용하는 데이터를 위한 기억장소가 할당된다. 이러한 기억장소들은 함수의 실행이 끝날 때까지 유지된다.

[1] 이 절에서 소개하는 내용은 시스템에 의한 기억장소 관리에 해당하는 내용이며 운영체제의 기억장소 관리에서 보다 자세하게 소개된다.

3.2 복구(recovery)

프로그램의 실행 중 또는 실행을 마친 후 더 이상 필요 없게 된 기억장소는 재사용을 위해 복구되어야 한다. 여기서 복구의 의미는 다른 용도로 기억장소를 사용할 수 있는 상태로 만드는 것을 의미한다. 시스템의 기억장소 크기는 제한되어 있기 때문에 프로그램의 다른 부분이나 다른 프로그램의 실행을 위해 사용 가능한 기억장소들을 확인할 수 있어야 하며 이를 위해 사용 가능함을 표시해야 한다. 이를 기억장소의 복구라고 한다.

FORTRAN 프로그램의 경우, 프로그램의 실행이 종료하면 모든 기억장소가 해제되어 사용 가능한 공간이 된다. 프로그램의 실행 중에는 기억장소를 해제하고 복구할 필요가 없다. C 프로그램의 경우, 호출된 함수가 종료하면 함수에서 사용하는 데이터를 위해 할당되었던 기억장소가 해제되어 복구된다. 따라서 C 프로그램의 실행 중에 여러 번의 복구 과정이 실행될 수 있다.

시스템이 스택(stack) 방식의 기억장소 관리를 한다면 간단하게 사용 가능한 공간을 가리키는 포인터를 조정하여 복구할 수 있고, 힙(heap) 형식으로 관리한다면 사용 가능한 공간을 찾아서 복구하는 쓰레기 수집(garbage collection) 같은 복잡한 방식으로 복구해야 한다.

3.3 압축(compaction)과 재사용(reuse)

기억장소의 재사용은 복구되어 사용 가능한 것으로 표현된 기억장소를 프로그램의 실행에 필요한 요소에게 다시 할당하는 것을 의미한다. 기억장소가 한정되어 있기 때문에 프로그램이 실행되는 동안 복구와 재사용이 빈번하게 발생하며 이는 프로그램의 실행 속도에 영향을 미치는 주요한 요인이 된다.

힙 형식으로 기억장소 관리를 한다면 프로그램이 실행되고 종료되면서 사용 가능한 기억장소 공간이 전체 기억장소에 흩어져 존재하게 된다. 기억장소를 필요로 하는 프로그램이 필요로 하는 적절한 크기의 기억장소를 할당해주기 위해서는 부분적으로 존재하는 사용 가능한 기억장소들을 모아서 보다 큰 기억장소 블록을 만들어야 한다. 작은 여러 개의 기억장소 공간을 통합하여 보다 큰 블록의 사용 가능한 기억장소 공간을 만드는 것을 기억장소 압축이라고 한다. 기억장소 압축은 기억장소의 재사용, 즉 새로운 프로그램의 실행을 위한 기억장소 할당을 위해 필수적인 단계이다. 힙 방식의 기억장소 관리에서 보다 자세하게 설명한다.

4 기억장소 관리 방법의 종류

기억장소 관리란 사용 가능한 기억장소를 할당하고 프로그램의 실행 중 필요없게 된 기억장소를 해제하여 복구하는 것을 의미한다. 따라서 기억장소 관리 유형은 기억장소를 할당하고 해제하는 시기와 기억장소의 할당과 해제를 다루는 방법에 따라 구분할 수 있다. 기억장소 할당/해제 시기에 의한 구분은 정적과 동적 기억장소 관리 유형이 있으며 기억장소의 할당과 해제를 다루는 방법에 의한 구분은 스택-방식과 힙-방식으로 구분된다. 정적 기억장소 관리는 프로그램의 실행 중에는 어떠한 기억장소 할당과 해제/복구가 발생하지 않으며 동적 기억장소 관리는 프로그램 실행 중에 기억장소의 할당과 해제가 발생하는 방법이다. 따라서 스택-방식과 힙-방식의 기억장소 관리 방법은 모두 동적 기억장소 관리 유형에 해당한다.

4.1 정적 기억장소 관리(static storage management)

프로그램의 컴파일 또는 번역 시 기억장소 할당을 위한 작업이 이루어진다. 즉 프로그램 실행에 필요한 기억장소의 크기가 이 시기에 결정된다. 그리고 프로그램이 로딩되어 프로그램의 실행이 시작할 때 기억장소가 할당된다. 한 번 할당된 기억장소는 프로그램의 실행이 끝날 때까지 유지되며 실행이 끝나면 해제된다. 프로그램의 실행 이전에 할당이 이루어지고 실행 후에 해제 작업이 수행되므로 프로그램의 실행과는 관련이 없기 때문에 "정적(static)"이라 부른다.

프로그램의 실행 시간에는 아무런 기억장소 관리 작업이 이루어지지 않으므로 프로그램의 실행 측면에서 효율적이다. 또한 기억장소의 복구나 재사용에 대한 작업이 필요 없으므로 기억장소 관리면에서 간단하고 구현이 쉽다는 장점을 지닌다. 그렇지만 프로그램 실행 전에 프로그램이 필요로 하는 모든 기억장소를 할당하기 때문에 실제로는 전혀 실행되지 않을 부분을 위한 공간도 할당된다. 예를 들어 오류 처리 루틴 등과 같은 것은 프로그램 실행 중 오류가 발생해야 실행되는 것이지만 기억장소 할당이 이루어지는 시기에는 오류의 발생 여부를 미리 알 수 없기 때문에 불필요한 기억장소 할당이 이루어진다. 또한 프로그램의 각 부분(서브 프로그램)에 대해서 하나의 공간만을 할당하므로 재귀 호출(recursion)을 허용하지 않는 등 적응성(flexibility)이 떨어지는 단점을 지닌다. 다음 그림은 FORTRAN 언어의 프로그램 실행을 위한 정적 기억장소 관리 방법을 보여준다.

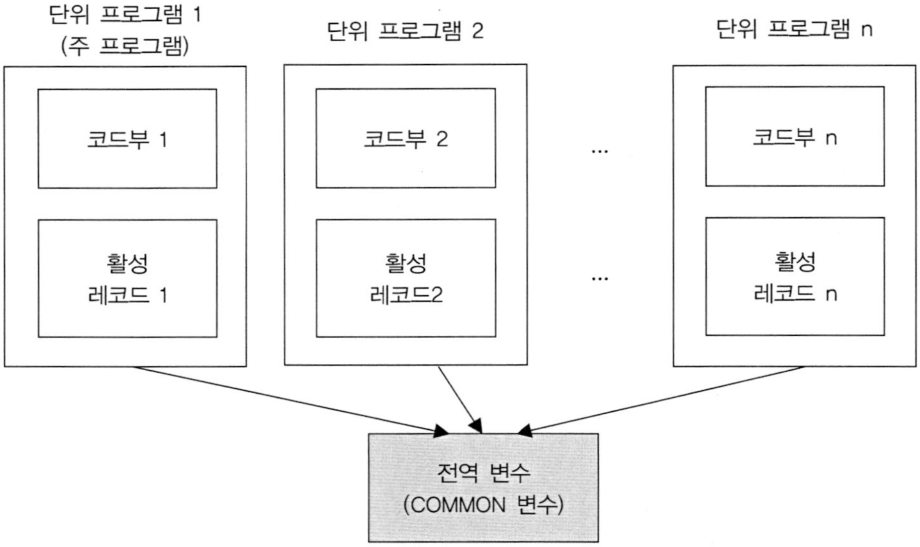

그림 8-1 FORTRAN 프로그램의 정적 기억장소 관리

위의 FORTRAN 프로그램을 컴파일하는 과정에서 필요한 모든 기억장소의 크기가 계산되고 프로그램 실행이 시작할 때 모든 기억장소가 할당된다. 즉 "코드부 1"부터 "코드부 n", "활성 레코드 1"부터 "활성 레코드 n", 그리고 "전역 변수"에 해당하는 기억장소가 모두 할당된다. 각 코드부는 프로그램의 코드를 위한 기억장소 공간이고 활성 레코드는 단위 프로그램에서 선언하여 사용하는 데이터를 위한 기억장소 공간이다. 그리고 전역 변수를 위한 기억장소 공간은 COMMON이라는 키워드에 의해 수식된 변수들을 위한 공간으로 이들은 모든 단위 프로그램에서 액세스할 수 있다. 그리고 모든 기억장소는 프로그램이 종료할 때까지 유지된다. 프로그램이 실행될 때 단위 프로그램 n개가 모두 실행될 수도 있지만 몇몇 단위 프로그램은 실행되지 않을 수도 있다. 이러한 단위 프로그램을 위해 할당한 기억장소는 낭비가 되므로 효과적인 기억장소 관리가 될 수 없다. 또한 특정 단위 프로그램이 자신을 호출하는 경우(재귀 호출)에는 단위 프로그램을 위한 별도의 기억장소가 필요한데, 프로그램의 실행 중에 기억장소를 할당하지 못하므로 재귀 호출을 지원할 수 없다.

FOTRAN, COBOL, BASIC 등의 언어에서는 모든 기억장소가 정적으로 할당된다.[2]

---

2 FORTRAN90의 경우, 동적 배열과 재귀 프로시저를 허용한다.

반면에 C 언어에서는 효율적인 실행을 위해 정적으로 할당되는 기억장소를 차지하는 데이터뿐만 아니라 동적인 기억장소 관리를 허용한다.

4.2 동적 기억장소 관리(dynamic storage management)

프로그램이 실행되는 중에 기억장소의 할당과 해제가 이루어진다. 인터프리터 언어인 LISP, SNOBOL, APL 등에서 동적 기억장소 관리 방법을 이용한다. 또한 Algol 계통의 언어인 PASCAL, C, Java 등에서도 보다 효과적인 기억장소의 관리와 재귀 호출을 지원하기 위하여 스택 기반의 할당을 하는 동적 기억장소 관리를 이용한다. 동적 기억장소 관리 방법은 실행에서 융통성을 제공하기는 하지만 프로그램의 실행 중 잘못된 기억장소 접근에 의한 오류를 유발할 위험이 있다.[3]

정적 기억장소 관리의 효율성과 동적 기억장소 관리의 융통성의 장점을 모두 활용할 수 있도록 우리가 많이 사용하는 Algol 계통의 범용 프로그래밍 언어는 정적 및 동적 기억장소 관리를 모두 사용한다. Algol 언어에서 "own" 변수는 정적으로 기억장소를 할당하며 다른 변수들은 재귀 호출을 허용할 수 있도록 동적으로 기억장소를 할당한다. PL/I 언어에서 "static"이라는 키워드가 붙은 변수는 정적 할당을 하며 "automatic" 키워드가 붙으면 스택에 기억장소를 동적으로 할당한다. 또한 "controlled", "based"라는 키워드가 붙은 변수들의 기억장소는 프로그램이 실행될 때 힙에 할당된다. 프로그램을 실행할 때 기억장소를 할당하고 더 이상 필요 없게 된 기억장소를 해제하기 위해 기억장소를 관리할 방법이 필요하며 스택방식(나중에 할당받은 기억장소가 먼저 해제되는 경우)으로 관리하거나 힙이라는 공간(기억장소의 할당과 해제 시기가 일정한 규칙이 없는 경우)에 기억장소를 관리하기도 한다.

다음에 설명하는 스택 기반, 힙 기반 기억장소 관리 방법은 모두 동적 기억장소 관리 방법이다.

4.3 스택 기반의 기억장소 관리

Algol 계통의 블록 구조 프로그래밍 언어들은 변수들의 영역(scope)을 블록 내부로

[3] 프로그래밍 에러 중 매우 빈번한 에러가 segmentation fault 에러인데, 이는 잘못된 기억장소를 접근할 때 발생한다.

제한한다. 프로그램을 구성하는 각각의 블록은 선언부(declaration part)를 가지며 선언문에 의해 새로운 환경을 정의한다. 블록은 프로그램의 구성단위가 되며 블록 간에는 정적 내포 관계(static nesting relation)를 가진다. 프로그램의 또 다른 단위로서 서브 프로그램이 있다. 블록은 정상적인 프로그램의 실행 과정에서 차례가 되었을 때 활성화 되며 서브 프로그램은 호출문에 의해 호출되었을 때 활성화 된다는 차이가 있지만 모두 프로그램을 구성하는 하나의 단위로서 간주된다. 그림 8-2는 프로그램을 구성하는 블록의 모습과 정적 내포 관계의 예를 보여준다.

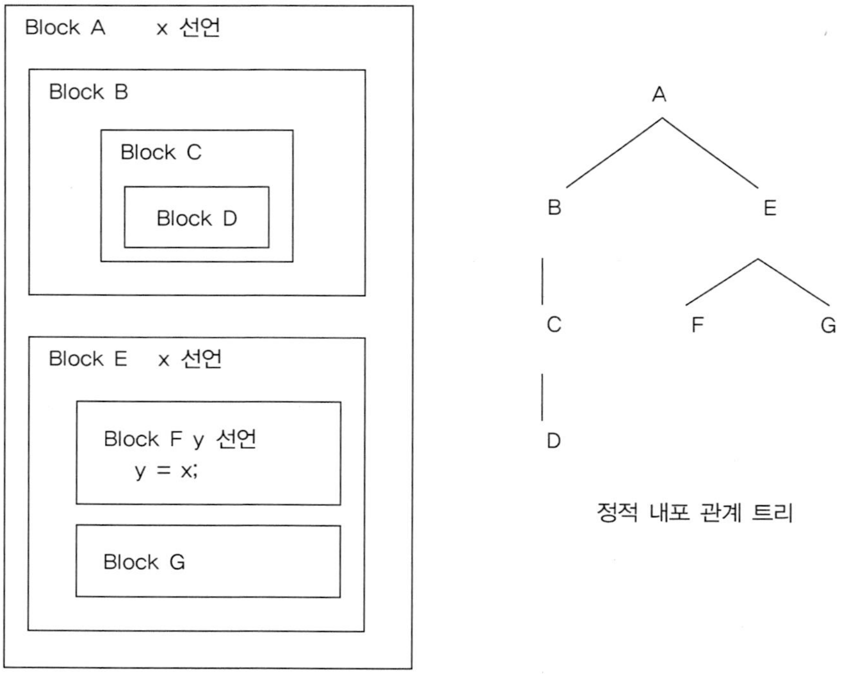

그림 8-2 Algol 계통 언어의 블록 구조와 정적 내포 관계

블록은 실행될 때 코드 부분과 활성 레코드(activation record)로 구성되는 기억장소를 할당 받으며 이를 블록의 단위 활성화(unit activation)라 부른다. 활성 레코드는 동적 내포 관계(dynamic nesting relation)를 표현하는 동적 링크[4](dynamic link, dynamic chain)와 블록의 정적 내포 관계를 표현하는 정적 링크(static link),

4 단위 프로그램의 호출 순서를 표현한다.

반환 주소(return address), 그리고 지역 변수 등을 포함하는 블록의 환경(environment) 등으로 구성된다. 동적 링크는 블록을 호출한 이전 블록의 활성 레코드를 가리키며 반환 주소는 블록을 호출한 다음 명령어의 주소를 가진다. 블록의 환경은 블록에서 선언한 지역 변수와 매개변수 등 블록에서 접근할 수 있는 데이터를 포함한다. 그림 8-3은 블록이 활성화된 모습을 보여준다.

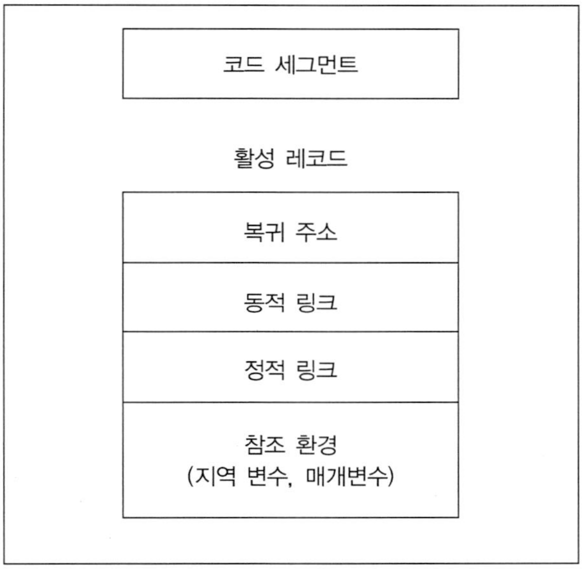

그림 8-3 블록의 단위 활성화

그림 8-4는 그림 8-2의 프로그램이 A → E → F → G → F의 순서로 호출될 때의 활성화 상태를 보여준다. F 블록이 E 블록에서 호출된 후 실행이 끝나기 전에 G 블록을 호출하고 G 블록에서 다시 F 블록을 호출함으로써 재귀 호출이 이루어졌으며, 이때 F 블록의 활성 레코드를 위한 기억장소가 새로이 할당된다. 따라서 각각의 블록을 실행할 때 서로 다른 기억장소를 접근하므로 같은 블록의 실행이 끝나지 않아도 그 블록을 처음부터 다시 실행시키는 재귀 호출이 가능하다. 프로그램을 실행할 때 코드 부분은 변경되지 않으므로 재귀 실행시 코드 부분을 위한 새로운 기억장소를 할당하지 않는다. 그러나 프로그램을 실행할 때 데이터는 변경될 수 있으므로 데이터를 위한 공간인 활성 레코드 부분을 위한 기억장소는 새로 할당된다.

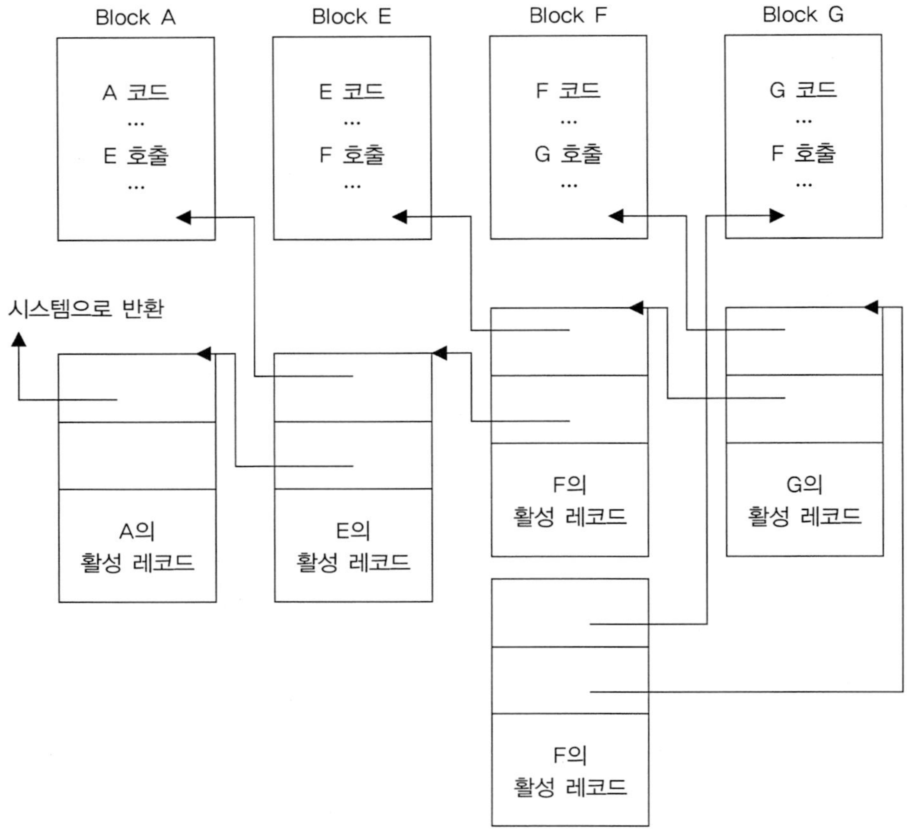

그림 8-4 A → E → F → G → F 호출시 블록의 활성화 상태

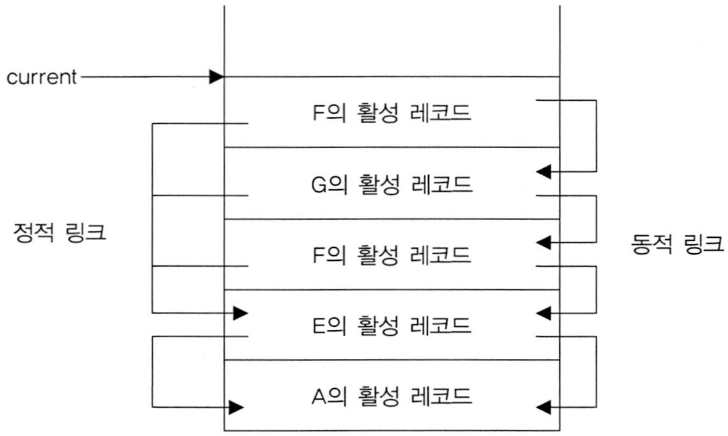

그림 8-5 활성 레코드 스택

이러한 활성 레코드는 블록의 실행이 끝나면 더 이상 필요 없기 때문에 기억장소를 반납한다. 활성 레코드의 생성과 소멸 과정을 살펴보면 나중에 생성된 활성 레코드가 먼저 소멸됨을 알 수 있다. 따라서 스택 방식으로 기억장소를 관리하는 것이 활성 레코드의 관리를 위해 적절하다고 할 수 있다. 그림 8-5는 그림 8-4에 대응하는 활성 레코드 스택의 모습이다.

4.3.1 단위 활성화의 기억장소 바인딩

기억장소 바인딩이란 기억장소를 할당하여 실제 기억장소의 위치(effective address)를 확정하는 것을 의미한다. 블록의 단위 활성화의 기억장소 바인딩 방법으로는 정적 바인딩, 활성화 시점 바인딩, 그리고 동적 바인딩 방법이 있다.

정적 바인딩(static binding)은 활성 레코드의 크기와 활성 레코드 내에서의 각 변수의 변위(offset)를 정적으로 결정한다. 즉 필요한 기억장소 용량이 번역 시간에 확정된다. 그리고 실제 기억장소는 블록이 활성화 될 때(실행될 때) 할당된다. 블록이 활성화 될 때마다 필요한 기억장소가 할당되기 때문에 여러 번 호출될 때 여러 개의 기억장소가 할당되므로 재귀 호출이 허용된다. 이러한 방식에서는 지역 변수를 위한 기억장소의 크기와 변위는 번역 시간에 결정되며 실제 기억장소의 위치는 실행 시간에 결정되기 때문에 이러한 변수를 준정적 변수(semi-static variable)라 한다.[5] 다음의 예를 살펴보자.

```
a: array[0..10] of integer; ( int a[11];     // C)

크기, 변위: 정적 바인딩
활성 레코드의 위치 x는 실행 시점에 결정됨(유효 주소는 동적 바인딩)
     loc(a[i]) = x + a의 변위 + i * s (정수의 크기);
```

변수 a의 활성 레코드에서의 변위는 번역 시간에 결정되며 블록이 활성화 될 때 활성 레코드의 위치 x가 결정되어야 변수 a의 실제 기억장소의 주소가 결정된다.

활성화 시점 바인딩(binding on activation)에서는 변수의 크기와 활성 레코드에서의 위치가 번역 시간이 아닌 활성화 시점에 결정되고 실제 기억장소는 실행 시간에 할당된다. 이러한 유형의 변수를 준동적 변수[6](semi-dynamic variable)라 하며 동

[5] C 언어에서 지역 변수가 준정적 변수라 할 수 있다.

적 배열(dynamic array)이 이에 해당한다. 준동적 변수는 사용자에게 적응성(flexibility)을 준다. 다음의 Algol 68의 예를 보자.

```
A:
    [1 : n]   int   a;
    [1 : m]   real  b;
```

활성화 시점에 m, n의 값이 결정되므로 번역 시간에 배열 a, b의 크기를 결정할 수 없으며, 따라서 활성 레코드에서의 위치도 결정할 수 없다. 블록이 활성화 될 때 m, n의 값이 결정되므로 각 배열의 크기와 위치가 결정되고 기억장소가 할당된다. 이때 바인딩된 기억장소의 크기는 블록의 실행이 끝날 때까지 변하지 않는데, 이것이 동적 변수(dynamic variable)와의 차이점이라 할 수 있다. 번역 시간에는 준동적 변수를 위한 정보(차원 수, 데이터 유형 등)를 명세표에 저장하여 활성 레코드에 삽입하며, 블록이 실행되면서 활성 레코드를 위한 기억장소가 할당될 때 명세표의 정보를 이용하여 준동적 변수의 기억장소 크기를 계산하여 할당하고 명세표에서 이를 가리키도록 한다. 다음 Ada 프로그램의 예를 보자.

```
Get(M, N)
declare
       A: array(1..N) of INTEGER;
       B: array(1..M) of FLOAT;
begin
…
end
```

위의 프로그램에서 배열 A와 B는 활성화 될 때까지 M, N의 값을 모르기 때문에 크기를 결정할 수 없다. 따라서 번역시간에는 배열 A가 INTEGER형이고 배열 B는 FLOAT형이라는 사실과 M, N의 값이 결정된 후 크기를 계산할 수 있다는 사실만을 알 수 있어 이에 대한 정보만을 활성 레코드에 삽입한다. 다음 그림은 활성화 시점에 M, N의 값이 결정된 후의 활성화 레코드 모습을 보여준다.

[6] Algol, Ada 등의 언어에서 준동적 변수를 허용한다.

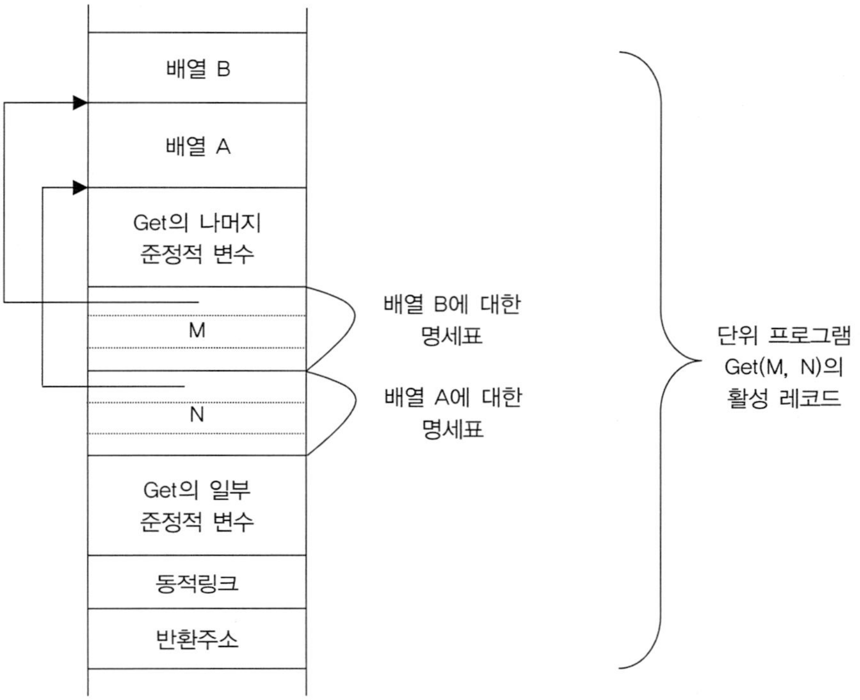

동적 바인딩(dynamic binding)이란 실행시간에 필요한 크기를 계산하고 기억장소 할당을 하여 실제 주소를 결정하는 것을 말한다. 단위 프로그램의 실행에 필요한 기억장소의 크기를 번역시간에 결정할 수 없고 단위 프로그램이 실행되면서 특정 문장에 이르렀을 때 그 문장에서 사용하는 데이터를 위한 기억장소의 크기를 계산하여 할당하는 방법이다. 또한 할당한 기억장소의 크기가 실행하는 과정에서 변할 수도 있는 기억장소에 대한 바인딩이 동적 바인딩이다. 이러한 변수를 동적 변수라 하는데 인터프리터 언어의 변수들과 컴파일 언어에서 실행 중에 할당과 해제가 이루어지는 기억장소들이 이에 해당한다. 예를 들어, C 언어에서 malloc()와 free() 함수에 의해 할당되고 해제되는 기억장소들이 있다. 즉 malloc() 함수 호출에 의해서 기억장소가 할당되고 free() 함수 호출에 의해 기억장소가 해제된다. 이러한 기억장소에 대한 정보를 번역과정에서 알 수 없으며 블록의 실행이 시작할 때 기억장소가 필요 없을 수 있고 실행이 종료하더라도 기억장소를 계속 유지할 수 있기 때문에 블록의 활성 레코드에 기억장소를 위치시킬 수 없어 스택이 아닌 별도의 힙 공간을 마련하여 이곳에서 이들 동적 변수를 위한 기억장소를 할당하고 해제한다.

4.3.2 비지역 변수의 참조

프로그램의 실행 중 다른 블록에서 선언된 변수를 참조할 경우가 있는데 이러한 변수를 비지역 변수(non local variable)라 한다. 비지역 변수는 다른 활성 레코드에 정의되어 있으므로 다른 블록의 활성 레코드를 참조해야 한다.

FORTRAN 언어의 경우에는 비지역 변수를 위한 시스템이 제공하는 활성 레코드가 따로 있어서 비지역 변수는 모두 이곳에서 참조된다. 그림 8-1에서 "전역 변수"로 표현된 기억장소 공간이 이에 해당한다.

Algol 계통의 언어에서는 활성 레코드가 가지고 있는 정적 내포 관계를 표현하는 정적 체인(static chain)을 이용하여 비지역 변수가 선언된 블록의 활성 레코드를 찾아서 참조한다. 그림 8-2에서 블록 F의 x는 비지역 변수이다. 따라서 그림 8-5의 활성 레코드 스택의 정적 링크를 추적하는데, 먼저 E의 활성 레코드를 찾으며 여기에 변수 x가 선언되어 있기 때문에 이 변수를 참조하게 된다. 정적 체인을 따라가면서 탐색하는 것은 실행 시간이 오래 소요될 수 있기 때문에 정적 내포 구조의 단계 수를 표현하는 체인 변위(chain offset: co)를 사용할 수도 있다. 각 블록마다 정적 영역의 깊이를 표현하는 정적 깊이(static depth)가 할당되며 블록간 정적 깊이의 차이가 체인 변위이다. 이때 각 변수는 체인 변위와 활성 레코드 내부 변위(local offset: lo)로 표현된다. 즉 변수를 사용하는 블록의 정적 깊이와 그 변수를 선언한 블록의 정적 깊이의 차이가 체인 변위이다. 그림 8-6은 그림 8-2의 프로그램 블록들의 정적 깊이를 나타낸다.

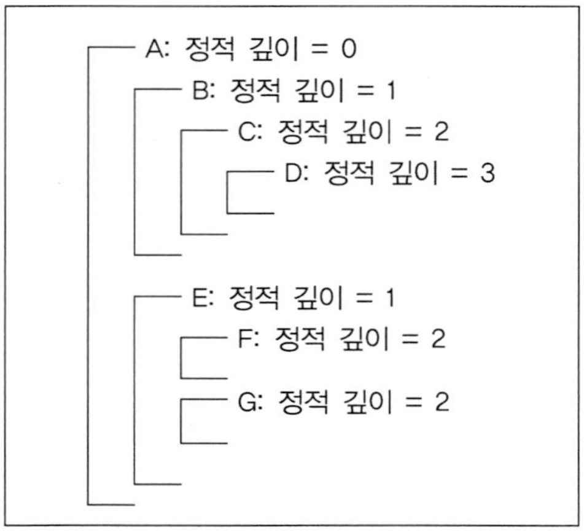

그림 8-6 그림 8-2 프로그램 블록들의 정적 깊이 표현

그림 8-2의 블록 F의 변수 y는 블록 F에서 선언되고 사용되므로 체인 변위는 0이 된다. 그리고 변수 x는 블록 F에서 사용되고 블록 E에서 선언되었으므로 블록 F와 E의 정적 깊이의 차이인 1이 체인 변위가 된다.[7] 체인 변위만큼 정적 링크를 따라가서 내부 변위를 가지고 변수를 참조한다. 이 방법도 체인 변위가 큰 경우에는 정적 링크를 많이 따라 내려가기 때문에 시간이 소요된다. 다만 링크를 하나씩 따라가면서 비지역 변수가 있는지 검사하지 않기 때문에 이전 방법보다는 효율적이라 할 수 있다.

다른 방법으로는 정적 링크를 디스플레이(display)라는 별도의 스택에 넣어 관리하는 방법이 있다. 디스플레이의 각 항목은 블록의 활성 레코드를 가리키는 포인터이다. 즉 정적 깊이 0에 해당하는 블록(주프로그램)의 활성 레코드는 디스플레이의 1번째 항목이 가리키고 정적 깊이 1에 해당하는 블록의 활성 레코드는 2번째 항목이 가리키고 이런 식으로 정적 깊이 k에 해당하는 블록의 활성 레코드는 k + 1번째 항목이 가리키게 된다. 따라서 정적 깊이를 알면 바로 활성 레코드를 액세스할 수 있어 빠르게 비지역 변수를 액세스할 수 있는 방법이다. 이 방법에서 변수는 정적 깊이와 같은 값을 가지는 디스플레이 변위(display offset: do)와 내부 변위로 표현된다. 정적 깊이가 k인 프로시저 P를 호출할 때, 디스플레이 스택의 k+1번째 항목에 있는 포인터를 새로 생성되는 활성 레코드(P의 활성 레코드)에 저장한 후 새로운 활성 레코드를 디스플레이의 k + 1번째 항목이 가리키도록 변경해 주어야 한다. 이는 프로그램이 실행될 때 동시에 같은 정적 깊이를 가지는 블록이 실행될 수 없기 때문이다. 따라서 블록의 정적 깊이 값을 가지고 그 블록의 활성 레코드를 액세스할 수 있다. 아래의 예를 보자.

```
program MAIN
    procedure A;
        procedure SUB1;
        end; { SUB1 }
        procedure SUB2;
            procedure SUB3;
            end SUB3; { SUB3 }
        end; { SUB2 }
```

[7] 변수 x는 정적 깊이가 1인 블록 E에서 선언되었고 정적 깊이가 2인 블록 F에서 사용되므로 정적 깊이의 차이인 1이 체인 변위가 된다.

```
    end A; { A}
end. { MAIN }
```

MAIN 프로그램에서 SUB2가 SUB1을 호출하는 경우 활성 레코드 스택과 디스플레이 모습의 변화는 그림 8-7과 같다.

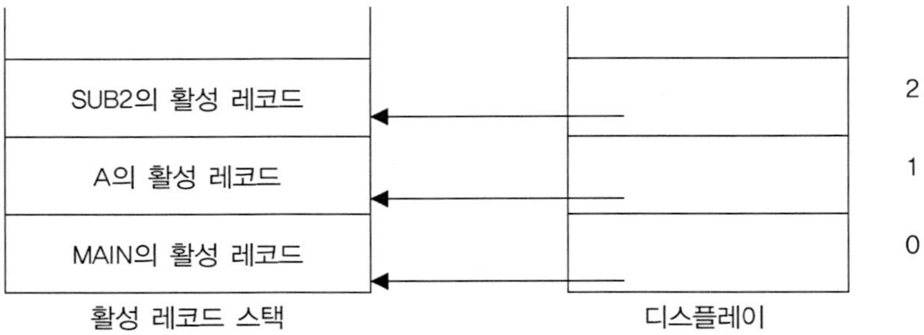

(1) SUB2가 SUB1을 호출하기 전의 모습

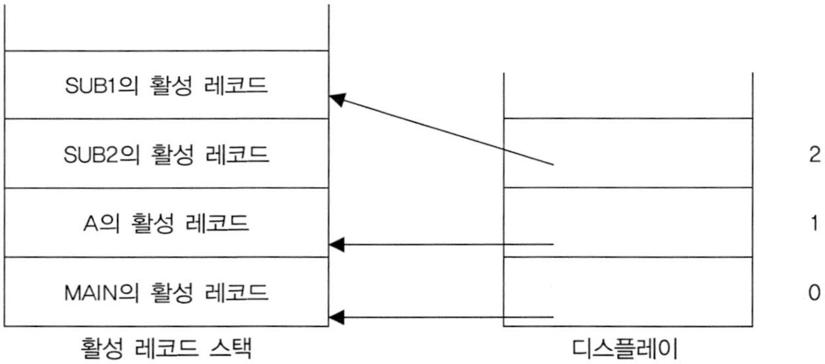

(2) SUB2가 SUB1을 호출한 후의 모습

그림 8-7 프로시저 호출 전후의 활성 레코드 스택과 디스플레이의 변화 1

SUB1과 SUB2는 정적 내포 관계에서 대등한 관계이므로 각 블록에서 선언한 변수를 서로 참조할 수 없다. 따라서 디스플레이 스택의 최상위 항목은 SUB1을 가리키도록 변경된다.[8] 디스플레이의 2번 항목이 가리키고 있던 SUB2의 활성 레코드 포인터의 값은 새로 생긴 SUB1의 활성 레코드에 저장되고 디스플레이의 2번 항목은

8 현재의 상태에서는 SUB2에 선언된 변수가 참조될 수 없기 때문에 SUB2의 활성 레코드를 가리키는 포인터는 필요 없다.

새로 생성된 SUB1의 활성 레코드를 가리킨다.

그림 8-8은 SUB2가 자신이 내포하고 있는 SUB3을 호출하였을 때 디스플레이의 변화 모습을 보여준다. 이 경우 자신이 내포하고 있는 블록을 호출하였기 때문에 정적 링크 관계에 있는 블록의 활성 레코드가 생기며 동시에 디스플레이 스택에도 새로운 항목이 추가되어 새로 생긴 활성 레코드를 가리키게 된다. 이후에 SUB3이 자신을 둘러싸고 있는 SUB2를 호출한다면 디스플레이는 그림 8-9와 같이 변화한다.

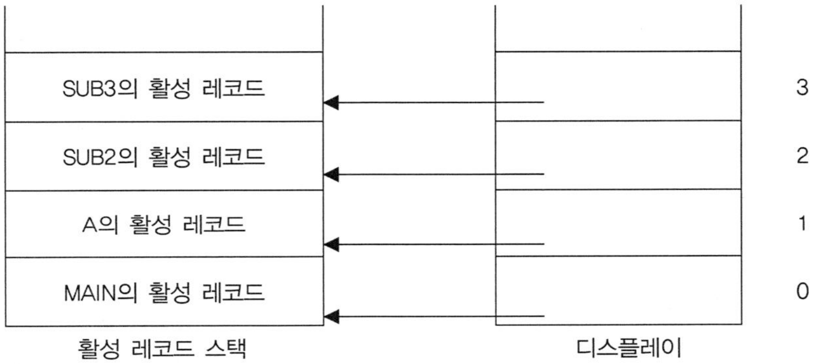

그림 8-8 프로시저 호출 후의 활성 레코드 스택과 디스플레이의 변화 2

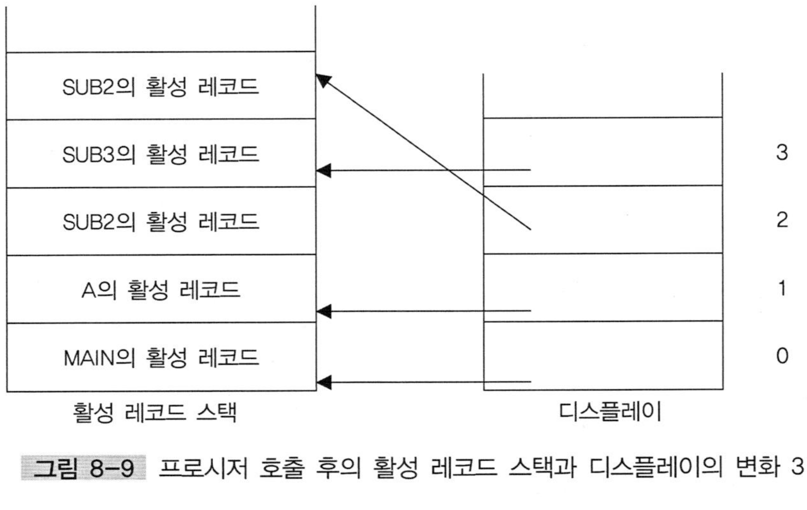

그림 8-9 프로시저 호출 후의 활성 레코드 스택과 디스플레이의 변화 3

정적 링크를 따라 가면서 비지역 변수를 찾는 것이 아니기 때문에 모든 비지역 변수의 참조 시간이 동일하다는 장점을 가지는 반면에 실행 중에 활성 레코드가 생성하고 소멸함에 따라 디스플레이의 내용을 변경해야 하는 불편이 따른다. 디스플레이는 레지스터에 저장될 수 있으며 이 경우 매우 빠르게 비지역 변수를 참조할 수 있다.

4.4 힙 기반의 기억장소 관리

프로그램의 실행 중에 새로운 데이터가 생성되고 기억장소가 해제되어 활성 레코드의 크기가 변하는 경우에는 동적 바인딩(dynamic binding) 방법이 사용된다. 컴파일 시간뿐만 아니라 실행문이 실행될 때까지 필요한 기억장소의 크기를 알 수가 없으므로 블록이 활성화 될 때 데이터를 위한 공간을 미리 활성 레코드에 할당할 수 없다. 또한 나중에 할당된 기억장소가 먼저 필요 없게 되어 해제되는 것이 아니고 임의의 시점에서 할당과 해제가 가능하기 때문에 스택 방식으로 기억장소 공간을 관리할 수 없다. 따라서 힙(heap)이라는 스택과 다른 방식으로 관리되는 별도의 공간에 기억장소를 할당한다. 힙은 기억장소 공간의 블록으로서 필요한 만큼의 기억장소 공간이 비교적 자유롭게 할당되고 해제될 수 있는 공간이다. 따라서 기억장소 할당, 복구, 압축과 재사용을 위한 관리를 위해 여러 기술들이 요구된다.

힙에 기억장소를 할당 받는 변수를 동적 변수(dynamic variable)라 하며 동적 변수를 위한 기억장소 공간은 프로그램 실행 중에 할당과 해제가 가능하다. C 언어에서의 malloc()과 free() 함수, C++와 Java 언어에서의 new와 delete 연산자가 힙에서의 기억장소 할당과 해제를 위하여 사용되며, 이러한 함수나 연산자에 의해 기억장소가 할당되고 해제되는 변수가 동적 변수이다. 동적 변수의 값은 힙 공간의 기억장소 주소값이며 주소값을 저장하는 공간은 스택에 할당된다. 그림 8-10은 아래 프로그램의 동적 변수 x, y에 대한 스택과 힙에서의 기억장소의 모습을 보여준다.

```
void main()
{
    int *x, k = 1;
    double *y;
    …
    x = malloc(sizeof(int));
```

```
    y = malloc(sizeof(double));
    ...
    free(x);
    free(y);
}
```

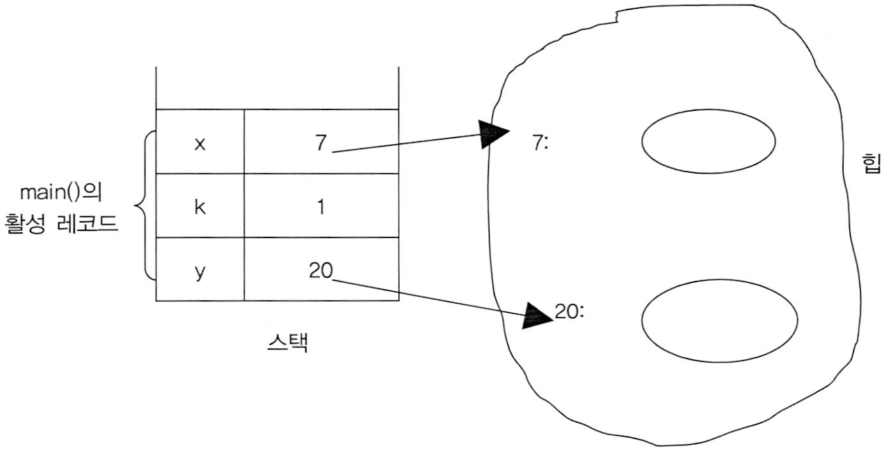

그림 8-10 동적 변수의 기억장소 할당 모습

힙 기억장소 관리 방법에는 일정한 크기의 기억장소를 할당하는 방법과 가변 크기의 기억장소를 할당하는 방법이 있다.

일정한 크기의 기억장소 할당 방법(fixed size element allocation)에서 힙 기억 공간은 여러 개의 연속적인 기억장소의 블록으로 구성된다. 블록이 N 단어 크기이고 K개의 블록이 있다면 힙은 N × K 크기의 기억 공간이 된다. 사용 가능한 블록의 관리를 위해 초기에 K개의 블록이 연결된 리스트를 유지한다. 그리고 기억장소 요구가 있을 때마다 사용 가능 기억장소 블록 리스트에서 첫 번째 블록을 할당하고 리스트에서 제거한 후 첫 번째 블록의 주소를 돌려준다. 기억장소 블록의 사용이 끝나서 해제되면 사용 가능 기억장소 블록 리스트 처음에 연결하여 리스트에 추가한다. 그림 8-11은 사용 가능 블록 리스트의 초기 모습과 실행 중의 모습을 보여준다.

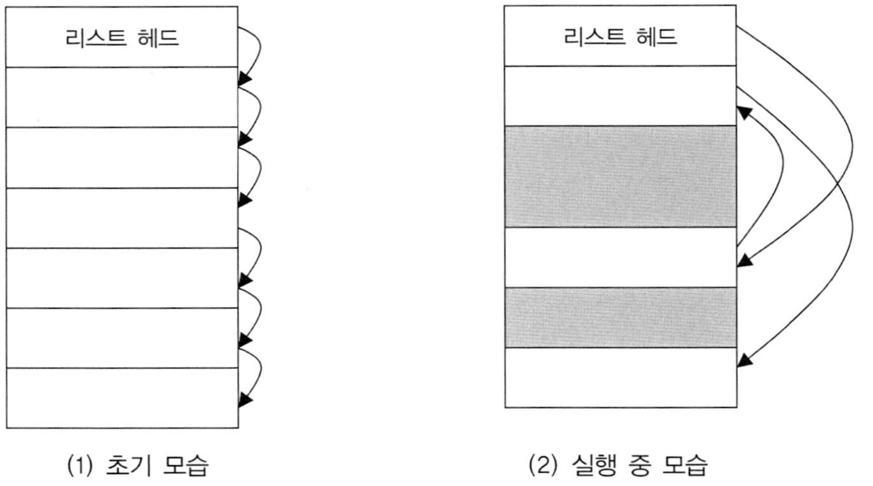

그림 8-11 고정 크기의 기억장소 관리 방법에서의 사용 가능 기억장소 블록 리스트[9]

프로그램의 실행 중에 더 이상 필요 없게 된 블록들은 사용 가능 기억장소 블록 리스트에 추가되어야 하는데 필요 없게 된 블록을 확인하는 것은 매우 어려운 문제이다. 이 문제에 대한 해결 방법으로는 다음 세 가지 방법이 널리 사용된다. 첫째, 프로그래머나 시스템에 의한 명시적인 반환 방법이다. PASCAL 언어의 dispose(), C 언어의 free() 함수, C++ 언어와 Java 언어의 delete 연산자 등에 의해 명시적으로 기억장소 블록을 사용 가능 블록의 리스트에 반환한다. 그러나 이 방법은 쓰레기(garbage)나 허상 참조(dangling reference) 같은 문제를 유발할 수 있다. 다음 예를 살펴보자.

쓰레기

```
int *p, *q;
...
p = malloc(sizeof(int));
*p = 1;
q = malloc(sizeof(int));
*q = 2;
p = q;
```

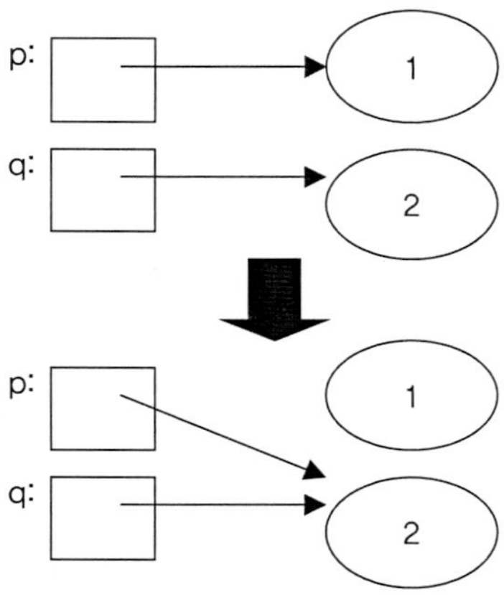

9 회색 부분은 할당되어 사용되고 있는 기억장소 블록이다.

```
허상 참조

int *p, *q;
…
p = malloc(sizeof(int));
*p = 1;
q = p;
free(p);
```

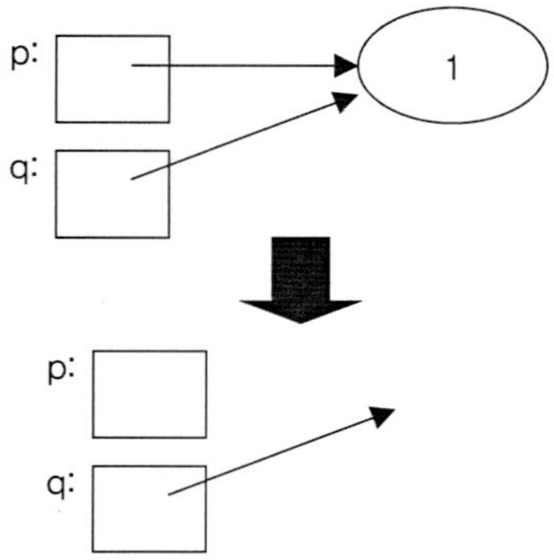

쓰레기의 예에서 포인터 변수 p는 처음에 정수를 위한 기억장소를 가리킨다. 그리고 포인터 변수 q가 가리키는 기억장소를 가리키도록 변경되므로 처음에 p가 가리키고 있던 기억장소를 가리키는 포인터 변수는 하나도 없게 되므로 이러한 기억장소는 명시적으로 반환될 수 없기 때문에 쓰레기가 된다. 허상 참조의 예에서 p가 가리키는 공간을 q도 가리키게 한 후에 free(p)를 호출하면 q는 아무것도 가리키지 않게 된다. 이를 허상 참조라 한다. 명시적인 반환 방법의 이러한 문제로 인해 참조 계수(reference count)를 이용하는 방법이 제안되었으며 이 방법이 필요 없게 된 기억장소를 확인하는 두 번째 방법이다. 기억장소 블록마다 블록을 가리키는 포인터의 개수를 유지하여 이 값이 0인 경우만 사용 가능 블록 리스트로 반환한다. 이 방법은 허상 참조를 막을 수 있지만 참조 계수를 위한 추가의 공간이 필요하다. 더 이상 필요 없게 된 블록이 생길 때마다 사용 가능 블록의 리스트로 반환하지 않고 나중에 한꺼번에 반환하는 것이 더 효율적일 수 있다. 사용 가능 블록이 더 이상 존재하지 않게 될 때 한꺼번에 더 이상 필요 없게 된 블록들을 찾는 쓰레기 수집(garbage collection) 방법이 세 번째 방법이다. 쓰레기 수집은 표시(mark) 단계와 청소(sweep) 단계로 이루어진다. 표시 단계에서 쓰레기는 "ON"으로, 사용 중인 블록은 "OFF"로 표시한다. 그리고 청소 단계에서 "ON"으로 표시된 블록을 사용 가능 기억장소 블록 리스트에 반환한다.

가변 크기 기억장소 할당 방법(variable size element allocation)은 프로그램의 실행 중 필요한 크기만큼의 공간을 할당하는데, 이 방법에서는 사용 가능 기억장소 블록 리스트에 반환된 블록의 재사용을 관리하는 것이 매우 어려운 문제이다. 프로그램 실행 중에 필요한 공간의 크기는 다양하므로 매번 서로 다른 크기의 공간이 할당되고 해제된다. 따라서 사용 가능한 공간의 관리 문제가 매우 복잡하다. 사용 가능 기억장소 블록의 리스트를 크기순으로 유지하여 재사용을 효율적으로 관리할 수 있는데 기억장소의 재사용을 위해 우선 적합(first-fit)이나 최적 적합(best-fit) 알고리즘 등이 이용될 수 있다. 우선 적합 방법은 사용 가능 기억장소 블록 리스트를 탐색하면서 요구되는 기억장소 크기보다 크거나 같은 첫 번째 블록을 할당하는 방법이고 최적 적합 알고리즘은 요구되는 크기와의 차이가 가장 작은 블록을 할당하는 방법이다. 프로그램 실행 중 기억장소의 할당과 반환이 여러 번 발생하게 되면 사용 가능한 블록들이 단편화(fragmentation)되는 현상이 나타나게 된다. 이 경우 작은 블록들을 합쳐서 보다 큰 블록을 만드는 압축(compaction) 작업을 해야 하는데 인접한 블록을 압축하는 부분 압축(partial compaction) 방법과 사용 가능한 블록들을 이동시켜 하나의 큰 공간을 만드는 전체 압축(full compaction) 방법이 사용된다.

Chapter 9

추상화

추상화(abstraction)는 복잡한 문제를 해결하는 방법으로서 프로그래머가 프로그래밍 요소를 기술하는데 필요한 속성만을 가지고 간략화하여 사용할 수 있도록 하는 것을 말한다. 우리가 자동차를 운전할 때 자동차의 모든 세부사항을 이해할 필요가 없는 것과 동일한 이치이다. 프로그래밍 언어에서 추상화가 어떻게 지원되는지 이 장에서 공부하기로 한다.

추상화의 정의를 살펴보면 다음과 같다.

➢ 필요한 부분만을 표현할 수 있고 불필요한 부분을 제거하여 간결하고 이해하기 쉽게 만드는 작업. 이 기법은 복잡한 문제나 시스템을 이해하는 데 중요한 요소이다[1].

➢ 주어진 문제나 시스템 중에서 중요하고 관계 있는 부분만을 분리하여 간결하고 이해하기 쉽게 만드는 작업. 이러한 과정은 원래 문제에서 구체적인 사항은 되도록 생략하고 핵심이 되는 원리만을 따지기 때문에 원래 문제와는 전혀 관계가 없어 보이는 수학적인 모델이 나오기도 한다. 이 기법은 복잡한 문제나 시스템을 이해하거나 설계하는 데 없어서는 안 될 중요한 요소이다[2].

➢ 구체적 사물들의 공통된 특징, 즉 추상적 특징을 파악하여 인식의 대상으로 삼는 행위. 추상화가 가능한 개체들은 그것들이 소유하고 있는 특성의 이름으로 하나의 집합(class)을 이룬다. 그러므로 추상화한다는 것은 여러 개체들을 집합으로 파악하는 것과 동일한 것이다. 그 추상적 특성은 집합을 구성하고 있는 개체들에게 "일반화"되는 것이므로 그 집합의 요소들에게 보편적인 것이다.[3]

---

1 출처: 컴퓨터인터넷IT용어대사전, 전산용어사전편찬위원회

2 출처: IT용어사전, 두산동아

3 출처: 교육학 용어사전, 서울대학교 교육연구소

위의 정의를 살펴보면, 추상화는 복잡한 것을 단순하게 나타내는 것이고, 추상화를 통해 복잡한 문제를 해결할 수 있다는 것을 알 수 있다. 즉 추상화는 인간이 복잡한 문제를 다루는 데 가장 기본적으로 사용하는 방법이다. 프로그래밍에서 추상화를 설명하자면 객체(object)를 이해하는데 불필요한 부분을 생략하고 객체를 사용하는 데 필요한 속성만으로 간략하게 만드는 것이라 할 수 있다. 영어 "abstraction"은 추상화 또는 단순화로 번역할 수 있다.

프로그래밍 언어에서 추상화라는 개념은 처리 절차(process)나 객체(object)를 완벽하게 기술하는 것이 아니라, 필요한 속성만을 가지고 기술하는 방법을 지원하는 것을 말한다. 대부분의 프로그래밍 언어는 다음 두 가지 추상화 방법을 지원하고 있다.

(1) 자료의 추상화(data abstraction)

프로그래밍 언어에서 지원하는 기본 자료형인 정수형, 문자, 문자열, 실수형, 나열형 등을 모아서 하나의 새로운 데이터 형을 선언할 수 있다. 예를 들어, student라는 자료형을 생각해 보자. 자료형 student의 속성은 학번(정수형), 이름(문자열), 전공(나열형)으로 구성된다고 하자. 만일 프로그래밍 언어가 레코드라는 추상화 기능을 제공하지 않으면, 별도의 정수형 변수, 문자열 변수, 나열형 변수를 선언하여 사용해야 한다. 대부분의 프로그래밍 언어는 레코드 형이라는 상위 메커니즘을 지원하여 복잡한 구조체 형 변수의 선언 및 액세스를 단순화(추상화)할 수 있다. 특정 학생을 표현하는 학번, 이름, 전공을 나타내는 변수를 별도로 정의하면 그 학생을 위한 정보를 관리하기 위해 3개의 변수를 관리해야 한다. 그러나 3가지 변수를 하나로 묶어서 표현할 수 있도록 추상화가 지원되어 하나의 구조체 형으로 나타낼 수 있으면 학생 한 명을 관리하기 위해 구조체 형 변수 하나만 관리하면 되므로 프로그래밍이 간단해진다.

(2) 제어의 추상화(control/algorithm abstraction)

알고리즘의 추상화라고도 부른다. 복잡한 실행 절차를 단순화하는 것이 목적이다. 프로그래밍 언어에서 지원하는 서브 프로그램 메커니즘이 바로 제어의 추상화이다. 서브 프로그램은 복잡한 내부 구현방법은 감추고, 서브 프로그램 이름, 인자, 기능으로 단순화할 수 있다. 즉 서브 프로그램을 호출할 때 그 서브 프로그램이 어떻게 동작하는가를 알 필요없이 호출방법과 리턴 값의 유형만 알면 된다.

1 추상화 자료형(ADT: Abstract Data Type)

기존의 언어에서 지원되는 프로그래머 정의 자료형 및 서브 프로그램의 개념을 발전시킨 것이 추상화 자료형이다. C++의 class와 Ada의 package를 사용하여 추상화 자료형을 구현할 수 있다. 추상화 자료형은 다음과 같이 정의될 수 있다.

① 사용자 정의 데이터의 집합
② 정의된 데이터들에 대한 사용자 정의 연산
③ 정의된 연산 외에는 데이터를 조작할 수 없도록 하는 자료의 캡슐화

우리가 TV를 볼 때, ON-OFF 스위치와 채널, 볼륨의 위치와 사용방법만을 알면 충분하다. 즉 TV라는 매우 복잡한 기계를 사용할 때 몇 개의 버튼 사용법만 알면 되는 것이다. 그 안에 어떠한 부품이 사용되었으며 동작과정이 어떠한지에 대해서 사용자는 알 필요가 없다. 다른 예로 사람의 목소리를 증폭하는 앰프를 살펴보자. 일반적으로 앰프는 내부 부속을 접근하지 못하도록 단단한 케이스로 막아 놓고 있으며 앰프를 조작하기 위해서는 스위치, 볼륨 등의 인터페이스만을 사용하면 된다. 사용자는 앰프가 어떠한 원리로 구현되었으며 어떠한 부속이 사용되었는지 알 필요가 없다. 프로그래밍에서는 라이브러리(library) 함수를 사용할 때(예를 들어 printf() 함수) 그 함수가 어떻게 동작하는지 알 필요없이 함수의 이름과 인자, 그리고 리턴 값에 대한 정보만 알면 된다. 결론적으로 말하면, 매우 복잡한 객체를 외부 인터페이스와 객체의 기능 설명만으로 단순화시키고, 자세한 세부 구현사항을 감추는 것을 추상화(단순화)라고 한다.

추상화는 인류 문명을 발전시키는 근본 원리라고 할 수 있다. 예를 들어 프로그래머가 모든 세부사항을 구현하여 프로그램을 작성한다면 매우 긴 시간이 소요될 것이다. 만약 다른 사람들이 작성한 라이브러리 함수들과 모듈을 사용하여 프로그래밍을 한다면 훨씬 시간이 단축될 것이다. 라이브러리 함수의 세부사항을 이해할 필요 없이 인터페이스와 기능(function)만을 이해한다면 충분히 라이브러리 함수를 사용하여 프로그래밍할 수 있다. 다른 예를 들어보자.

C와 Pascal 언어는 자료의 추상화 및 제어의 추상화를 지원하지만 추상화 자료형을 지원하지 못하는데, 그 이유는 자료의 캡슐화(encapsulation)를 지원하지 않기 때문이다. 자료의 캡슐화는 Ada 및 C++ 언어에서 지원된다. 추상화 자료형의 주요 개념 두 가지는 정보 은닉과 자료의 캡슐화이다.

정보 은닉(information hiding)

추상화 자료형의 구현 세부사항이나 내부 데이터를 추상화 자료형의 외부로부터 감추는 것을 말한다. 예를 들어 서브 프로그램 내의 지역 변수들은 주 프로그램으로부터 감추어진다. 이와 마찬가지로 추상화 자료형 내의 변수들은 추상화 자료형 외부로부터 감추어진다.

자료의 캡슐화(data encapsulation)

자료의 캡슐화란 추상화 자료형의 내부 자료를 참조하기 위해서는 미리 정의된 연산(함수)만을 사용하도록 제한하는 것을 의미한다. 추상화 자료형의 내부 자료는 정보 은닉으로 인해 외부로부터 감추어지기 때문에 추상화 자료형 외부에서는 참조할 수 없다. 외부에서 내부 자료를 참조하고자 한다면 추상화 자료형 내에서 정의된 함수에 의해서만 가능하다. 자료의 캡슐화의 장점은 객체의 소스 코드를 다른 객체와 독립적으로 작성하고 유지 보수하는 것을 가능하게 하는 것이다. 즉 소프트웨어의 모듈성(modularity)이 향상된다.

정보 은닉과 자료의 캡슐화는 상호 의존적인 개념이며, 캡슐화는 정보 은닉의 개념을 포함하고 있다고 할 수 있다. 대표적인 추상화 자료형의 예로서 stack과 queue가 있다. Stack과 Queue는 배열과 같은 자료 저장 변수가 필요하고, 내부 자료 구조에 대한 push(), pop()과 같은 연산이 필요하기 때문이다. 다음은 Pascal 언어로 구현한 stack이다.

```
program StackApp;
   type stack = array [0..N-1] of integer;      (* ① *)
   var s1, s2 : stack;                          (* ② *)
   sp1, sp2: integer;
procedure push(VAR s: stack; VAR top: integer; item: integer);
   begin
      if top = N-1 then stackfull;
      top := top + 1;
      s[top] := item
   end;
begin  (* main *)
...
end.
```

Pascal 언어로 N개의 정수 배열을 stack 유형으로 정의하고(①), 두 개의 변수 s1 s2를 stack(②)으로 선언하고 있다. 프로시저 push는 스택에 대한 연산을 정의하고 있다. 그렇다면, Pascal 언어로 추상화 자료형을 완벽하게 구현한 것인가? 그렇지는 않다. 그 이유는 데이터 캡슐화가 지원되지 않기 때문이다. 즉 stack 유형의 변수 s1, s2는 지정된 프로시저 push로만 액세스가 가능한 것은 아니다. 즉 main 블록에서 다음과 같은 연산 모두가 가능하다.

```
push(s1, sp1, 10);    (* this is fine *)
sp1=1;                (* this is not good. *)
s1[sp1]=10;           (* this is not good. *)
```

Pascal 언어로 구현한 stack은 저장소와 스택 포인터 같은 스택과 관련된 데이터를 외부에서 자유로이 참조할 수 있기 때문에 보안성이 떨어지고 프로그램에서 스택 관련 오류가 발생할 때, 프로그램의 어느 부분에서 오류를 발생시키는 지를 찾는 것이 어렵다.

다음은 C++ 언어로 구현한 stack과 함수 push()이다. Pascal 언어와의 차이점을 생각해 보자. C++ 언어는 class라는 키워드를 사용하여 추상화 자료형을 완전하게 지원한다. 클래스 내의 private 부분은 외부로부터 감추어지며, public한 부분은 외부로부터 액세스가 가능하다. C++ 언어는 클래스의 내부 자료와 그에 대한 연산을 함께 정의하도록 하여 자료의 캡슐화를 지원한다.

```
class stack {
private:                // ①
    int top;
    int s[N];
public:                 // ②
    int push(int item)
    {
    if (top==N-1) return 0;
        s[++top] = item;
    return 1;
    }
};
main()
```

```
{
    stack s1, s2;          // ③

    s1.push(7);            // ④
    s1.push(12);
}
```

①의 private 부분에서 내부 자료인 스택 포인터(top)와 저장소인 배열(s[N])을 선언하고 있다. ②의 public 부분에서 클래스 외부에 공개되는 함수(push())를 정의한다. ③에서 stack 클래스의 변수(s1, s2)를 선언하고 있다. ④에서 stack 변수(s1)에 대한 push() 함수를 호출하고 있다. 정수 변수 top과 배열 s[]가 private 부분에 선언되어 있기 때문에 Pascal 언어와는 달리 main() 함수에서 다음 문장은 허용되지 않는다.

```
s1.top = 7;
s1.s[10] = 12;
```

클래스 내부에 정의한 함수(push())만이 클래스 stack의 내부 자료를 참조할 수 있고 위와 같이 클래스 외부에서 참조하는 코드는 허용되지 않는다. 따라서 클래스 변수인 s1과 s2에 관련된 오류가 발생하면 stack 내부를 참조할 수 있는 함수 push()만을 검증하면 되므로 오류 수정이 편리하다. 이와 같이 추상화 자료형은 프로그램의 오류 수정을 쉽게 하고, 재사용 및 보안성을 증진시키는 중요한 장점을 가진다.

1.1 추상화 자료형의 수학적 명세

이 절에서는 특별한 언어와 관계없이 추상화 자료형을 기술하는 방법을 설명한다. 프로그래밍 언어를 결정하기 전에 프로그램을 설계할 때 필요한 데이터를 정의하고 이를 추상화 자료형으로 명시하는 방법을 말하며, 특정한 프로그래밍 언어가 아닌 수학적 방법으로 명시하면 어떠한 프로그래밍 언어를 선택하더라도 추상화 자료형의 구현이 용이하다. 따라서 프로그램을 설계할 때 추상화 자료형을 먼저 명시하는 것은 프로그램을 체계적으로 설계하는 데 매우 중요하다.

추상화 자료형을 명시하려면 어떠한 것을 나타내야 하는가? 일반적으로 데이터 형을 명시하려면 데이터 형의 이름, 연산의 이름, 매개변수와 반환값 등을 기술해야 한다. 이를 추상화 자료형의 문법적 명세라고 한다. 또한 추상화 자료형에 허용된 연산의 기능을 기술해야 하는데, 이는 함수 표기법을 사용하는 것이 적절하다. 집합 X로부터 집합 Y로 가는 함수 f가 주어지면, X는 정의역(domain)이고 Y는 치역(range)이며 f(X) → Y로 표기한다.

자료형 스택의 수학적 명세는 다음과 같이 기술할 수 있다.

```
type stack;
operation signature:
    newstack(stack_type) → stack
    push(stack, stack_type) → stack
    pop(stack) → stack_type
    top(stack) → stack_type
variable: s : stack, i : stack_type;
axioms:
    pop(push(s, i)) = s
    top(push(s, i)) = i
```

앞의 예에서 연산 표지(operation signature) 부분에서는 내부 함수에 대한 것으로서 입출력 자료형, 연산의 이름과 매개변수의 자료형을 기술하고 있다. 공리(axioms) 부분에서는 선언된 변수를 사용하여 허용된 연산의 기능을 기술한다. 공리 부분에 사용된 등식(=)과 연산 표지 부분에 사용된 화살표(→)의 차이점을 이해해야 한다. 등식(=)은 함수의 결과 값을 나타내며 화살표는 함수의 정의역과 치역을 분리하는 것이다.

다음 예는 복소수(complex) 자료형의 수학적 명세이다. 복소수는 일반적으로 두 실수의 쌍 (x, y)으로 표현하고, 이는 x + iy를 의미한다($i=\sqrt{-1}$).

```
type complex:
operation signature:
        + : complex × complex → complex
        - : complex × complex → complex
        * : complex × complex → complex
        / : complex × complex → complex
        = : complex → complex
```

```
        newcomplex(real, real) → complex
        realpart: complex → real
        imagin_part: complex → real
variable: x, y, z: complex; r, s: real
axioms:
        realpart(makecomplex(r,s)) = r
        imaginarypart(makecomplex(r,s)) = s
        realpart(x+y) = realpart(x) + realpart(y)
        imagin_part(x+y) = imagin_part(x) + imagin_part(y)
        ...
```

수학적 명세의 장점은 프로그래밍 언어로 표현하는 것에 비하여 간결한 표현이 가능하고 프로그래밍 언어를 모르더라도 쉽게 이해할 수 있다는 점이다. 따라서 추상화 자료형을 수학적 명세로 먼저 나타내고 적절한 프로그래밍 언어로 작성함으로써 보다 쉽게 프로그램을 할 수 있게 한다.

1.2 Ada 언어에서의 자료 추상화

Ada 언어에서 프로그램의 모듈화 단위는 subprogram, package, task이다. Ada 언어에서 추상화 자료형은 package를 사용하여 구현할 수 있으며, task는 병행성(parallelism)을 구현하는 데 사용된다. 패키지(package) 모듈은 자료형 선언문과 이에 연관된 연산을 기술하는 서브 프로그램을 함께 작성할 수 있어 추상화 자료형을 지원한다. 패키지는 명세 부분과 몸체 부분으로 나누어진다.

명세 부분(specification part)

패키지에서 사용될 자료형 및 서브 프로그램의 표지(signature)를 정의하는 부분이다. 명세 부분은 다시 공개 부분(visible part)과 은닉 부분(private part)으로 나누어진다. 'private'으로 선언된 자료형은 패키지 외부로부터 감추어져서 외부에서 참조할 수 없다. 호출될 때마다 새로 할당되는 서브 프로그램의 지역 변수와는 달리 패키지에서 선언된 변수들은 그 전의 계산한 값을 보존하고 있다(C의 정적 변수와 비슷함).

몸체 부분(body part)

명세 부분에서 선언한 서브 프로그램들을 실제적으로 정의하는 부분이다. 서브 프로그램에서는 명세 부분에서 선언한 모든 자료들을 참조할 수 있다.

Ada 언어에서 추상화 자료형을 정의하려면 패키지 모듈을 사용해야 하며, 필요한 모든 자료형을 명세 부분에서 선언하고 외부에서 사용할 연산의 표지를 명세 부분의 가시 부분에 정의한다. 또한 패키지의 몸체 부분에서 실제 연산을 구현한다.

다음은 Ada의 패키지를 사용하여 정수형 stack을 구현한 것이다.

```
generic SIZE: INTEGER;
  package STACKS is
        type STACK is limited private;
        procedure PUSH(S: in out STACK; E: in integer);
        procedure POP(S: in out STACK; E: out integer);
        OVERFLOW, UNDERFLOW : exception;
  private
        type STACK is
                record
                        ITEM: array(1..SIZE) of integer;
                        INDEX: integer range 0..SIZE := 0;
                end record;
  end;
  package body STACKS is
        procedure PUSH(S: in out STACK; E: in integer) is
                begin
                        if S.INDEX=SIZE then raise OVERFLOW; endif;
                        S.INDEX := S.INDEX + 1;
                        S.ITEM(S.INDEX) := E;
end PUSH;
        procedure POP(S: in out STACK; E: out integer) is
                begin
                        if S.INDEX = 0 then raise UNDERFLOW; endif;
                        E := S.ITEM(S.INDEX);
                        S.INDEX := S.INDEX - 1;
                end POP;
end STACKS;
```

앞에서 선언한 포괄 패키지(generic package)는 실제 패키지가 아니고 패키지의 틀(template) 역할을 수행한다. 앞의 포괄 패키지는 스택의 크기를 인자로 받아들인다. 이를 이용하여 크기를 정한 실제 패키지를 생성시켜야 한다. 즉 크기가 200인 정수형 스택 패키지 STK200을 다음과 같이 정의할 수 있다.

```
package STK200 is new STACKS(SIZE => 200);
```

위의 정의를 사용하여 다음과 같이 STK200형인 변수를 선언하여 PUSH(), POP() 함수를 사용할 수 있다.

```
declare
use STK200;
A, B : STACK;
begin
        PUSH(A, 12);
        PUSH(B, 48);
        POP(A, D1);
        POP(B, D2);
        ..
end;
```

1.3 C++ 언어에서의 자료 추상화

C++는 이름에서도 알 수 있듯이 C 언어에서 여러 특징들을 추가하여 만들어졌다. 추가된 것 중에 중요한 것이 클래스(class)를 지원한다는 점이다. C++ 언어에서 추상화 자료형을 구현하려면 클래스를 사용해야 한다. C++ 언어는 Simula 67 언어의 클래스 개념과 C 언어의 구조체(struct)에 기반을 두었다. C++ 언어의 클래스는 객체 생성을 위한 틀(template)이며 필요한 만큼 실체화(instantiation)시켜 객체를 생성할 수 있다.

C++ 언어의 클래스는 private 부분, public 부분, protected 부분으로 나누어진다. private 부분과 protected 부분에서 선언한 자료들은 클래스 외부에서 참조될 수 없다. 그런데 protected 부분은 외부로부터의 접근을 허용하지 않는다는 점에서 private 부분과 동일하나 파생 클래스(derived class)에서는 액세스할 수 있다는 점이 다르다. C++ 언어에 관한 자세한 내용은 10장에서 설명한다. 각 부분에는 멤버 데이터(member data)와 멤버 함수(member function)를 포함할 수 있다. 멤버 함수는 멤버 데이터를 참조할 수 있다. C++ 언어에서 새로운 클래스의 멤버 데이터를 위한 저장 장소를 할당하고 회수하기 위한 연산자로 new와 delete를 사용한다.

C++ 언어의 클래스를 사용하여 stack을 구현한 예는 다음과 같다.

```
#include <iostream>
using namespace std;
class stack {
private:
  int *st_ptr;
  int max;
  int top;
public:
  stack(int size = 100)                    // 생성자
  {
        st_ptr = new int [size];
         max = size-1;
         top = -1;
  };
  ~stack() { delete [ ] st_ptr; };         // 소멸자
  void push(int num)
  {
       if (top == max)
         cout << "Error in stack is full\n";
       else st_ptr[++top] = num;
  }
  int pop()
  {
       if (top== -1)
         cout << "Error in stack is empty\n";
       else return(st_ptr[top--]);
  }
};
```

멤버 함수 stack()은 스택의 생성자(constructor)로서 스택 객체가 생성될 때 자동적으로 호출되는 함수로서 스택의 크기를 매개변수로 전달하여 원하는 크기의 스택을 생성할 수 있다. 또한 생성자 매개변수의 기본값을 100으로 설정하였다. 함수 ~stack()은 스택의 소멸자(destructor)인데, 생성된 스택 객체가 소멸될 때 자동으로 호출된다. 소멸자에서 하는 일은 할당한 메모리 공간을 회수하는 일을 한다. C++ 언어로 작성한 stack 클래스를 사용하는 main()의 예는 다음과 같다.

```
main()
{
   int data;
   stack s1(20);      // stack s1의 크기가 20
   stack s2;          // stack s2의 크기는 100 (default value)

   s1.push(12);
   s1.push(24);
   data = s1.pop();
}
```

2 일반화 메커니즘(Generic Mechanism)

일반적으로 정수형 매개변수를 전달받는 서브 프로그램은 실수형 매개변수를 받을 수 없다. 비록 매개변수의 데이터 형을 제외한 모든 처리 내용이 동일하더라도 데이터 형에 따라 별도의 서브 프로그램을 작성해야 한다. 일반화 메커니즘은 함수나 클래스를 매개변수의 데이터 형에 무관하게 추상화(단순화)시키는 기능이다. 즉 일반화 메커니즘은 함수나 클래스를 생성하는 형틀(template)이다. 일반화 메커니즘은 한 번 작성한 코드를 여러 곳에서 사용하여 코딩 에러를 줄이고 프로그램의 길이를 줄일 수 있다.

C++ 언어는 키워드 'template'을 통해서 일반화 기능을 지원한다. C++ 언어의 template은 매크로의 확장 개념으로 다음과 같은 형식을 가진다.

```
template <class type_parameter> class classname class_definition
```

위와 같이 선언한 템플릿을 사용하여 원하는 타입의 클래스를 생성하는 문장의 형식은 classname 〈actual_type, argument〉 class_variable;이다. 다음은 C++ 언어에서 template를 사용하는 예로서 배열의 유형과 크기를 지정할 수 있다.

```
template<class arraytype, int size> class allarray
{
public: arraytype AA[size];
```

```
};
allarray<int, 12> I;        // template을 이용한 정수 배열 I의 선언
allarray<float, 24> R;      // template을 이용한 실수 배열의 선언
void main()
{
      I.AA[1] = 1;          // 실제 사용 예
      R.AA[2] = 2.4;
}
```

다음 C++ 언어 프로그램은 template을 이용하여 서로 다른 데이터 형의 매개변수를 허용하는 swap() 함수를 정의하여 호출하는 예이다.

```
#include <stdio.h>
template <class X> void swap (X &a, X &b)
{
    X temp;
    temp = a;
    a = b;
    b = temp;
 }
void main()
{
    int a=10, b=20;
    float x=10.1, y=20.2;

    printf("a = %d\tb = %d\n", a, b);
    printf("x = %4.2f\ty = %4.2f\n", x, y);
    swap(a, b);            // 정수형 매개변수
    swap(x, y);            // 실수형 매개변수
    printf("a = %d\tb = %d\n", a, b);
    printf("x = %4.2f\ty = %4.2f\n", x, y);
 }
```

Ada 언어도 일반화 기능을 지원한다. C++ 언어와 마찬가지로 Ada 언어의 일반화 메커니즘도 프로시저를 생성하는 형틀이지 그 자체가 호출 가능한 것은 아니다. 다음 예는 인자 A와 B를 서로 교환하여 반환하는 포괄 프로시저이다.

```
generic type DTYPE is private;
procedure EXCHG(A, B: in out DTYPE) is
       Temp : DTYPE;
begin
       Temp := A;
       A := B;
       B := Temp;
end;
```

위의 포괄 프로시저를 형틀로 사용하여 실제 프로시저를 생성할 수 있다. 그 사용 방법은 다음과 같다.

```
procedure IntExchg is new EXCHG(INTEGER);
procedure RealExchg is new EXCHG(REAL);
IntExchg(I, J);
RealExchg(R1, R2);
```

Ada 언어는 포괄 프로시저뿐만 아니라 함수 중복을 지원하므로, 하나의 프로시저 이름으로 여러 기능을 수행할 수 있다. 즉 다음과 같이 선언하면, 프로시저 AllExg로 모든 데이터 형의 매개변수를 상호 교환할 수 있다.

```
procedure AllExg is new EXCHG(INTEGER);
procedure AllExg is new EXCHG(REAL);
procedure AllExg is new EXCHG(CHARACTER);
```

위에서 중복 선언된 프로시저 AllExg를 사용하여 정수 변수 I, J 및 실수 변수 R1, R2의 값을 다음과 같이 상호 교환을 할 수 있다.

```
AllExg(I, J);        // I, J는 정수
AllExg(R1, R2);      // R1, R2는 실수
```

3 객체지향 프로그래밍(Object Oriented Programming)

컴퓨터공학을 전공하는 사람이라면 자주 접하게 되는 용어 중의 하나가 "객체지향"이다. 객체지향 프로그래밍, 객체지향 운영체제, 객체지향 데이터베이스 등 객체지향 개념을 도입한 여러 가지 시스템들이 개발되고 있다. 이 절에서는 객체지향의 기본 개념에 대해서 설명한다.

3.1 객체(object)

객체지향이라는 의미에서도 알 수 있듯이 객체를 먼저 이해해야 "객체지향"의 의미를 이해할 수 있다. 객체는 영어의 object를 번역한 것으로서 세상에 존재하는 모든 사물은 실생활에서의 객체이다. 예를 들어 사람, 컴퓨터, 자동차, 코끼리 등 모든 것이 객체이다.

이러한 객체들은 각기 서로 다른 특징들을 가지지만, 다음의 두 가지 공통된 특징을 가지고 있다. 모든 객체는 내부 상태(status)와 행동 특성(behavior)을 가진다. 예를 들어 모든 사람은 키, 머리 색깔, 몸무게, 성별(남, 여), 이름, 생년월일 등의 내부 상태를 가진다. 그리고 배가 고프면 아무 말도 안 한다든지, 화가 났을 때 소리를 지르는 것과 같은 행동 특성을 가질 수 있다. 자동차의 경우 바퀴 개수, 자동차 색깔, 승차 정원 등과 같은 내부 상태를 가지며, 엔진이 정지된 상태에서 시동을 건다든지 달리고 있는 상태에서 브레이크를 사용하는 것과 같은 행동 특성을 가진다.

소프트웨어에서 사용하는 객체는 이러한 실제 객체의 특성을 모델링한 것이다. 그러므로 소프트웨어의 객체도 내부 상태와 행동 특성을 가진다. 소프트웨어의 객체는 내부 상태를 변수의 값으로 유지하고 행동 특성을 메소드(method, 혹은 함수)를 사용하여 구현한다. 객체의 소프트웨어적인 정의는 다음과 같다. 객체는 객체의 상태를 표시하는 변수들과 그 변수들을 조작하는 메소드들의 집합이다.

3.2 상속(inheritance)

객체지향 프로그램에서 상위 클래스의 자료 구조와 연산 기능(함수)을 모두 상속하고 여기에 새로운 특성을 추가하여 하위 클래스(혹은 파생 클래스)를 정의할 수 있다. 이는 소프트웨어 개발 비용을 절감하고 한 번 작성된 코드의 재사용(reuse)을 용이하게 하여 프로그램의 복잡도를 최소화하려는 데 그 목적이 있다. 상속에는 단일 상속(single inheritance)과 다중 상속(multiple inheritance)이 있다. 상위 클래스가 하나만 존재할 때 이를 단일 상속이라고 하며, 상위 클래스가 두 개 이상 존재할 때 이를 다중 상속이라고 한다. 다음 그림의 예를 보자.

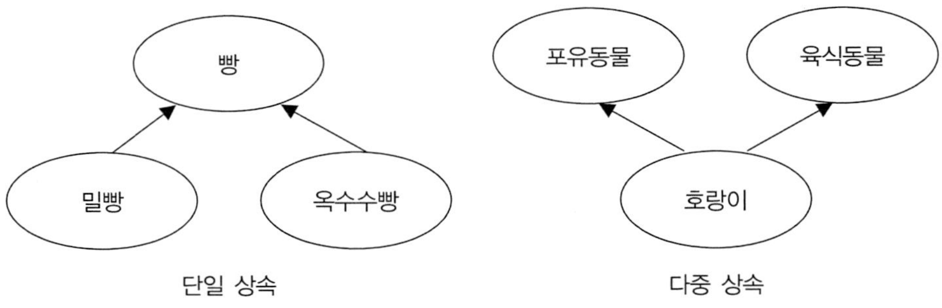

'밀빵'과 '옥수수빵' 클래스들은 하나의 상위 클래스 '빵'에서만 상속 받고 있어 단일 상속에 해당한다. 그런데 '호랑이' 클래스는 '포유동물' 클래스의 속성과 '육식동물' 클래스의 속성 두 가지를 상속받는 다중 상속의 예이다. 다음은 C++ 언어로 클래스 A로부터 파생된 하위 클래스(sub class, derived class) B를 정의하는 예이다.

```
class A {
        int x;
public:
        void changex(int);
}
class B: public A {          // B는 A의 파생 클래스임
        int y;
public:
        void changey(int);
}
```

여기에서 클래스 A는 클래스 B의 기반 클래스(base class) 또는 슈퍼 클래스(super class)라고 하며, 클래스 B는 클래스 A의 하위 클래스(sub class) 또는 파생 클래스(derived class)라고 한다. 클래스 A의 private 영역의 멤버 데이터는 클래스 B로 상속되나 클래스 B에서 직접 참조할 수는 없다. 클래스 A의 public 영역의 멤버 함수 changex()를 통해서만 액세스할 수 있다. 클래스 A의 파생 클래스 B는 자신의 속성 이외에 상속된 A의 속성을 포함하고 있다. 자세한 내용은 C++를 사용한 객체

지향 프로그래밍에서 다루게 될 것이다.

다음 C++ 언어의 예제 프로그램에서는 Base 클래스와 Derived 클래스를 정의하는데 Derived 클래스를 Base 클래스의 파생 클래스로 정의하였다. 함수 main()에 Derived 클래스의 객체 y가 선언되었다. 객체 y는 Base 클래스에서 선언된 함수까지 사용할 수 있는데, 이는 Derived 클래스가 Base 클래스로부터 상속되었기 때문이다.

```
#include <iostream>
using namespace std;
class Base {
    int b;
public:
    void set_b(int x) { b = x; }
    void show_b() { cout << b << endl; }
};              // C++에서 클래스 선언은 반드시 ;으로 끝나야 함
class Derived : public Base {    // Derived 클래스가 Base의 자식 클래스임
    int d;
public:
    void set_d(int y) { d = y; }
    void show_d() { cout << d << endl; }
};
void main()
{
  Derived y;

  y.set_b(10); y.show_b();   // Base 클래스에서 상속받은 메소드 사용
  y.set_d(20); y.show_d();   // Derived 클래스에서 명시한 메소드 사용
}

[실행 결과]
10
20
```

Chapter 10

C++를 사용한 객체지향 프로그래밍

객체지향 언어로서 가장 널리 사용되고 있는 언어 중 하나가 바로 C++이다. 이 장에서는 C++ 언어에서 객체지향 프로그래밍을 지원하는 주요 특성에 대해서 간략하게 살펴보기로 한다.

1 객체지향의 기본 개념

최초의 객체지향 프로그래밍 언어(object oriented programming language)인 Simula는 실제 세계를 컴퓨터로 묘사하기 적합하도록 Algol 60을 확장하려는 시도로 개발되었다. Simula 프로젝트의 주요한 설계 원칙 중의 하나는 실제 세계의 사물(object)과 비슷하게 어떤 속성을 가지고 외부의 자극에 반응할 수 있는 능력을 갖는 개체인 객체(object)라는 개념을 프로그래밍 언어에 포함하고자 하는 것이었다.

1950년대부터 FORTRAN, COBOL 등의 고급 언어가 개발되었고, 1960년대 중반부터 1970년까지는 구조적 프로그래밍(structured programming)의 개념이 유행하였다. 이에 따라 Pascal, Algol 등의 많은 구조적 프로그래밍 언어들이 개발되었다. 1980년대에는 객체지향 개념이 프로그래밍 언어 이론에서 매우 중요한 개념이었으며, Smalltalk, Effel, C++ 등의 많은 객체지향 언어가 개발되었다.

1980년대 중반에 들어서면서 객체지향 개념에 프로그래밍 스타일뿐 아니라 시스템의 설계 방법도 포함되었다. 객체지향 설계(object oriented design)는 복잡하고 대형이면서 자주 변경되어야 하는 시스템의 설계 문제점을 해결해 주었다. 복잡한 시스템에서는 모듈 하나를 프로그래밍하는 것도 어려운 일이지만, 여러 개의 모듈을 통합하고 관리하며 사용자의 변경 요구에 적절히 대응하면서 유지/보수를 한다는 것은 더욱 어려운 작업이다. 객체지향 프로그래밍은 이러한 문제점에 대한 해결책으로 개발된 것이다.

1.1 Top-down 설계

기존의 시스템 설계 방식으로 많이 사용되는 것이 top-down 설계이다. Top-down 설계의 첫째 작업은 요구사항을 파악하는 것이다. 즉 시스템이 무엇을 하는지(시스템의 기능)를 명확하게 하는 것이다. 먼저 시스템의 기능을 개괄적으로 기술하고 다음에 하나의 커다란 기능을 여러 개의 보다 작은 작업으로 나누는 방식으로 설계를 진행한다. 나누어진 작업들은 보다 쉽게 분석되고 재정의될 수 있다. 즉 상위 계층의 크고 복잡한 작업은 하위 계층의 작고 단순한 여러 개의 작업으로 정의된다. 이러한 top-down 설계의 최종 결과는 시스템의 계층 구조도(system hierarchical structure diagram)이다. 예를 들어 한 클래스의 성적을 처리하는 프로그램을 설계하려면 우선 다음과 같은 요구사항을 명시할 수 있다.

- 중간고사와 기말고사 성적 값을 저장한 파일을 읽는다.
- 중간고사와 기말고사 성적 값의 평균을 계산한다.
- 성적 순으로 정렬한다.
- 성적의 등급을 결정한다.
- 성적 결과를 출력한다.

이와 같은 요구사항에 맞추어 top-down 설계한 시스템의 계층 구조도는 다음과 같이 main 모듈 아래에 위의 각 기능을 수행하는 5개의 모듈을 둘 수 있다(물론, 5개 모듈 아래에 하위 모듈을 추가로 생성할 수 있다).

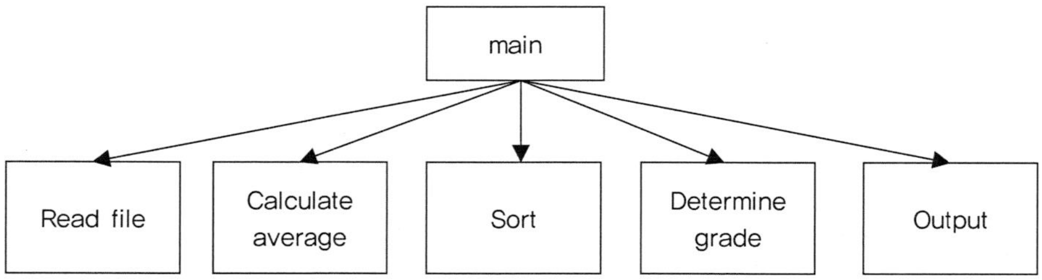

이러한 top-down 설계 방식은 bottom-up 설계 방식의 문제점을 개선한 것이지만, 다음과 같은 문제점을 가지고 있다.

① 설계된 시스템이 융통성이 적고 설계한 시스템을 변경하기가 어렵다. Top-down 설계에서 상위 층의 기능 변경은 그 하위 계층의 많은 변경을 요구한다. 한 번 설계된 시스템은 장시간 사용하게 되므로 시스템을 설계하고 구현하는 것보다 시스템을 유지 보수하는 비용이 더 많이 드는 것이 일반적이다. 또한 구현된 시스템은 사용자의 요구 및 기술 발전에 따라 계속 변경되어야 한다. 그러므로 소프트웨어 시스템에 융통성을 주어 변경을 용이하게 하는 것은 매우 중요한 일이다.

② Top-down 설계는 기존 소프트웨어의 재활용을 어렵게 한다. 시스템 계층 구조도에서 하위 모듈은 상위 모듈에 종속적이므로 다른 용도로 재활용하기 어렵기 때문이다.

③ 시스템을 설계/구현하는 기존 방법은 복잡하고 서로 다른 여러 가지 방법이 사용되었다. 즉 시스템 분석, 설계, 구현을 위해 서로 다른 모델과 언어가 사용되었다. 이러한 여러 방법의 사용을 지양하고 통합 기술인 객체지향 설계를 사용함으로써 시스템 분석, 설계, 구현이 일관적이고 효율적으로 이루어질 수 있게 되었다.

1.2 객체지향 설계

객체지향 설계 방법은 기존의 설계 방식에 비해 커다란 기술적 진보라고 할 수 있다. 객체지향 설계에서 가장 중요한 것은 기능 중심(function oriented)이 아니라 데이터 중심(data oriented)이라는 것이다. 시스템 설계를 시작할 때 그 시스템의 기능을 기술하는 것이 아니라 시스템의 동작에 필요한 객체(object)를 먼저 정의한다. 일반적으로 시스템 요구사항 변경이 시스템의 기능에는 많은 영향을 주지만 시스템 객체에는 영향을 적게 주기 때문에 객체지향 설계는 요구사항 변경에 대한 대응이 용이하다. 또한 자료 구조와 기능의 구현을 감추고 있는 객체들은 시스템의 다른 객체와 독립적이기 때문에 다른 용도로 재사용할 수 있다.

객체지향 프로그래밍에는 기존의 프로그래밍 기법에 비해 다음과 같은 새로운 개념을 도입하였다.

① 가능한 한 코드는 재사용할 수 있어야 한다.
② 객체간에 공통된 데이터나 연산은 중복 선언되지 않아야 한다.
③ 프로그래밍이 절차 중심적이 아니라 데이터 중심적이어야 한다.
④ 객체의 데이터 및 그와 연관된 연산이 함께 정의되어야 한다.

객체지향 설계의 핵심인 객체의 특징은 다음과 같다.

객체의 구성

내부 자료와 자료에 대한 연산을 규정하고 있다. 객체는 프로그램 안에서 다른 객체와 구분되는 이름(identifier)을 가진다.

정보 은닉

객체 내의 private 부분에 정의된 내부 자료는 객체 외부에서 직접 참조할 수 없다. 즉 객체 내부의 자료는 외부로부터 감추어진다.

자료의 캡슐화

정보 은닉을 포함하는 개념이다. 객체 외부에서는 객체 내의 내부 자료를 직접 액세스할 수 없으며 객체 내부에 정의한 연산에 의해서만 접근할 수 있다. 예를 들어 stack이라는 객체는 자료를 저장하는 배열과 함수 push(), pop()로 구성된다. 객체 stack에서 내부 자료 배열을 조작하기 위해서는 push()와 pop()이라는 연산을 호출해야 한다.

분류화(classification)

동일한 데이터 구조와 연산을 가진 객체들을 하나의 클래스로 그룹화한 것이다. 클래스는 객체의 그룹을 기술하기 위한 키워드이다(C++에서는 키워드 class를 제공한다).

다형성(polymorphism)

다형성이란 하나의 개체가 여러 가지 모습을 가질 수 있다는 의미이다. 프로그래밍 언어 측면에서의 다형성이란 동일한 연산자나 함수가 피연산자나 매개변수의 종류에 따라 서로 다르게 동작한다는 의미이다. 다형성에는 연산자 중복(operator overloading)과 함수 중복(function overloading)의 두 가지가 있다. C++ 언어에서는 두 가지 모두를 지원한다.

상속(inheritance)

C++ 언어에서는 서로 다른 객체가 계층적으로 구성되어 부모 클래스와 자손 클래

스로 구분될 수 있다. 계층적으로 구성된 객체들 간에 일부 속성을 상속할 수 있다. 즉 상위 계층 객체의 속성 및 연산을 하위 계층 객체와 공유할 수 있다.

1.3 새로운 용어

객체지향 프로그래밍에서는 새로운 용어와 새로운 개념을 도입하였다. 객체, 클래스, 하위 클래스, 인스턴스 등의 용어는 Simula 언어부터 사용되었다. 이러한 용어들은 기존의 절차적 프로그래밍으로부터 객체지향 프로그래밍을 구분하기 위하여 사용하기 시작하였다.

객체(object)

자료와 그에 대한 연산을 정의한 추상화 자료형으로서 자료의 캡슐화를 제공한다. C++ 언어에서는 클래스의 인스턴스가 객체이다.

클래스(class)

동일한 유형의 객체의 집합이다. C++ 언어에서는 키워드 'class'를 사용하여 클래스를 기술한다.

하위 클래스(subclass, 파생 클래스)

상위 클래스의 속성의 일부를 상속받은 클래스이다. 상위 클래스 속성 이외에 부가적인 속성을 가지고 있다(예: 자동차 – 트럭, 사각형 – 정사각형).

인스턴스(instance)

특정 클래스의 실제 객체를 의미한다. 클래스의 실체화(instantiation)를 통해 실세계에 존재하는 객체를 생성한다(자동차 – 내가 소유한 포니, 컴퓨터 – 숙희의 IBM –PC).

메소드(method, 연산)

클래스 내에서 연산을 구현한 절차의 집합으로 일반 프로그램의 함수, 프로시저, 서브루틴의 개념이다(C++에서는 멤버 함수라고 한다). 객체의 행동 특성을 나타내며 클래스 내부에 정의한 데이터를 참조할 수 있어 객체의 내부 상태를 변화시킨다.

메시지(message)

객체에 전달되는 메시지를 의미하며, 메시지를 전달 받은 객체는 적절한 메소드를 호출하여 메시지에 반응한다. 메시지는 일반 프로그래밍에서 함수 호출이나 프로시저 호출과 유사한 개념이다.

객체지향 프로그래밍은 다음과 같이 실세계를 모델링하여 다양한 문제에 대한 프로그램 개발을 쉽게 할 수 있다. 실세계에는 많은 개체가 존재하며 이들은 끊임없이 상호작용하면서 자신의 상태를 변화시키고 있다. 객체지향 프로그래밍에서는 실세계의 모든 것을 내부 상태와 행동 특성을 가지는 객체로 정의하고 객체간의 상호작용은 객체 간의 메시지 전송으로 기술한다. 메시지를 받은 객체는 그에 반응하여 메소드를 호출하여 행동하고 행동의 결과로 내부 상태가 변화한다. 객체의 상태가 변화하는 것은 실세계가 계속 변화하는 것을 반영한다.

현재 Smalltalk-80, Eiffel, Ada, C++, Java 등과 같이 많은 객체지향 프로그래밍 언어들이 있다. 여기서는 그 중 가장 널리 사용되고 있는 언어인 C++에서의 객체지향 프로그래밍에 대해서 설명한다.

2 C++ 언어에서 추가된 I/O 명령어

C++ 언어에서는 C 언어의 모든 I/O 명령어를 사용할 수 있다. 그리고 C++ 언어에서는 사용자의 편의를 위해서 'cout'과 'cin'이라는 표준 입출력 장치와 '〈〈'와 '〉〉'의 새로운 입출력 연산자를 제공한다. 이러한 기능을 사용하기 위해서는 새로운 헤더 파일 〈iostream〉와 "using namespace std;"라는 문장을 소스 코드에 추가해야 한다.

```
#include <stdio.h>
#include <iostream>
using namespace std;

void main(void)
{
    int i;
    char str[80];
```

```
    cout << "I like C++.\n";                 // New comment style in C++
    printf("You can use printf()\n");   /* you can use C style
                                         comments, too */
    cout << "key in a number: ";         // input a number using >>
    cin >> i;
    cout << "the number is " << i << "\n";// now, output a number
                                            using <<
    cout << "input a string: ";          // read a string
    cin >> str;
    cout << str << endl;
    // print the string
}
```

위의 예제 프로그램을 자세히 살펴보면 다음과 같은 점이 C++ 언어에서 추가되었음을 알 수 있다.

① 주석: //로 시작된 문자열은 그 줄의 끝까지 주석(comment)으로 인식한다.
② 화면으로 출력할 때는 "cout 〈〈 variable or string"의 형식을 사용한다.
③ 화면으로부터 변수 variable을 입력받을 때는 "cin 〉〉 variable"의 형식을 사용한다.
④ 프로그램의 앞부분에 #include 〈iostream〉와 "using namespace std;"가 추가되었다.

다음 프로그램을 잘 살펴보고, C 언어와의 차이점을 발견해보자.

```
#include <iostream>
using namespace std;

int sum_100(int start = 1, int end = 100)                    // ⓐ
{
        int sum=0;
        for(int i=start; i<=end; i++)                        // ⓑ
        sum += i;
        return (sum);
}
void increment(int &val)                                     // ⓒ
```

```
{
        val++;
}
void main()
{
        int i=7;
        increment(i);
        cout << "after increment i= " << i << "\n" ;
        int j=99;                                               // ⓓ
        cout << "sum_100() = " << sum_100() << "\n";            // ⓔ
        cout << "sum_100(99) = " << sum_100(99) << "\n";
        cout << "sum_100(1,10) = " << sum_100(1,10) << "\n";
}

[실행 결과]
after increment I = 8
sum_100() = 5050
sum_100(99) = 199
sum_100(1, 10) = 55
```

위의 예제 프로그램에 나타난 C 언어와 C++ 언어의 차이점은 다음과 같다.

ⓐ 함수 매개변수에 기본값(default value)을 줄 수 있다.
ⓑ for문 안에 사용되는 임시 변수를 for문 안에서 선언할 수 있다(여기서는 i).
ⓒ C 언어에서는 값 전달(call by value) 방법만 허용되나, C++ 언어에서는 참조 전달(call by reference) 방법을 허용한다. 형식 매개변수가 실제 매개변수의 주소값을 넘겨받아 실제 매개변수의 값을 참조할 수 있다.
ⓓ 변수 선언이 블록의 중간에서도 가능하다. C 언어에서는 반드시 블록의 시작 부분에서 변수를 선언해야 한다.
ⓔ 매개변수의 기본값을 사용한 함수를 여러 가지 형태로 호출할 수 있다.

3 C++ 언어에서의 객체지향 개념

프로그래밍 언어가 자료의 추상화와 캡슐화, 상속, 다형성 등을 지원하면 객체지향 프로그래밍을 지원한다고 할 수 있다. 다음에서 C++ 언어에서 이들을 어떻게 지원하는지에 대해서 설명한다.

3.1 클래스(class)

C++ 언어에서 자료의 추상화와 캡슐화의 단위는 자료형과 서브 프로그램 선언을 포함하는 'class'이다. C++ 언어의 클래스는 객체의 세부사항을 명시한 것으로서 실제 객체(object, instance)는 클래스로부터 생성된다. 그러므로 C++ 언어에서 객체를 사용하기 위해서는 먼저 클래스를 정의해야 한다. 클래스는 다음 내용을 기술한다.

① 클래스 내부 변수
② 클래스 내부 변수를 조작할 함수

C++ 언어에서는 내부 변수와 함수를 클래스 멤버(class member)라고 하며, 각각 멤버 변수와 멤버 함수라고 부른다. 클래스 내에는 'public', 'protected', 'private' 등의 영역이 있으며, 이것들은 접근 방법을 나타내는 C++ 언어의 키워드로서 다음과 같은 의미를 가진다.

- private: 이 영역에 명시된 멤버들은 외부로부터 감추어지고 객체 내부에서만 참조할 수 있다. 일반적으로 객체 내부에서 사용할 변수들을 private 영역에 선언한다.
- public: 객체 외부에서 액세스가 가능한 멤버들을 명시하는 영역이다. 일반적으로 객체 내부의 자료를 조작하는 함수들을 public 영역에 선언하여 외부에 공개하고 외부에서 이들을 사용하여 객체를 조작할 수 있도록 한다.
- protected: protected 영역은 private 영역처럼 클래스 외부로부터 감추어진다. 다만 하위 클래스(subclass 또는 파생 클래스)에서는 protected 영역에서 선언한 멤버들을 액세스할 수 있다(즉, 하위 클래스로 상속되어 공유된다).

C 언어에서 'struct'로 선언하는 레코드에서는 영역의 기본값이 'public'인 반면 C++ 언어에서는 기본값이 private이다. 다음은 큐(queue)를 C++ 언어로 작성한 것이다.

```
class queue
private variables
        q[], sloc, rloc
```

```
public functions
       init(), qput(int), qget()

C++ class definition
// this creates the class queue
class queue {
private:
  int q[100];            // variables inivisible to users
  int sloc, rloc;        // variables inivisible to users
public:
  void init();           // functions visible to users
  void qput(int i);      // functions visible to users
  int qget();            // functions visible to users
};
```

[해설]

- 클래스 queue는 멤버 변수로 정수 배열 q와 두 개의 정수(배열의 포인터)를 가지고 있음을 알 수 있다. 이 변수들은 private 영역에 정의되어 있기 때문에 객체 외부에서 액세스할 수 없다. 기본값이 private이므로 private는 생략할 수 있다.
- 클래스 queue는 멤버 함수로 init(), qput(), qget()을 가지고 있으며, public 영역에 선언되어 있으므로 이 함수들은 객체 외부에서 호출할 수 있다. 따라서 클래스 객체를 외부에서는 다음과 같은 객체로 인지한다.

queue 객체

```
void init();
void qput(int i);
int qget();
```

- 멤버 함수의 정의는 클래스 외부에서 영역 결정 연산자(scope resolution operator, '::')를 사용하여 다음과 같은 형식으로 정의한다.

```
리턴타입 클래스이름::함수이름()
{
// 멤버 함수의 몸체 부분
}
```

아래는 멤버 함수를 클래스 외부에 정의한 예이다.

```
void queue::init(void)            // initialize
{
   rloc = sloc = 0;
}
void queue::qput(int i)
{
        if (sloc==100)
        {
                cout << "queue is full";
                return;
        }
                q[sloc] = i;
                sloc++;
}
int queue::qget(void)
{
        if (rloc == sloc)
        {
                cout << "queue underflow";
                return 0;
        }
return q[rloc++];
}
```

[해설]

- 클래스 queue의 init() 함수는 배열의 포인터를 초기화하고 있다. 변수 rloc, sloc는 클래스 queue에서 선언한 변수이다.
- 변수 sloc는 새로 데이터가 저장된 배열의 첨자를 나타낸다. 배열 q를 q[100]으로 선언하였기 때문에 sloc가 100이 되면 queue는 full이 된다.
- 함수 qget()에서 rloc와 sloc의 값이 같으면, queue에 저장된 데이터가 없는 것이다. 그런데 데이터의 출력을 요구하므로 오류 메시지를 출력한다.

앞에서 정의한 클래스 queue를 사용하는 main()의 예는 다음과 같다.

```
void main(void)
{
        queue a, *b;        // create two queue

        b= new queue;       // allocate queue itself
        a.init();           // initialize: 객체 a의 멤버 함수 init() 호출
        b->init();          // 객체 포인터 b가 가리키는 객체의 멤버 함수 호출

        a.qput(10);         // input data: 객체 a의 멤버 함수 qput() 호출
        b->qput(19);
        a.qput(20);         // input data
        b->qput(1);         // print data
        cout << a.qget() << " ";
        cout << a.qget() << " ";
        cout << b->qget() << " ";
        cout << b->qget() << "\n";
}

[실행 결과]
10 20 19 1
```

객체를

```
queue a, *b;
```

와 같이 선언하면, a는 실제 객체 queue의 공간이 할당되지만, b는 객체 queue의 포인터가 할당된다. 즉 실제 객체의 저장 공간은 할당되지 않았다. 실제 객체의 공간은 "new queue"에 의해서 할당된다. 문장 "new queue"의 반환값은 할당된 공간의 시작 주소가 되고, 이 값이 변수 b에 지정된다. 변수 b는 객체의 포인터이므로 '→'를 사용하여 멤버 함수를 호출할 수 있다.

예제에서도 알 수 있듯이 객체의 내부 자료는 공개된(public 영역에 선언된) 멤버 함수를 통해서만 액세스할 수 있다. 따라서 다음과 같은 문장은 허용되지 않는다.

```
queue c;
c.sloc= c.rloc = 0;
```

이는 sloc와 rloc의 접근 제한자(access specifier)가 기본값인 private로 선언되어 있기 때문에 객체 외부에서는 접근이 허용되지 않기 때문이다(정보 은닉).

3.2 생성자 함수와 소멸자 함수

C++ 언어에는 객체가 생성되고 종료될 때 자동적으로 호출되는 시스템 지정 함수가 있다. 이 두 함수를 생성자와 소멸자라고 한다.

생성자(constructor)

생성자는 객체가 생성될 때 자동적으로 호출되므로 객체를 초기화하는데 사용하며 반환값이 없이 클래스 이름과 동일하게 선언한다. 두 개 이상의 생성자를 중복 선언할 수도 있는데 이 경우 매개변수를 다르게 하여 다양한 방식으로 객체를 생성할 수 있도록 한다.

소멸자(destructor)

틸드(~) 기호(논리 연산에서의 not 기호)를 해당 클래스 이름 앞에 붙여서 소멸자 함수를 선언한다. 소멸자는 매개변수를 가질 수 없으며 반환형도 없다. 소멸자에서 연산자 new로 할당된 기억장소를 반환하도록 하면 쓰레기의 발생을 막을 수 있다.

생성자와 소멸자의 예

앞의 예에서는 init() 함수를 사용하여 초기화 하였지만, 다음과 같이 queue의 생성자 함수를 정의하면 init() 함수는 필요 없게 된다. 소멸자는 객체가 회수되기 직전에 호출된다. 이 예제에서는 객체가 소멸되었음을 화면에 출력하는 기능을 한다.

```
class queue {
   int q[100];
   int sloc, rloc;
public:
   queue(void)        // 생성자
   {
      rloc=sloc=0;
   }
```

```
    ~queue(void)       // 소멸자
    {
      cout << "queue is destroyed\n";
    }
    void qput(int i);
    int qget(void);
};
```

Stack 클래스 및 생성자/소멸자 사용 예

다음 예는 생성자를 사용하여 사용자가 원하는 크기의 스택을 할당할 수 있도록 하였다. stack 클래스에는 buffer라는 정수 포인터를 두고 이 포인터가 실제 stack 데이터 저장 장소를 가리키게 한다. C에서는 buffer[i]와 *(buffer+i)가 동일한 의미라는 사실을 기억하기 바란다.

```
#include <iostream>
using namespace std;
class stack {
        int *buffer;
        int top;
        int s_size;
public:
        stack(int size);                        // 생성자의 선언
        ~stack(void);                           // 소멸자의 선언
        int pop(void);
        void push(int data);
};
stack::stack(int size)                          // 생성자 함수 정의
{
        top = -1;
        s_size = size;
        buffer = new int[size*sizeof(int)];
        cout << "New stack is created\n";
}
stack::~stack(void)                             // 소멸자 함수가 정의
{
        delete buffer;
```

```
        cout << "A stack is destroyed\n";
}
int stack::pop(void)
{
        return(buffer[top--]);
}
void stack::push(int data)
{
        if (top < s_size-1)
          buffer[++top]=data;
}
```

다음은 위의 클래스 정의를 이용하여 스택 연산을 수행하는 main 함수와 실행 결과를 보여준다.

```
void main()
{
        stack s(10);          // 객체 s의 생성
        s.push(2);
        s.push(4);
        s.push(7);

        cout << s.pop() << "\n";
        cout << s.pop() << "\n";
        cout << s.pop() << "\n";
}

[실행 결과]
New stack is created
7
4
2
A stack is destroyed
```

여기에서 소멸자는 생성자에서 할당한 스택의 기억장소(buffer)를 반환하도록 명시하고 있다. 블록 구조 프로그램에서 한 블록이 실행을 마치면 블록 안의 객체는 자동적으로 소멸되지만 객체가 가리키던 데이터는 자동적으로 소멸되지 않기 때문

에 쓰레기로 남게 될 수 있으나, 소멸자가 자동적으로 호출되어 기억장소 반환을 하기 때문에 쓰레기를 생성하지 않게 된다.

3.3 상속(inheritance)

상속의 기본 개념은 계층 구조의 클래스에서 상위 클래스의 변수나 함수를 하위 클래스에서 상속받는다는 것이다. 자동차의 예를 들어 상속의 개념을 설명하기로 한다. C++ 언어로 자동차 객체들의 계층 관계를 나타내면 그림 10-1과 같다.

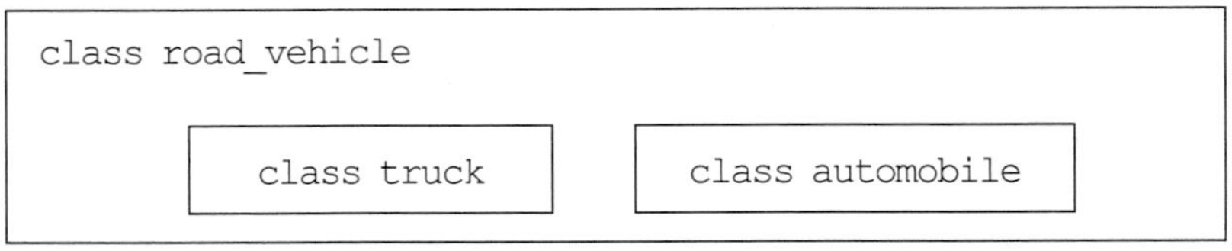

그림 10-1 자동차 객체들의 계층 관계

그림 10-1에서 클래스 road_vehicle은 서브 클래스로 클래스 truck과 automobile을 가진다. 즉 트럭과 자동차는 road_vehicle의 속성을 상속 받는다. 이 계층 구조를 나타내면 그림 10-2와 같다.

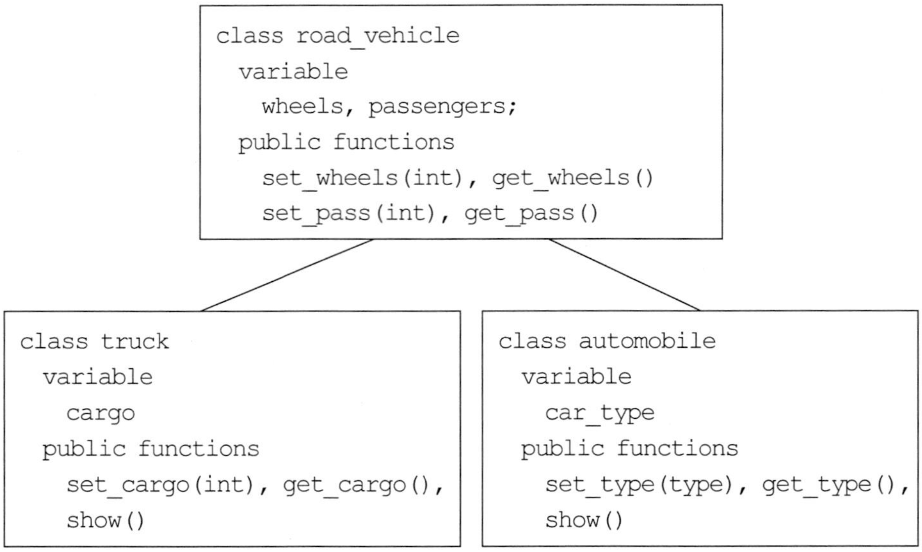

그림 10-2 자동차 클래스의 계층 구조

상속을 이용하여 하위 클래스를 정의함으로써 하위 클래스를 정의하는 것을 보다 간편하게 할 수 있다. 또한 상위 클래스의 코드를 재사용하여 프로그램의 크기를 줄일 수 있다는 장점이 있다.

3.4 C++ 언어에서의 클래스간 계층 정의

C++ 언어에서 하위 클래스를 정의하는 형식은 다음과 같다.

```
class subclass_name : [inherit_method] parent_class {
            // sub_class definition
};
```

여기서 [inherit_method]는 옵션 부분이며 생략하면 기본값인 public으로 간주된다. "inherit_method"가 가질 수 있는 값은 public, private, protected 중 하나이고 이들의 의미는 다음과 같다.

public

상위 클래스에서 public 영역에 선언한 멤버들은 그대로 public 영역으로 상속되고 protected 영역에서 선언한 멤버들은 protected 영역으로 상속된다. 상위 클래스에서 private로 명시된 함수 및 변수들은 하위 클래스로 상속되지 않는다.

private

상위 클래스의 public과 protected 영역에 명시된 멤버들이 하위 클래스에서는 private 영역으로 상속된다. private로 상속된 변수나 함수는 하위 클래스의 객체 내부에서만 참조할 수 있다. 다음 예를 살펴보자.

```
class animal {
  public: int i;
};
class dog : private animal {
  public: int k;
};
void main() {
  animal a;
```

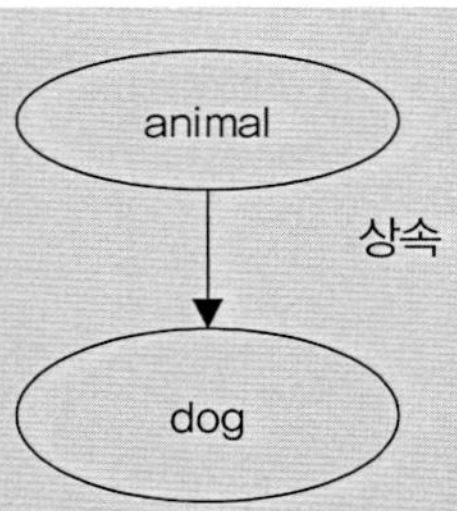

```
    dog d;
    a.i = 77;   // this is O. K.
    d.i = 4;    // No, this is not allowed (private로 상속되었기 때문)
    d.k = 12;   // this is O. K.
}
```

protected

상위 클래스의 public과 protected 영역에서 선언한 멤버들이 하위 클래스에서는 protected 영역으로 상속된다. protected로 상속된 함수와 변수들은 객체 외부에서 참조할 수 없고 하위 클래스로의 상속은 가능하다. 다음 예를 살펴보자.

```
class animal {
        private :    int i;
        protected :  int j;
        public :         int k;
};
class dog : protected animal {
        public :
          int g;
          void init() { j=0; }  // 상속된 클래스 내에서 j는 액세스 가능
};
```

위의 animal 클래스와 dog 클래스를 사용하여 다음과 같은 main 함수를 작성하였다. 다음 코드가 적절한지 여부를 판단해 보자.

```
void main()
{
        animal amy;
        dog    john;
        amy.i = 1;          // this is not allowed
        amy.j = 2;          // this is not allowed
        amy.k = 3;          // this is O.K.
        john.k = 3;         // this is not allowed
}
```

만일 dog 클래스가 다음과 같이 정의되었다면(상속 방법이 protected가 아닌 public이라면) 앞의 예의 마지막 배정문 john.k = 3이 허용된다.

다음 표는 상위 클래스에서의 접근 제한자(영역 표지) 및 상속 방식에 따른 접근 가능 여부를 정리한 것이다. 각 경우에는 두 개의 칸을 두고 있다. 왼쪽 칸에는 하위 클래스의 메소드에서의 액세스 가능 여부를 명시하였고, 오른쪽 칸에는 객체 외부 메소드(예를 들어 메인 메소드)에서의 액세스 가능 여부를 명시하였다.

상위 클래스 / 상속방식	private		protected		public	
	subclass 메소드	외부 메소드	subclass 메소드	외부 메소드	subclass 메소드	외부 메소드
public	X	X	O	X	O	O
protected	X	X	O	X	O	X
private	X	X	O	X	O	X

결과적으로 클래스의 public과 protected 영역에 명시된 멤버들만이 상속될 수 있으며, 하위 클래스에서는 상속 방법에 명시된 영역에 위치하게 되어 그 영역의 특성을 가지게 된다.

다음은 그림 10-1과 10-2에서 제시한 자동차 계층 구조를 구현한 C++ 예제 프로그램이다. 상위 클래스 road_vehicle에서 정의한 메소드들을 하위 클래스 truck, automobile에서 사용할 수 있음을 알 수 있다.

```
class road_vehicle {
  int wheels;
  int passengers;
public:
  void set_wheels(int num);
  int get_wheels(void);
  void set_pass(int num);
  int get_pass(void);
};
class truck : public road_vehicle {
  int cargo;
public:
  void set_cargo(int size);
  int get_cargo(void);
  void show(void);
```

```
};

enum type { car, van, wagon };
class automobile : public road_vehicle {
   enum type car_type;
public:
   void set_type(enum type t);
   enum type get_type(void);
   void show(void);
};

void road_vehicle::set_wheels(int num)
{
   wheels = num;
}
int road_vehicle::get_wheels(void)
{
   return wheels;
}
void road_vehicle::set_pass(int num)
{
   passengers = num;
}
int road_vehicle::get_pass(void)
{
return passengers;
}
void truck::set_cargo(int num)
{
   cargo = num;
}
int truck::get_cargo(void)
{
   return cargo;
}

void truck::show(void)
{
  cout << "wheels: " << get_wheels() << "\n";
```

```
  cout << "passengers: " << get_pass() << "\n";
  cout << "cargo capacity in cubic feet: " << cargo << "\n";
}
void automobile::set_type(enum type t)
{
  car_type = t;
}
enum type automobile::get_type(void)
{
  return car_type;
}
void automobile::show(void)
{
  cout << "wheels: " << get_wheels() << "\n";
  cout << "passengers: " << get_pass() << "\n";
  cout << "type: ";
switch(get_type())
{
    case van: cout << "van\n";
            break;
    case car: cout << "car\n";
            break;
    case wagon: cout << "wagon\n";
}
}

void main(void)
{
  truck t1, t2;
  automobile c;

  t1.set_wheels(18);
  t1.set_pass(2);
  t1.set_cargo(3200);
  t2.set_wheels(6);
  t2.set_pass(3);
  t2.set_cargo(1200);

  t1.show();
```

```
  t2.show();

  c.set_wheels(4);
  c.set_pass(6);
  c.set_type(van);

  c.show();
}

[실행 결과]
wheels: 18
passengers: 2
cargo capacity in cubic feet: 3200
wheels: 6
passengers: 3
cargo capacity in cubic feet: 1200
wheels: 4
passengers: 6
type: van
```

위의 프로그램에서 알 수 있듯이 기본 클래스에서 정의된 속성들이 파생 클래스에서 사용될 수 있다. 상속으로 인해 한 번 정의된 함수를 여러 클래스에서 공유할 수 있다.

C++ 언어에서는 하나 이상의 클래스로부터 상속을 받을 수 있는 다중 상속(multiple inheritance)이 가능하다. 다음 C++ 코드는 virus는 생물체 클래스와 무생물 클래스로부터 다중 상속을 받는다는 것을 나타낸 것이다. 이 다중 상속을 그림으로 나타내면 그림 10-3과 같다.

```
class living_thing  { .... };
class dead_thing  { .... };
class virus : public living_thing, public dead_thing {
   ....
};
```

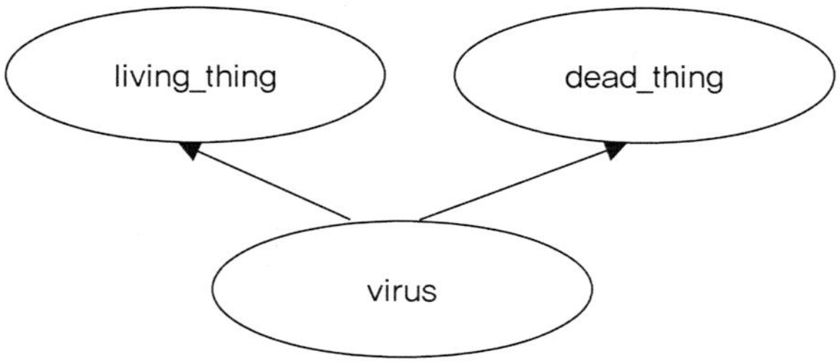

그림 10-3 다중 상속의 표현

> note 클래스간의 상속을 나타내는 그림(상속 그래프)에서는 화살표를 자손 클래스에서 부모 클래스 방향으로 그린다.

C++ 언어에서는 자신이 상속받은 속성을 다시 자신의 하위 클래스에 상속할 수 있다. 이를 반복적 상속(cascade inheritance)이라고 한다. 다음은 C++ 언어로 클래스 A, B, C가 반복적으로 상속하는 것을 표현한 것이다.

```
class A { ... }
class B : public A { ... }
class C : public B { ... }
```

3.5 다형성(polymorphism)

다형성이란 "많은 형태(형식)"을 의미한다. 프로그래밍에서 다형성이란 프로그래머가 변수, 값, 서브 프로그램 등을 두 가지 이상의 방법으로 사용할 수 있는 것을 말한다. 다형성에는 정적 다형성과 동적 다형성이 있는데, 정적 다형성은 컴파일할 때 판단할 수 있는 다형성으로서 다음과 같은 것들이 있다.

- 형 변환(type conversion) : 하나의 값이 한 유형(type)에서 다른 유형으로 변화하는 것이다.
- 중복(overloading) : 같은 이름의 함수나 연산자가 두 개 이상 사용되는 것이다.
- 일반화 메커니즘(generic mechanism) : 함수나 클래스를 생성하는 형판이며 컴파일할 때 매개변수에 따라 함수나 클래스가 결정된다.

그리고 동적 다형성은 실행 시간까지 판단할 수 없는 다형성을 말하며, 동적 다형성을 지원해야 객체지향 프로그래밍을 지원한다고 할 수 있다.

- 가변형 레코드(variant record)나 C 언어에서의 union: 실행할 때 정확한 구조를 알 수 있다.
- 실행 시간 함수 결정: 컴파일 시간이 아닌 실행 시간에 결정되는 객체의 유형에 따라 호출될 함수를 결정한다.

다형성을 설명하기 위하여 먼저 "this"라는 시스템 정의 포인터를 설명한다.

3.5.1 this 포인터

C++와 Java 언어에서 사용되는 this 포인터는 매우 중요하다. 멤버 함수를 호출할 때마다 시스템은 그 함수를 호출한 객체의 포인터를 넘겨준다. 이 포인터의 이름이 바로 this이다. 즉 this 포인터는 멤버 함수를 호출한 객체의 주소 값을 가진다. 모든 객체가 멤버 함수를 호출할 때 전달하는 묵시적인 매개변수(implicit parameter)가 this 포인터이다.

```
class Sample {
        int i;
        public:
          add()  { i++; }          // { this->i++; }
};
```

다음 예는 모든 멤버 변수들을 가리키는 데 this 포인터와 같이 사용할 수 있음을 보여준다. 연산자 중복에서는 호출한 객체를 반환해야 할 필요가 있으므로 this 포인터의 역할이 매우 중요하다.

```
class sample {
        int x;
public:
        void set_x(int val)
        {    this->x =val;    }            // x=val;과 동일
        int get_x()
        {    return this->x;     }         // return x;와 동일
};
void main()
{
```

```
        sample o1, o2;
        o1.set_x(12);
        o2.set_x(44);
        cout << o1.get_x() << "\n";
        cout << o2.get_x() << "\n";
}

[실행 결과]
12
44
```

3.5.2 C++ 언어에서 지원하는 정적 다형성

다형성의 목적은 비슷한 종류의 여러 작업을 하나의 이름을 사용하여 나타내고자 함이 목적이다. 여기서는 C++ 언어에서 지원하는 정적 다형성, 즉 컴파일 시간에 판단할 수 있는 다형성인 중복을 지원하는 함수 중복과 연산자 중복, 그리고 일반화 메커니즘을 지원하는 템플릿에 대해서 설명한다.

예를 들어 도형의 넓이를 계산하는 함수를 area()라고 하자. 넓이를 계산하고자 하는 도형에 따라 triangle_area(), rectangle_area(), circle_area()와 같이 여러 이름으로 함수를 정의할 수 있지만 이는 매우 불편하다. 면적을 계산하는 함수의 이름으로 area 하나만을 사용하고 전달되는 매개변수의 유형에 따라 적절한 넓이 구하는 공식을 적용하는 여러 개의 함수를 정의할 수 있으면 매우 편리할 것이다. 예를 들어, 함수 area()에 매개변수로 삼각형을 전달할 경우 공식 [면적 = 높이 * 밑변 /2]를 적용하여 삼각형의 넓이를 계산하는 함수가 호출되고 매개변수로 원을 전달할 경우에는 [원의 넓이 = 반지름 * 반지름 * 원주율]의 공식을 적용하여 면적을 구하는 함수를 호출하도록 하는 것이다. 매개변수의 유형은 컴파일 시간에 확인할 수 있으므로 다음의 함수 중복과 연산자 중복은 정적 다형성에 해당한다.

함수 중복(function overloading)

매개변수의 유형이나 개수에 따라 다른 기능을 수행할 수 있도록 여러 개의 함수를 동일한 이름으로 정의할 수 있는 것을 말한다. 다음 C++ 프로그램은 매개변수의 유형(정수와 실수)에 따라 중복 선언된 함수 square()를 작성한 것이다. 함수 square()를 호출하는 매개변수의 유형에 따라 다르게 정의된 함수를 호출하게 된다.

```
double square(double f)
{
        cout << "float square is called.\n";
        return (f*f);
}
int square(int i)
{
        cout << "integer square is called.\n";
        return (i*i);
}
void main()
{
        cout << square(12) << "\n";
        cout << square(9.5) << "\n";
}

[실행 결과]
integer square is called.
144
float square is called.
90.25
```

연산자 중복(operator overloading)

사용자가 정의한 클래스의 객체에 일반적으로 사용되는 산술 연산자를 적용할 수 없다. 예를 들어 사용자가 벡터(vector: 1차원 배열) 클래스를 정의하였다면, 그는 벡터형 객체간의 더하기를 표현하기 위해 '+' 연산자를 사용하고 싶을 수 있다. 물론 별도의 멤버 함수를 정의하여 벡터형 객체간의 덧셈을 수행할 수도 있지만, 일반적인 '+' 연산자를 사용하면 프로그램을 더 편하게 작성하고 프로그램의 가독성을 높일 수 있다.

C++ 언어는 산술 연산자(+, -, *, /, ++, -- 등)를 클래스의 객체에 맞도록 기능을 정의할 수 있다. 이를 연산자 중복이라고 한다. 즉 클래스에 적당한 연산자의 기능을 정의하는 것이다. 예를 들어 연산자 '+'의 기능을 중복 정의하는 일반 형식은 다음과 같다.

```
return_class class_name::operator+(arg_class argument) {
        연산자 +를 클래스에 알맞은 연산으로 정의한다.
}
```

여기서 '+'는 정의하고자 하는 다른 연산자와 대치될 수 있다. class_name은 연산자 '+'의 왼쪽에 위치할 피연산자의 클래스를 의미한다. return_class은 '+' 연산의 실행결과 반환되는 객체의 클래스형이다. arg_class와 argument는 + 연산자의 오른쪽에 위치하는 피연산자 클래스의 타입과 객체를 나타낸다. 예를 들어 위의 함수가 obj1 + obj2의 수식으로 호출될 경우, class_name은 객체 obj1의 클래스를 말하고, arg_class는 obj2의 클래스를 나타내며, return_class는 obj1 + obj2의 연산 결과의 클래스를 나타낸다.

아래 예에서 클래스 Two는 정수 x, y를 멤버 변수로 가지고 연산자 '+'와 '='을 선언하였다.

```
class Two {
      int x, y;
      public:
            Two operator+(Two t);          // 연산자 + 의 중복선언
            Two operator=(Two t);          // 연산자 = 의 중복선언
            Two(int v1, int v2)            // 생성자
            { x=v1; y=v2; }
            void show();
};
Two Two::operator+(Two t) {
      Two temp(0,0);
      temp.x = this->x + t.x;
      temp.y = this->y + t.y;
      return temp;
}
Two Two::operator=(Two t) {
      this->x = t.x;          // 물론 this는 생략할 수 있다.
      this->y = t.y;
      return *this;           // 객체의 값을 반환한다(this가 포인터이므로).
}
void Two::show()
```

```
{
      cout << x << ", " << y << "\n";
}
```

클래스 Two의 객체 a와 b를 사용한 수식 "c = a+b;"를 계산하는 과정은 다음과 같다.

① 정의된 '+' 연산자 함수를 호출한다. 여기서는 Two Two::operator+(Two t)로 정의된 함수를 호출한다. 이때 전달되는 매개변수는 다음과 같다.
  - 객체 a는 this 포인터로 전달
  - 객체 b는 형식 매개변수 t에 전달

② 더하기를 수행한 객체의 값(temp)을 반환한다.

③ 정의된 '=' 연산자 함수를 호출한다. 여기서는 Two Two::operator=(Two t)로 정의된 함수를 호출한다. 이때 전달되는 매개변수는 다음과 같다.
  - 객체 c는 this 포인터로 전달
  - 객체 temp는 형식 매개변수 t에 전달

④ 포인터 this가 가리키는 객체(여기서는 매개변수로 전달 받은 객체 c)를 반환한다.

다음은 Two 클래스를 이용하는 main 함수인데, 여기서는 클래스 객체간의 연산에서 재정의한 '+'와 '=' 연산자를 사용하고 있다.

```
void main()
{
    Two a(1, 2), b(3, 4), c(0, 0);
    a.show();
    b.show();
    c=a+b;       // ⓐ
    c.show();
    c=a+b+c;     // 일반 + 연산의 결합 규칙(associative rule)이 적용된다.
    c.show();
    c=b=a;       // 일반 = 연산의 결합규칙이 적용된다.
    c.show();
    b.show();
}
```

```
[실행 결과]
1, 2
3, 4
4, 6
8, 12
1, 2
1, 2
```

위의 예제 프로그램의 ⓐ에서 매개변수가 전달되는 상황을 그림으로 그리면 다음과 같다. 포인터 this는 객체 a를 가리키고, t에는 b의 값이 복사된다(call by value).

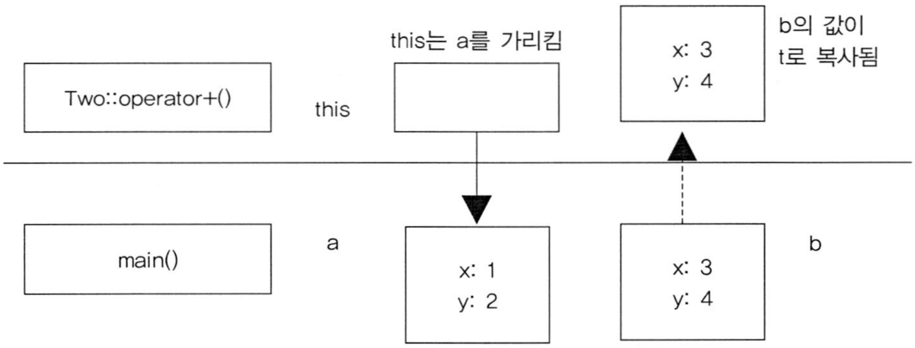

C++ 언어에서는 문자열 변수에 대한 연산자가 없다. 다음 예는 C++ 언어의 연산자 중복 기능을 이용하여 문자열 변수들을 연결시키는 연산을 '+'로, 문자열 변수 간의 배정문을 '='로 정의한 String 클래스를 보여준다.

```
class String {
      char buf[50];
public:
      String(char *init) { strcpy(buf, init); }
      String operator+(String s);
      String operator=(String s);
      void show()
      {
      cout << buf << "\n";
```

```
    }
};
String String::operator+(String s)
{
    String str("");
    strcpy(str.buf, buf);
    strcat(str.buf, s.buf);
    return str;
}
String String::operator=(String s)
{
    strcpy(buf, s.buf);
    return *this;
}
```

다음은 위의 String 클래스를 이용하여 문자열 연산을 수행하는 main 함수이다. C 언어와 비교하였을 때 문자열 간의 연산을 익숙한 산술 연산자를 사용함으로써 프로그래밍이 쉽고 프로그램의 이해도가 높음을 알 수 있다.

```
void main()
{
    String s1("hello"), s2("how are you?"), s3(" see you later");
    s1.show();
    s1 = s2;        s1.show();
    s1 = s2 + s3;   s1.show();
}

[실행 결과]
hello
how are you?
how are you? see you later
```

템플릿(template)

C++ 언어에서 템플릿은 일반화 메커니즘을 지원하는 장치로서 매개변수에 따라서 다양한 클래스와 함수를 생성할 수 있는 형판이다. 컴파일 시간에 매개변수의 유형을 결정할 수 있기 때문에 컴파일 시간에 실제 클래스나 호출될 함수를 결정할 수

있으므로 정적 다형성을 지원하는 장치라고 할 수 있다. 다음의 int_array 클래스를 살펴보자.

```
class int_array {
       public:   int  buf[100];
};
```

클래스 int_array는 정수형 배열을 정의하고 있다. 만일 이와 비슷한 실수형 배열 클래스를 정의할 필요가 있다면 float_array라는 클래스를 다시 정의해야 한다. 그런데 int_array와 float_array는 데이터의 유형만 다를 뿐, 내부 구조는 동일하다. 즉 멤버 변수의 유형만이 다르고 동일한 구조를 가진 클래스를 표현해야 할 경우 템플릿을 사용한다. 템플릿은 클래스의 정의 안에 데이터 유형에 관한 부분을 인자화한 것이다.

템플릿 문장의 형식은 다음과 같다.

```
template <class type-parameter>
class class_name
{ definition };
```

위의 형식으로 정의된 템플릿을 사용하여 클래스를 정의하는 문장 형식은 다음과 같다.

```
class_name < actual_types > object_instance;
```

다음 예에서는 템플릿 클래스 any_array를 정의하여 사용하고 있다. 사용자는 원하는 배열의 타입, 배열의 크기, 객체 이름을 지정하여 사용한다.

```
template <class array_type, int size>
class any_array {
public:
       array_type buf[size];
};
any_array<int, 10> x;            // ①
any_array<float, 20> y;          // ②
```

```
any_array<char, 10> z;          // ③

void main()
{
       x.buf[0] = 7;
       y.buf[0] = 7.5;
       z.buf[0] = 'u';
       cout << x.buf[0] << ", " << y.buf[0] << "\n";
       cout << z.buf[0] << "\n";
}

[실행 결과]
7, 7.5
u
```

위의 프로그램에서 ①, ②, ③에 의해 any_arry의 변수 buf의 선언은 각각 다음과 같은 의미를 가지게 된다.

① int buf[10];

② float buf[20];

③ char buf[10];

다음 C++ 예제는 템플릿을 사용하여 generic(일반) 클래스인 Any_array를 명시하고 있다. Any_array 클래스 내에 생성자와 소멸자의 정의를 주의하자.

```
template <class Type> class Any_array {
      int size;
      Type *ia;
public:

      Any_array (int request) { size=request; ia = new Type[size]; }
      ~Any_array(void) { delete [] ia; }
      int GetSize() { return size; }
};
void main()
{
    Any_array<int> ia(4);
    Any_array<double> da(5);
```

```
    Any_array<char> ca(6);
    cout << "ia size = " << ia.GetSize() << "\n";
    cout << "da size = " << da.GetSize() << "\n";
    cout << "ca size = " << ca.GetSize() << "\n";
}

[실행 결과]
ia size = 4
da size = 5
ca size = 6
```

3.5.3 C++ 언어에서 지원하는 동적 다형성

C++ 언어에서는 호출된 서브 프로그램이 무엇인지를 실행시간에 결정할 수 있도록 하는 함수의 동적 바인딩(dynamic binding)을 지원하는데 동적 바인딩되는 함수를 나타낼 때 가상 함수로 표현한다.

가상 함수(virtual function)

클래스를 상속할 때 하위 클래스에서 상위 클래스에서 정의한 함수와 같은 이름, 같은 매개변수, 같은 리턴 타입을 가지는 함수를 정의할 수 있는데, 이때 하위 클래스 함수는 상위 클래스의 함수를 대치(override, replace)한다고 한다. 이러한 함수 대치(function overriding)는 호출할 때 사용하는 객체의 타입에 따라서 실제로 호출될 함수를 결정하기 때문에 정적 바인딩(static binding) 함수라 할 수 있다.

가상 함수는 함수 대치와 비슷한 점이 많다. 가상 함수도 기본 클래스(base class)에서 정의된 함수를 파생된 클래스(derived class)에서 새 버전으로 재정의하는 것이다. 그런데, 기본 클래스에서는 함수의 몸체를 정의하지 않고 인터페이스만을 정의하며 파생된 클래스에서 실제 함수의 몸체를 정의하도록 하는 것을 의미한다.

다음은 클래스 animal과 그의 파생 클래스인 bird와 mammal(포유 동물)간에 자식을 낳는 방법을 가상 함수를 이용하여 작성한 예이다. 클래스 animal은 멤버 함수로서 breathe()와 make_descendant()를 가지고 있다. 모든 animal은 숨쉬는 방법이 동일하지만 자손을 낳는 방법은 서로 다르다. 예를 들어, 조류는 알을 낳고 포유동물은 새끼를 낳는다. 따라서 기본 클래스인 animal에서 자손 낳기를 위한 함수 make_descendant()를 가상 함수로 정의하였다. 함수 make_descendant()의 구체적인 실행 절차는 각 파생 클래스, 즉 조류와 포유류에 대한 클래스에서 상세하게 정의된다.

```
class animal {
public:
        void breathe(void);
        virtual void make_descendant(void);
};
class bird: public animal {
public:
        virtual void make_descendant(void);
};
class mammal: public animal {
public:
        virtual void make_descendant(void);
};
void animal::breathe(void)
{
        cout << "breathing\n";
}
void animal::make_descendant(void)     // 호출되지 않으므로 필요 없다.
{
        cout << "make descendant\n";
}
void bird::make_descendant(void)
{
        cout << "lay egg\n";
}
void mammal::make_descendant(void)
{
        cout << "lay children\n";
}
```

이 예제에서는 animal 클래스의 make_descendant() 함수를 'virtual'로 선언하였으며 그 하위 클래스 bird와 mammal에서 실제 행동을 정의하여 make_descendant() 함수를 정의하였다. 위의 클래스 정의를 이용한 main 함수는 다음과 같다.

```
void main()
{
   mammal m;
   bird b;

   m.breathe();
   b.breathe();
   m.make_descendant();         // ①
   b.make_descendant();         // ②
}

[실행 결과]
breathing
breathing
lay children
lay egg
```

위의 ①에서는 mammal 클래스 객체 m을 가지고 make_descendant()가 호출되었기에 mammal::make_descendant()가 호출되고 ②에서는 bird 클래스 객체 b를 가지고 호출되었기 때문에 bird::make_descendant()가 호출될 것이라는 것은 컴파일 시간에 알 수 있다. 이렇게 함수를 호출할 때 사용하는 객체의 클래스를 컴파일 시간에 알 수 있는 경우는 animal의 make_descendant()를 virtual로 선언하지 않았어도 같은 결과를 얻게 된다.

'virtual'을 사용하여 가상 함수로 선언하는 것은 함수의 동적 바인딩을 위해서이다. 즉 실행 시간에 실행될 함수를 결정하도록 한다. C++ 언어에서는 상위 클래스의 객체를 가리키는 포인터 변수를 사용하여 파생 클래스의 객체를 가리킬 수 있다. 즉 상위 클래스의 포인터 변수는 상위 클래스 객체뿐만 아니라 파생 클래스 객체도 가리킬 수 있고, 이 포인터 변수가 가리키는 객체의 클래스는 컴파일 시간이 아니라 실행 시간에 결정된다. 따라서 포인터 변수를 이용하여 함수를 호출할 경우에는 동적 바인딩을 해야 하며, 이러한 함수는 virtual로 선언하여 동적 바인딩을 할 수 있도록 한다. 앞의 가상 함수 예제의 클래스를 사용하고 main() 함수를 다음과 같이 변경하여 실행해 보자.

```
void main()
{
   animal *p;
   mammal m;
  bird   b;

   p=&m;                          // m은 mammal 객체이므로
                                  // p는 mammal 객체를 가리킨다.
   p → breathe();
   p → make_descendant();         // mammal의 make_descendant()

   p=&b;                          // b는 bird 객체이므로
                                  // p는 bird 객체를 가리킨다.
   pàbreathe();
   pàmake_descendant();           // bird의 make_descendant()
}

[실행 결과]
breathing
lay children
breathing
lay egg
```

위의 예제 프로그램과 같이 p → make_descendant()가 호출하는 함수는 컴파일할 때 결정할 수 없고 프로그램이 실행될 때 p가 가리키는 객체의 클래스에 따라 결정된다.

위에서 언급하였듯이, C++ 언어는 상위 클래스 객체에 대한 포인터가 하위 클래스 객체를 가리킬 수 있다. 즉 C++ 언어에서 다음과 같은 선언문이 허용된다.

```
animal *ptr = new mammal;
```

위의 선언문은 heap 영역에서 새로운 mammal 객체를 할당한 후, 그 반환값을 animal 포인터에게 할당한다. 이는 mammal 클래스가 animal 클래스의 하위 클래스이기 때문에 아무런 문제없이 동작한다.

가상 함수는 MFC(Microsoft Foundation Class)를 이용한 프로그래밍에서 매우 유

용하다. 즉 프로그래머는 어떤 기능을 구현하기 위해서 MFC의 클래스를 사용하는데 MFC 클래스에서는 공통적인 기능을 위해서는 멤버 함수를 제공하고 특수한 기능을 위해서는 가상 함수를 제공함으로써 프로그래머는 가상 함수에 해당하는 부분만을 직접 코딩하여 MFC에서 제공하는 기능들에 자신의 특수한 기능을 결합시킬 수 있다.

다음은 파일 오픈 연산 동작을 MFC를 이용하여 구현한 예[1]이다. 일반적인 파일 오픈 연산 과정 다음과 같다: 파일 선택 다이얼로그를 오픈 → 파일 선택(다이얼로그가 사라짐) → 파일 유형에 맞게 파일의 데이터를 읽음. 여기서 다이얼로그를 띄우고 파일 선택 후 사라지게 하는 기능은 MFC의 멤버 함수에서 정의된다. 그러나 파일 유형에 맞게 파일의 데이터를 읽는 기능(Read() 함수)은 MFC를 작성하는 쪽에서는 실제 파일 유형이 무엇인지 알 수 없기 때문에 실제 행동을 정의할 수 없고 응용 프로그램을 작성하는 프로그래머에 의해 정의되어야 하기 때문에 MFC의 클래스에서는 이를 가상 함수로 정의해 놓았다. 그리고 프로그래머는 MFC의 기능을 사용하기 위해 MFC 클래스를 상속받아 자신의 클래스를 정의한 후 그 클래스의 멤버 함수로서 데이터 읽기(Read() 함수) 기능을 정의한다.

```
class CMfcOpen {
public:
void FileOpen();
char* GetFileName();
virtual void Read();
…
};
void CMfcOpen::Read() { }
char* CMfcOpen::GetFileName() { … }
void CMfcOpen::FileOpen()
{
   char* strFileName;
   strFileName = GetFileName();
   …
   Read();     // programmer가 정의한 Read() 함수 호출
   …
```

[1] Visual C++ Bible 6.0, 이이표, 김병세, 삼양출판사.

```
}

// Programmer가 작성한 부분
class CMyOpen : public CMfcOpen {
public:
        void Read();
};
void CMyOpen::Read()
{
// 실제 처리
}

void main()
{
   CMyOpen myDoc;
   myDoc.FileOpen();
}
```

이렇게 함으로써 프로그래머는 실제 데이터의 유형에 맞는 읽기 동작만을 구현(Read() 함수)하고 나머지 파일 오픈에 관련된 기능은 MFC에서 제공하는 함수를 사용함으로써 보다 쉽게 응용 프로그램을 작성할 수 있다. 위의 예에서 보듯이 가상 함수는 MFC 제공 함수가 프로그래머가 정의한 함수를 호출할 수 있도록 하는 기능을 제공한다.[2]

4 C++의 다른 특징

4.1 Friend 함수

클래스 내의 변수나 함수를 private로 지정하는 것은 필요 이상으로 액세스를 제한할 수 있다. 다른 외부 함수나 클래스에서 private로 지정된 데이터를 액세스할 필요가 있는 경우 클래스 내부의 private 데이터에 대한 액세스를 허락하려면, 외부 함수나 클래스를 friend로 지정하면 된다. 예를 들어, 함수 f1()이 클래스 c1의 friend

[2] CMfcOpen 클래스의 FileOpen() 함수에서 프로그래머가 정의한 CMyOpen 클래스의 Read() 함수를 호출하여 실제 데이터 유형에 맞는 데이터 읽기 동작을 수행한다.

임을 선언하려면 다음과 같이 프로그램을 작성한다.

```
class c1 {
private:
        int i, j;
public:
        friend void f1(void);
};
```

이렇게 friend 함수를 선언하면, 함수 f1()은 클래스 c1의 멤버 변수 i, j를 액세스할 수 있다 이 경우, f1()은 클래스 c1의 멤버 함수는 아니다.

다음 C++ 코드는 friend 함수의 예이다. 클래스 box와 클래스 circle 내에 friend 함수 same_color()와 show()가 선언되어 있다. 함수 same_color()는 box의 멤버 변수 color와 circle의 멤버 변수 color를 액세스하여 그들이 동일한 색인지를 알려주는 함수이다. 함수 show()는 중복 선언되어 있으며, box 및 circle의 내부 변수 값을 출력한다.

```
class circle;        // class circle의 원형
class box {
        int color;
        int upx, upy, lx, ly;
public:
        friend int same_color(circle c, box b);
        friend void show(box b);
box(int x1, int y1, int x2, int y2, int col)
        {
            upx = x1; upy = y1;
            lx = x2; ly = y2;
            color = col;
        }
};

class circle {
        int color;
        int x, y, r;
public:
```

```
        friend int same_color(circle c, box b);
        friend void show(circle c);
        circle(int x1, int y1, int r1, int col)
{
            x = x1;
            y = y1;
            r = r1;
            color = col;
        }
};
int same_color(circle c, box b)
{
        if (c.color==b.color) return 1;
        else return 0;
}
void show(box b)
{
        cout << "box color = " << b.color << "\n";
        cout << "box range = " << b.upx << ", " << b.upy << "\n" ;
        cout << "box range = " << b.lx << ", " << b.ly << "\n";
}
void show(circle c)
{
        cout << "circle color  = " << c.color << "\n";
        cout << "circle center = " << c.x << ", " << c.y << "\n";
        cout << "circle radius = " << c.r << "\n";
}
```

다음은 위의 클래스를 이용하여 작성한 main 함수이다.

```
void main()
{
        box b1(2,5,6,8,4), b2(3,4,5,6,8);
        circle c1(1,1,2,4), c2(4,4,4,8);

        show(b1);
        show(c1);
        if (same_color(c1,b1))
```

```
            cout << "c1 and b1 are same color.\n";

      if (same_color(c1,b2))
            cout << "c1 and b2 are same color.\n";
      else cout << "c1 and b2 are different color.\n";
}

[실행 결과]
box color = 4
box range = 2, 5
box range = 6, 8
circle color = 4
circle center = 1, 1
circle radius = 2
c1 and b1 are same color.
c1 and b2 are different color.
```

4.2 파일 객체(file object)

C++ 언어에서 파일 I/O의 기본 개념은 표준 C 언어의 경우와 크게 다르지 않다. 파일을 열고, 데이터를 읽거나 쓰고, 파일을 닫는 순서는 동일하다. C++ 언어에서는 파일도 하나의 클래스 객체로 간주한다. 파일 관련 함수 open(), close() 등은 모두 파일 클래스의 멤버 함수이다. C++ 언어에서 파일을 사용하려면 헤더 파일 〈fstream〉을 포함해야 한다.

파일 객체를 선언할 때, 두 가지 키워드 ifstream과 ofstream 중 하나를 사용한다. ifstream은 파일을 열어서 데이터를 읽어올 때 사용하고, ofstream은 파일을 열어서 데이터를 출력할 때 사용한다. 선언된 파일 객체는 먼저 멤버함수 open()을 호출한다. 다음 예제를 잘 살펴보자. 다음은 파일 "hello.dat"을 열고, 문자열 "Hello! C++"을 파일에 쓰는 예제 프로그램이다.

```
#include <iostream>
#include <fstream>
void main()
{
      ofstream f;
```

```
        f.open("hello.dat");

        f << "Hello! C++";
        f.close();
}
```

다음은 파일 "hello.dat"를 열고, 문자열을 읽어서 출력하는 예제 프로그램이다. 파일에서 데이터를 읽을 때, 공백(space)이 문자열의 분리자로 사용되고 있음을 주의한다. 문자열 "Hello! C++\n"의 중간에 스페이스가 있으므로 두 번 읽어야 한다.

```
#include <iostream>
#include <fstream>
void main()
{
        ifstream f;
        char s1[20];
        f.open("hello.dat");
        f >> s1;
        cout << s1 << "\n";
        f >> s1;
        cout << s1 << "\n";
        f.close();
}

[실행결과]
Hello!
C++
```

다음은 C++의 fstream을 사용하여 원본 텍스트 파일을 복사하는 예제 프로그램이다. 이 예제 프로그램에서는 fstream의 eof() 메소드를 사용하여 파일의 끝에 도달하였는지를 검사한다. 원본 텍스트 파일의 이름은 "original.txt"이고 복사될 파일의 이름은 "copy.txt"이다.

```
#include <iostream>
#include <fstream>
int main()
```

```
{
  fstream original, copy;
  original.open("original.txt", ios::in);  // file open의 모드 설정
  copy.open("copy.txt", ios::out);         // file open의 모드 설정

  if ((!original) || (!copy))
{
    cout << "file open error\n";
    return 1;
  }

  char ch;
  original >> ch;
  while (!original.eof())
{
    copy << ch;
    original >> ch;
  }
  return 0;
}
```

> **note** 이 장에서 다룬 내용은 C++의 기본 개념에 관한 것들이다. 보다 자세한 내용은 C++ 전문 서적을 참고하기 바란다.

Chapter 11

예외처리

프로그램을 실행하는 도중에 여러 가지 실행 오류가 발생할 수 있다. 이러한 실행 시간 오류를 예외(exception)라고 한다. 기존의 언어(FORTRAN, PASCAL)에서는 이러한 예외가 발생하였을 때 아무런 처리를 하지 않았다.

최근 언어(C++, Java)에서는 이러한 예외 발생시 프로그램의 실행을 무조건 중단시키지 않고 프로그래머가 작성한 처리 루틴을 실행할 수 있는데 이를 예외처리라고 한다. 이 장에서는 이러한 예외처리에 대해서 알아보기로 한다.

프로그램 실행 중에 특정한 에러 조건이 탐지되었을 경우 컴퓨터 시스템은 프로그램의 진행을 중단시킨다. 이러한 실행시간 오류(run-time error)를 예외라고 한다. 만일 프로그램이 단독으로 실행 중이었다면 예외에 대한 적절한 조치는 적절한 오류 메시지를 출력하고 프로그램 수행을 중단시키는 것이다.

대화식 처리에서 예외처리는 단순히 오류 메시지를 출력하고 프로그램 실행을 중단시키는 것만으로 충분하지 않으며, 사용자가 계산을 재개할 수 있도록 복구하는 처리를 포함하는 것이 바람직하다. 그러므로 현대 프로그래밍 언어가 프로그래머에게 예외에 대한 적절한 처리를 하도록 지원하는 것은 당연하다. 예를 들어 0으로 나누는 수식을 발견하여 프로그램 진행을 중단시키는 것은 실행시간 에러이다. 또한 데이터 입력 루틴에서 파일의 끝을 탐지하여 적절한 처리 루틴 수행으로 이동하여 데이터 처리를 시작할 것이다.

예외는 정상적인 처리 상태로부터 벗어나는 비정상 상태이다. 이것은 소프트웨어에 의해 탐지되는 비정상적인 조건뿐만 아니라 하드웨어에 의해 탐지되는 오류를 포함한다. 예외가 탐지되었을 때 예외가 제기(raise)되었다고 한다. 예외처리기(exception handler)는 예외가 탐지되었을 때 실행되는 일종의 서브 프로그램이다. 예외처리기는 발생된 오류의 문제점을 파악하여 적절한 조치를 취한 후에 프로그램이 다시 정상적으로 수행될 수 있도록 한다.

1 예외처리의 설계

예외처리 기능을 설계하기 위해서 Horowitz가 제안한 예외처리에 관한 연구 주제는 다음과 같다.

① 컴퓨터의 인터럽트 기능에 대한 액세스 방법이 존재하는가? 하드웨어는 오류를 발견하고 기록하는 기능을 가지고 있어야 한다.
② 시스템 인터럽트를 사용자가 다시 정의하는 것이 가능한가? 중요한 것은 사용자가 예외를 정의하는 능력을 제공하는 것이다. 이를 위해서 예외를 정의하기 위한 문법 구조와 예외를 제기하기 위한 문법 구조가 필요하다. 또한 사용자가 정의한 예외처리가 시스템의 예외처리에 우선해야 한다.
③ 발생 가능한 예외에 대한 영역 규칙은 무엇인가? 그 단위가 문장, 블록, 프로시저, 또는 수식인가? 예외가 제기될 때 그 이름은 영역을 가져야 한다. 예외의 영역은 그것이 선언된 지역일 수 있지만 예외가 제기된 프로그램의 부분을 포함해야 한다.
④ 예외처리기에 관한 영역 규칙과 수명 규칙은 무엇인가? 예외가 제기될 때, 제어는 예외처리기에 전달된다. 만일 예외처리기가 예외의 영역 안에 있으면, 제어의 전달은 단순한 goto 문과 같다.
⑤ 시그널 예외가 매개변수를 가질 수 있는가? 단순히 제기되는 예외는 충분한 정보를 제공하지 않는다. 만일 매개변수가 제공되면 관련된 정보가 처리기에게 제공되어 더욱 복잡한 처리를 수행할 수 있도록 할 수 있다.
⑥ 예상하지 못한 예외를 포착하기 위한 메커니즘이 존재하는가?
⑦ 예외처리기가 종료된 후에 실행이 재개될 수 있는가? 처리기가 끝난 후 프로그램을 종료하는 것이 합리적일 수도 있다. 혹은 에러를 제기한 코드로 되돌아가서 다시 실행하는 것이 합리적일 수도 있다. 예외를 처리하기 위해 잘 설계된 메커니즘은 위의 모든 것이 표현되도록 허용해야 한다.
⑧ 예외처리 루틴에서도 예외를 발생시킬 수 있으며 이때 후속 조치를 어떻게 할 수 있는가?

예외처리기의 영역과 그 처리 루틴을 결합시키는 예를 살펴보자. 다음 예는 Pascal

스타일로 작성되었다. 프로시저 ABC는 세 개의 예외처리 루틴을 가지고 있는데 첫 번째는 하나의 문장과 결합되었으며, 두 번째는 하나의 문장 그룹과 결합되어 있고 세 번째는 프로시저 ABC와 결합되어 있다.

```
procedure ABC(x: integer)
        statement1 with ex_handler1;
        statement2;
        begin
          statement3;
          statement4
        end with ex_hander2;
        statement5
end ABC with ex_handler3;
```

프로시저 ABC의 statement1에서 오류가 발생하면 예외처리 루틴 1번(ex_handler1)에 의해서 처리되고 statement3이나 4에서 예외가 발생하면 예외처리 루틴 2번(ex_handler2)에 의해 처리된다. 그 이외의 문장에서 오류가 발생하면 예외처리 루틴 3번(ex_handler3)에 의해서 처리된다.

2 Ada 언어의 예외처리

Ada 언어는 매우 세련된 예외처리 메커니즘을 정의하고 있으며, 이는 다른 언어 설계의 모델이 되었다. Ada에는 다음과 같은 미리 정의된 예외가 있다.

① CONSTRAINT_ERROR : 영역, 첨자, 또는 열거형 자료 등에 대한 제한을 벗어날 때 발생되는 오류

② NUMERIC_ERROR : 연산 결과가 영역을 벗어날 때 발생되는 오류

③ STORAGE_ERROR : 기억장소를 할당할 수 없을 때 발생하는 오류. 즉 충분하지 못한 메모리로 인한 오류

④ PROGRAM_ERROR : 예를 들어 함수에서 return 문장이 빠진 것과 같이 언어의 규칙에 위반되었을 때 발생하는 오류

⑤ TASKING_ERROR: 태스크간 통신할 때 발생되는 오류

Ada 언어에서는 exception 선언문을 사용하여 프로그래머가 자신의 예외를 정의하

고 발생된 예외에 대하여 처리할 수 있다. 선언된 예외 이름은 raise 문이나 예외가 선언된 영역에 포함된 예외처리 루틴에서 사용될 수 있다. Ada 예외처리 루틴의 형식은 다음과 같다.

```
<exception-handler> ::= when <exception-choice> { | <exception-choice> }
                        => <sequence of statements>
<exception-choice> ::= <exception-name> | others
```

위의 형식에서 others가 사용되지 않는 한 예외 목록에 나열된 예외만을 처리한다. 이는 나열되어 있지 않은 모든 예외를 others 예외처리 루틴이 처리한다는 뜻이다. 다음은 Ada 언어의 예외처리 루틴의 예이다.

```
begin
 ....
exception
   when NUMERIC_ERROR    => 수치 오류를 처리하는 루틴을 정의
   when BAD_FORMAT       => 사용자가 정의한 BAD_FORMAT 예외를 처리
   when others           => 위의 두 가지 이외의 예외를 처리하는 루틴을 정의
end;
```

다음 예는 함수 F1에서 프로그래머가 EX라는 예외를 발생시키고 이를 처리하는 루틴을 작성한 Ada 예제 프로그램이다.

```
MAIN:
     declare
     X: INTEGER;
     function F1 return INTEGER IS
        EX: exception;
        Y: INTEGER;
begin
          ....
          raise EX;             -- 예외 발생 지점
          ....
          return Y;             -- 함수 F1의 결과 반환
        end F1;
    begin                       -- MAIN 프로그램의 시작
```

```
    X:=F1;                      -- 함수 F1의 호출
      ...
      exception                 -- 예외처리 루틴의 정의
      when EX =>
        begin
          PUT("have problem in EX");
          return 0;
        end exception;
end MAIN;
```

MAIN 실행 시에 예외 EX가 발생하는 함수 F1을 호출한다. F1에서 예외가 발생하지 않고 정상적으로 종료되면 제어는 다시 MAIN으로 되돌아온다. 예외는 자동적으로 발생하거나 프로그래머가 발생시킬 수 있다. F1에서 예외 EX가 발생하면 예외처리기로 제어가 옮겨지고 오류 메시지를 출력한 뒤 0을 반환한다. 이 값이 F1의 반환값이 되어 변수 X에 대입되며 프로그램은 수행을 계속하게 된다.

3 C++ 언어의 예외처리

C++ 언어에서의 예외처리는 Ada와 매우 비슷하다. C++ 언어에서도 예외를 명시적으로 발생시킬 수 있으며 발생한 예외에 대해서 적절한 처리 루틴을 작성할 수 있다. C++ 언어의 예외처리는 1990년 ANSI C++ 표준위원회에서 받아들여졌으며 표준이 승인되기 이전에 이미 실제로 구현되고 있었다.

Ada 언어와 C++ 언어의 예외처리 차이점은 다음과 같다.

① Ada에서는 예외처리를 하나의 서브 프로그램으로 작성하였으나 C++ 언어에서는 예외처리 문장을 나타내는 특수한 문법을 사용한다.
② 예외가 발생하면 이름 대신에 매개변수에 따라 처리 루틴을 찾는다.
③ 예외처리 루틴도 상속이 가능하다.
④ Ada의 경우, 프로그램에서 예외처리를 하지 않을 경우에 시스템 정의 처리 루틴이 호출된다. C++ 언어의 경우, 예외처리를 하지 않을 경우에 사용자가 이를 처리하는 함수 terminate()가 정의될 수 있다. C++ 언어에서 예외처리 루틴을 정의하는 형식은 다음과 같다.

```
try  {
        ...                                // 예외가 발생하기를 기대하는 코드
        throw "Invalidate data";           // 예외 발생
}
catch(int i) {
        ....                               // 예외처리기 명세
}
catch(char *s) {
        ...                                // 예외처리기 명세
}
```

위의 예제에서 try 블록은 프로그램에서 오류(또는 예외) 발생이 예상되는 부분으로서 프로그래머가 예외 발생을 감시하고자 하는 부분이다. Try 블록 실행 중에 예외가 발생하면 발생한 예외를 처리하는 catch 문에 의해서 처리된다. Try 블록 내의 throw 문은 예외를 발생시키는 역할을 하며, 예외의 유형을 catch 문에 알려주기 위해서 매개변수를 가진다.

다음 C++ 프로그램은 C++ 언어의 예외처리를 잘 설명하고 있다. Try 블록 내에서 적절하지 못한 사용자 입력이 들어왔을 때 throw 문을 이용하여 예외를 발생시키고 있다. 발생된 예외는 catch 문에 의해서 적절히 처리되고 있다.

```
#include <iostream>
using namespace std;
void main()
{
    int new_grade, index, freq[32];
    while(1)
    {
        cin >> new_grade;
        index = new_grade / 10;
        try {
                if (index < 0 || index > 9) throw (new_grade);
                freq[index]++;
        } catch(int grade) {
                if (grade==100) freq[9]++;
                else cout << "Error grade: " << grade
                   << " is out of range " << endl;
```

```
            }
        }
    }
```

위의 프로그램에서 index가 범위를 넘어가는 값이 될 경우 new_grade를 인자로 예외처리 루틴 catch()를 호출하고 있다.

다음 C++ 언어의 예외처리 프로그램은 여러 개의 throw 문을 사용하고 있으며 각 throw 문은 다른 유형의 매개변수를 포함하고 있다. throw 문의 매개변수 유형에 따라 어떠한 catch 문이 예외처리를 할 것인지를 결정하게 된다. 다음 예제 프로그램의 try-catch 문을 자세히 살펴보면서 C 언어의 switch-case 문과 매우 유사하다는 사실을 발견하기 바란다.

```
#include <iostream>
using namespace std;
void exhandler(int t)
{
    try {
      if (t == 0) throw 1000;
      if (t == 1) throw 'a';
      if (t == 2) throw 12.33;
    } catch(char a) {
      cout << "I got integer exception." << endl;
} catch(int a) {
      cout << "I got char exception." << endl;
    } catch(double a) {
      cout << "I got float exception." << endl;
    }
}
void main()
{
    exhandler (0);
    exhandler (1);
    exhandler (2);
    exhandler (3);
}
```

```
[실행 결과]
I got char exception.
I got integer exception.
I got float exception.
```

C++ 언어의 예외처리 기본 개념은 간단하다. 앞에서 설명한 사용자 정의 예외만을 처리할 수 있으며 디폴트 예외처리기는 존재하지 않는다. 시스템에서 발생하는 예외는 C++ 프로그램으로 처리할 수 없으며 프로그래머가 이러한 예외를 발생하지 못하도록 조정할 수는 없다. C++ 언어의 예외 및 예외처리 루틴의 바인딩은 정적이다. 예외처리기가 없는 예외는 호출한 프로그램으로 전파된다.

4 Java 언어에서의 예외처리

Java 프로그램의 실행 중에 메모리가 부족한 상황이 발생한다든가 네트워크가 다운된다든가 하는 문제가 발생할 수 있다. 이러한 문제 중 일부는 프로그램에서 해결할 수 없는 것도 있고 일부는 프로그램에서 처리 가능한 것도 있다. 이러한 에러들 가운데 프로그램에서 처리할 수 있는 문제를 Java에서는 예외라고 한다. 예외를 처리하는 코드들은 java.lang 패키지 안에 있으며 모든 컴파일되는 모든 코드에 자동적으로 포함된다.

프로그래머는 Java에서 제공하고 있는 예외처리를 보강하거나 새로운 예외를 만들 수도 있다. 중요한 것은 Java의 모든 예외들은 java.lang.Exception 클래스에서 정의되고 있다는 것이다. 이미 존재하는 예외를 보강하려면 프로그램에서 단지 메소드를 재정의하던가 이미 있는 변수들을 다시 사용하면 된다. 새로운 예외를 만들기 위해서는 java.lang.Exception 클래스를 확장하는 새 클래스를 만들어야 한다. Java 언어에서 예외처리를 이용하는 경우의 장점은 다음과 같다.

① 정상적인 코드와 에러처리 코드를 분리할 수 있다. 정상적인 실행을 방해하는 것이 오류이다. 이러한 오류를 처리하는 루틴을 정상적인 코드 내에 두게 되면 후에 어떤 코드가 정상처리 코드이고 어떤 코드가 에러처리 코드인지 구분하기 어렵게 된다.

② 호출 스택을 이용하여 에러를 전달할 수 있다. 다중으로 호출된 메소드들 사이

에 에러가 발생하게 되면 어떤 곳에서 에러가 발생했는지를 알기 위해서 에러 코드를 전달해야 한다. 그러나 이로 인해 구조가 복잡해지고 실제로 필요한 값을 반환할 수 없게 된다. 한 가지 데이터나 클래스만을 반환할 수 있기 때문에 반환값의 종류를 신중하게 결정해야 한다. Java 언어에서는 예외가 발생하면 실행 시간 시스템이 호출 스택을 검사하여 발생된 에러에 적합한 예외처리기를 갖는 메소드를 찾아 준다.

③ 에러의 종류를 묶거나 세분화할 수 있다. 파일 입출력에서 발생할 수 있는 에러는 파일 개방 실패, 기록 실패, 검색 실패, 읽기 실패, 디스크 용량 초과 등이다. 이러한 에러들을 파일 입출력 에러의 서브 클래스화시키면 일관성 있고 다른 종류의 에러와 구분할 수 있어 에러 관리에 편리하다.

4.1 Java 예외처리를 위한 키워드

Java 언어에서 예외처리를 위하여 지원되는 키워드는 try, catch, throw, finally 등이 있다. Java는 키워드 try, catch, throw를 사용하여 예외처리를 한다. 이들은 switch 문과 개념적으로 유사하다. 다음은 키워드를 간단하게 설명한 것이다.

throw

프로그램 실행 중에 예외 발생을 감지하여 예외를 프로그램에서 강제로 발생하도록 하는 키워드이다. 즉 예외 상황에 대한 정보를 매개변수로 하여 예외처리 루틴으로 실행을 이동시키는 역할을 한다. Java의 throw 문은 C++ 언어에서와 매우 유사하다. 그러나 C++ 언어의 throw 문은 프로그래머가 정수형, 실수형, 문자형 매개변수를 사용할 수 있지만 Java의 throw 문은 Exception 클래스 및 그 하위 클래스의 인자만을 throw할 수 있다는 차이점이 있다.

Java 언어에서 호출되는 루틴에 에러 정보를 넘기기 위해 사용되는 방법이며 그 사용 형식은 다음과 같다.

```
throw(Exception_object);
```

catch

프로그램에서 발생한 예외의 유형에 따라 적절한 예외처리 루틴을 정의하는 데 사용된다. C++ 언어와는 달리 시스템에서 정의한 많은 예외를 catch할 수 있다.

try

Java 프로그램의 일부를 지정하여 예외가 발생할 수 있는 프로그램 지역의 실행을 시도하라는 의미이다.

finally

발생된 예외가 이를 처리하기 위해 정의된 catch 문들 가운데 어느 것에도 해당되지 않을 때 해야 할 루틴을 정의하는 데 사용된다. 이는 switch 문의 default와 매우 유사하다.

Java 언어에서 예외처리 형식은 다음과 같다.

```
try {
        예외를 발생시키는 문장들;
}
catch (ExceptionType1 e) {
        예외 type 1을 처리하는 루틴
}
catch (ExceptionType2 e) {
        예외 type 2를 처리하는 루틴
 }
finally {
        위의 type1과 type2에 속하지 않는 모든 예외를 처리하는 루틴
}
```

다음 예제 프로그램은 파일로부터 데이터를 읽어 들일 때 발생하는 예외를 처리하는 Java 프로그램이다. 파일의 끝을 만났을 경우와 파일이 존재하지 않는 예외는 catch()에서 처리하고 있으며 기타의 오류는 finally에서 처리하고 있다.

```
char readFile() {
          char ch = '\0';
          while (ch == '\0') {
                try {
                  ch = myFile.read();
                } catch (EOFException e) {
```

```
                System.out.println("End of file");
            } catch(FileNotFoundException e) {
                promptUserForFileName(fileName);
                myFile = openFile(fileName);
            } finally {
                System.outprintln("Unexpected error encountered");
                System.Exit(1);
            }
        }
        return(ch);
}
```

Finally 문은 catch 문을 계속해서 따라갈 때 마치 switch 문의 default와 비슷하다. 단 한 가지 차이점이 있다면, C의 switch 문에서 default는 일치하지 않는 경우에만 실행되는 코드를 명시하지만 Java의 finally 문은 catch 문에서 처리된 경우에도 finally의 코드를 실행한다는 점이다. 앞의 모든 catch 문의 명시적인 예외와 일치하지 않은 예외는 모두 finally 문에서 처리하게 된다. 그러므로 finally 문 뒤에는 또 다른 catch나 try 문이 있어서는 안 된다.

다음 Java 예제 프로그램은 사용자 정의 예외 클래스(UserException 클래스)와 여러 개의 catch 문장을 사용하고 있다. 변수 count의 크기가 3 이하인 경우에만 while 루프 안의 try-catch 문을 실행한다. Count의 값이 1인 경우에는 사용자 정의 예외를 발생시키고 count의 값이 2인 경우에는 배열에 적절하지 못한 크기의 첨자를 사용한 예외를 발생시키고 있다.

```
class UserException extends Exception { }
  class ExceptionHandler {
    public static void main(String[] args) {
      int[] vector = {1, 2};
      int count = -1;
      while (count < 3) {
        try {
          count++;
          System.out.println("Count value = " + count);
          if (count == 1) throw new UserException();
          vector[count] = 10;
```

```
        } catch(UserException e) {
          System.out.println("User exception occurred");
        } catch (ArrayIndexOutOfBoundsException e) {
          System.out.println("Array Index exception occurred");
        } finally {
          System.out.println("finally statement");
        }
      }
    }
  }
```

[실행 결과]

```
Count value = 0
finally statement
Count value = 1
User exception occurred
finally statement
Count value = 2
Array Index exception occurred
finally statement
Count value = 3
Array Index exception occurred
finally statement
```

Chapter 12 병행 처리 프로그래밍

병행 처리(concurrency)란 여러 개의 프로세스를 동시에 같이 실행하는 것을 의미한다. 다시 말하면, 서로 상호작용하면서 여러 개의 계산(computation)이 동시에 실행되는 것을 말한다. 여러 개의 프로세스나 계산이 실행되고 있는 상황에서 한 순간에는 하나의 프로세스나 계산이 실행되는 것이다. 병렬 처리(parallel processing)란 여러 개의 프로세서나 프로세서의 코어에서 동시에 여러 개의 다른 일들을 수행하는 것을 의미한다. 따라서 한 순간에 여러 개의 작업이 동시에 실행되고 있는 것이다. 이 장에서는 병행 처리 프로그래밍에 대해서 설명한다.

1 물리적인 병행 처리와 논리적인 병행 처리

2개 이상의 CPU를 장착하거나 멀티코어 CPU를 장착한 컴퓨터 시스템은 동시에 여러 프로그램을 병행 처리하는 것이 가능하다. 각각의 프로세서 또는 CPU 코어가 자신의 실행 코드를 병행 처리하는 것으로 물리적인 병행 처리(physical concurrency)라 부른다.

싱글코어 CPU가 1개 장착된 컴퓨터 시스템에서도 멀티 프로그래밍을 통한 논리적인 병행 처리(logical concurrency)가 가능하다. 여러 프로그램을 메인 메모리에 적재한 다음, CPU는 1개의 프로그램을 실행하다가 입출력이 발생하거나 주어진 CPU 시간 할당량을 사용하면 다른 프로그램을 실행하는 방식이다. 1개 이상의 입출력 장치와 CPU가 동시에 busy 상태가 됨으로써 여러 프로세스가 동시에 입출력과 계산처리를 실행할 수 있다.

2 싱글스레드 프로그래밍과 멀티스레드 프로그래밍

스레드(thread)는 프로그램의 실행 흐름 또는 실행 흔적(execution trace)을 말한다. 초기의 컴퓨터 프로그램은 실행 흐름(스레드: thread)이 1개이다. 최근의 많은 프로그램은 여러 개의 실행 흐름(multi-thread)을 가진다. 멀티스레딩의 예를 들면 다음과 같다.

① 곰플레이어와 같은 프로그램은 동영상을 재생하면서 오른쪽 화면에는 광고를 디스플레이한다. 동영상을 재생하는 실행흐름과 광고를 디스플레이하는 실행흐름이 같이 실행되는 것이다.
② 구글의 크롬과 같은 웹 브라우저 프로그램도 파일을 다운로드하면서 인터넷 검색을 진행할 수 있다.

스레드는 CPU 활용의 기본 단위이다. 하나의 프로그램에 여러 스레드가 활성화되어 실행될 수 있으므로 각 스레드는 프로그램의 코드와 데이터를 공유하게 된다. 다음 그림은 싱글스레드와 멀티스레드를 보여준다.

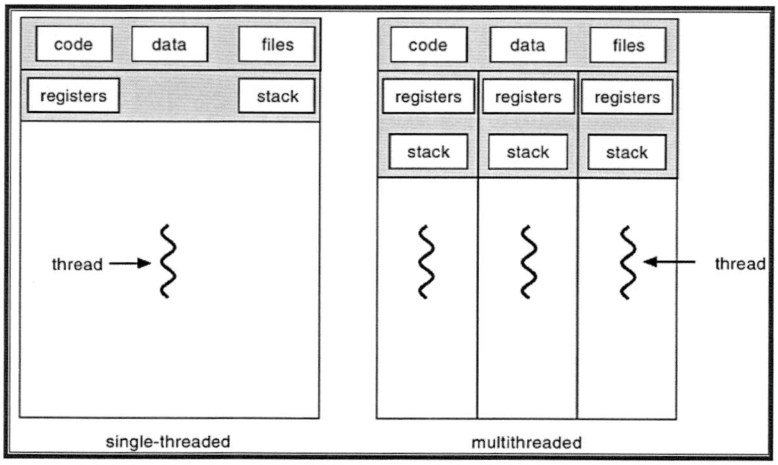

3 멀티스레드를 사용한 병행 처리 프로그램의 장점

멀티 스레드를 사용한 병행 처리 프로그램은 다음과 같은 장점을 가진다.

① 시스템의 반응 시간이 빨라진다.

② 스레드간의 데이터는 기본적으로 공유되지만, 2개의 프로그램을 실행하면 데이터 공유가 단순하지 않다.

③ 스레드 생성이 경제적이다. 프로그램 코드와 데이터를 공유하므로, 새로운 스레드를 생성하기 위해서 필요한 메모리 공간이 적게 필요하다.

④ 하나의 스레드가 하나의 코어에서 실행될 수 있으므로, 멀티 스레드 프로그램은 멀티프로세서나 멀티 코어를 활용하여 빠르게 실행된다.

4 병행 처리 표기 형식

컴퓨터 시스템에서 실행되는 프로세스 간에는 상호 독립적이거나 의존적일 수 있다. 의존적 관계의 프로세스를 협동 프로세스라고도 한다.

① 독립적인 프로세스(independent processes): 프로세스의 내부 변수와 상태가 다른 프로세스와 공유되지 않으며, 프로세스의 실행 순서와 무관하게 동일한 실행 결과를 얻는다.

② 협동 프로세스(cooperating processes): 프로세스의 내부 변수와 상태를 다른 프로세스와 공유한다. 협동 프로세스의 실행결과가 실행순서에 따라 달라진다. 실행순서를 명시하지 않으면 실행결과가 동일하지 않다.

4.1 우선순위 그래프(Precedence Graphs)

우선순위 그래프는 사이클이 존재하지 않는 방향성 그래프(directed acyclic graph)이다. 실행 문장의 의존 관계를 밝혀서 병행 처리 가능여부를 판단하는데 사용된다. 다음 코드를 살펴보자. 여기서 S1~S4는 실행문에 레이블을 붙인 것이다.

```
S1: a = x + y;
S2: b = z + 1;
S3: c = a - b;
S4: w = c + 1;
```

위의 코드는 다음과 같은 특성을 가진다.

- S1과 S2는 서로 무관하므로 병행 처리가 가능하다.
- S3는 S1과 S2가 종료된 다음에 실행이 가능하다. → 의존 관계
- S4는 S3이 종료된 다음에 실행될 수 있다. → 의존 관계

이러한 관계를 사용하여 우선순위 그래프를 그리면 다음과 같다.

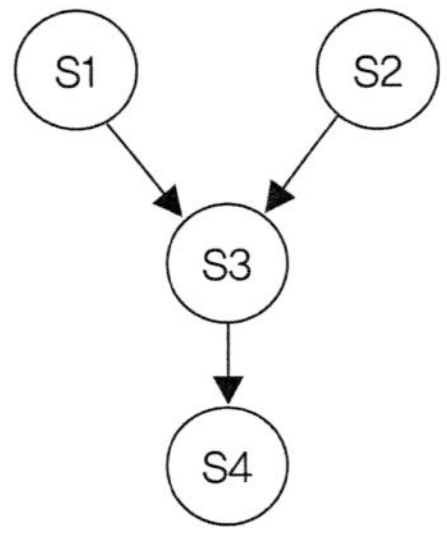

4.2 Fork/Join

Fork와 Join을 사용하여 병행 처리를 기술할 수 있다. 다음 그림은 S2와 프로시저 P2가 병행 처리됨을 나타내고 있다.

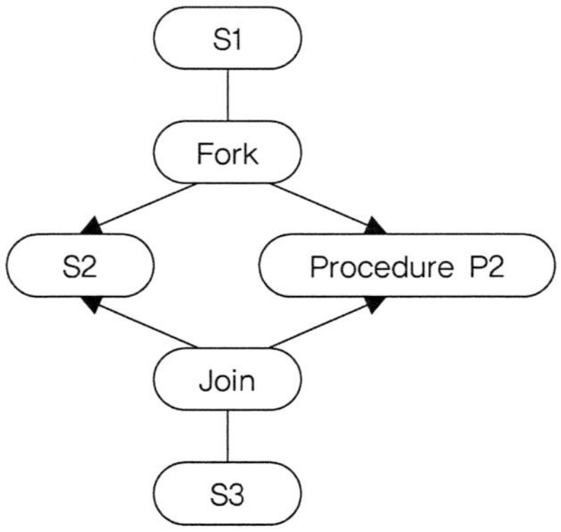

Fork와 Join 키워드는 1960년대부터 사용되어 왔으며 다음과 같이 표현할 수 있다.

```
Procedure P2
  begin
  ....
  end;
  begin /* main */
      S1;
      fork P2;
      S2;
      Join P2;
      S3
  end.
```

4.3 Parbegin/Parend

병행 처리가 가능한 코드는 parbegin/parend 또는 cobegin/coend를 사용하여 표기한다. parbegin과 cobegin은 동일한 의미를 가진다. 예를 들어 다음 그림은 S0가 실행된 다음에 S1, ..., S_{n+1}은 병행 처리되고, 마지막으로 Sn이 실행되는 것을 표시한 것이다.

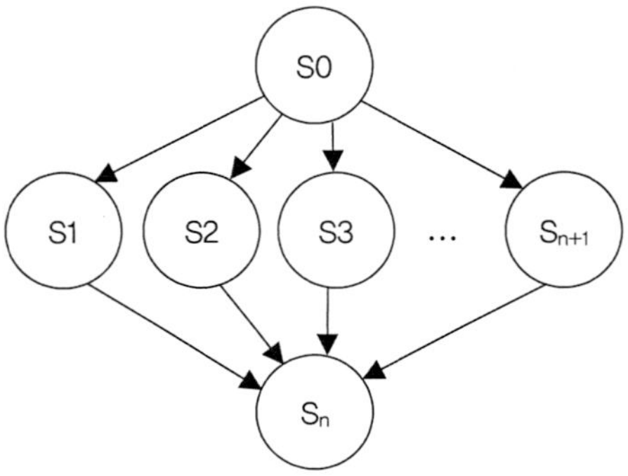

이를 Parbegin과 Parend를 사용하여 코딩하면 다음과 같다.

```
Begin
   S0;
   Parbegin
     S1;
     ..
     Sn;
   Parend;
   Sn
End;
```

예제) 다음 우선순위 그래프를 parbegin/parend를 사용하여 코딩한 예제를 살펴본다.

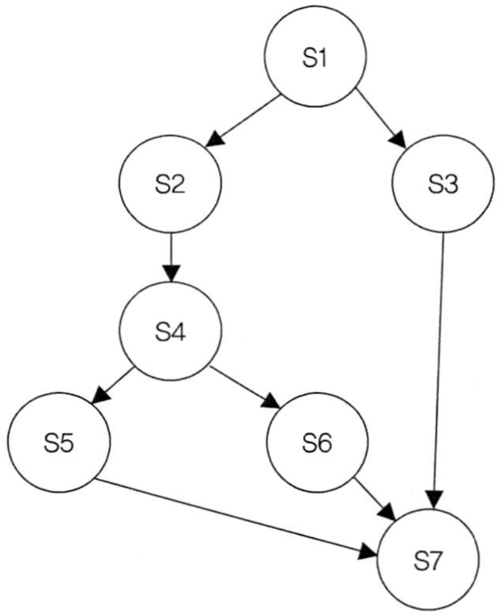


```
begin
   S1;
   parbegin
    begin
      S2;
      S4;
      parbegin
          S5;
          S6;
      parend
    end
    S3
   parend
   S7
end
```

5 Java 언어에서 제공되는 멀티스레드

parbegin/parend는 문장 수준에서 병행성을 제공하는 것이다. Java에서는 이러한 형식의 병행성은 제공하지 않는다. Java 언어는 Thread 클래스를 제공하며, 프로그래머는 Thread 클래스를 확장하여 자신의 클래스를 정의한다. 스레드가 실행해야 되는 작업은 run() 메소드 안에 기술해야 한다. 다음은 Thread 클래스를 사용한 예제이다.

```
class MyThread extends Thread {
    public void run() {
        // 스레드가 수행할 작업을 기술한다.
    }
}
```

이렇게 정의된 MyThread 클래스 객체를 생성하여 실행하는 형식은 다음과 같다.

```
MyThread t1 = new MyThread();
t1.start();
```

여기서 중요한 포인트는 t1.start()를 호출하면 새로운 실행흐름이 만들어져 run() 메소드를 병행 처리한다는 것이다. 이점은 기존의 함수 호출과는 다른 점이다. 다음 예제를 살펴보자. 메인 스레드와 자식 스레드가 번갈아 수행되고 있음을 알 수 있다.

```
public class ThreadTest extends Thread
{
    public void run()
    {
        for (int i=1; i<4; i++)
        {
           System.out.println("\t I'm child thread");
           try
           {
             Thread.sleep(1);
           }
           catch(InterruptedException e){}
    }
}

    public static void main(String[] arg) throws InterruptedException
    {
        ThreadTest t=new ThreadTest();
```

```
        t.start();
        for (int i=1; i<4; i++)
        {
            System.out.println("I'm main thread");
               Thread.sleep(1);
        }
    }
}

[실행결과]
I'm main thread
I'm child thread
I'm main thread
I'm child thread
I'm main thread
I'm child thread
I'm main thread
I'm child thread
```

☞ Thread.sleep(1)은 1밀리초 동안 스레드 실행을 정지하라는 의미이며, InterruptedException 예외가 발생할 수 있으므로 이를 try/catch 문으로 처리해주어야 한다.

6 공유 변수에 대한 갱신

두 개 이상의 스레드가 공유하는 변수를 갱신할 때는 주의해야 한다. 다음과 같은 상황을 고려한다. 변수 count는 두 개의 스레드가 공유하는 변수이다.

```
count = 0;
스레드 1
스레드 2
count = count + 1;
count = count +2;
기계어 코드
```

```
R1 = count;
R2 = count;
R1 = R1 + 1;
```

변수 count 값을 메모리로 읽어서 ALU에 저장하고, 1 또는 2를 더하여 다시 count 값으로 저장한다. 공유 변수에 대한 접근 제한이 적절히 이루어지지 않는다면 두 개의 스레드를 실행한 결과 count 값은 1, 2 또는 3이 될 수 있다.

변수 count 값이 3이 되는 경우가 바람직하며 스레드 1과 스레드 2가 동시에 count 값에 접근하지 않은 경우이다. 두 개의 스레드가 동시에 count에 접근하면 한 실행 결과가 사라지는 경우가 발생할 수 있다. 병행 처리에서 두 개 이상의 스레드(또는 프로세스)가 공유하는 변수를 갱신하는 경우, 동시에 공유변수에 접근하는 것을 예방해야 한다. 이렇게 공유변수에 접근하는 코드를 임계 구역(critical section)이라고 하며, 임계 구역을 실행할 때에는 다른 스레드의 접근을 막아주는 상호 배제(mutual exclusion)를 구현해야 한다.

공유 변수를 가지는 협동 스레드(프로세스)의 형식은 다음과 같다. 다음 코드에서 entry section은 상호 배제를 보장해주는 코드이고, exit section은 다른 스레드가 임계구역에 들어가는 것을 허용하는 코드이다.

스레드 t1	스레드 t2

while(true)
{
    entry section;
    critical section;
    exit section;
    non-critical section;
}
	while(true)
	{
	    entry section;
	    critical section;
	    exit section;
	    non-critical section;
	}

- 임계 구역(critical section): 두 개 이상의 프로세스 또는 스레드가 공유하는 데이터에 액세스하는 코드를 의미한다. 동시에 임계 구역을 실행하면 동일한 실행 결과를 보장할 수 없으므로 임계 구역을 실행하기 전에 상호배제가 보장되어야 한다. 이를 보장하는 코드가 entry section이다. 임계 구역의 실행을 종료하면 다른 프로세스가 임계구역에 진입하는 것을 허용해야 한다. 이러한 작업을 수행하는 코드가 바로 exit section이다.

다음 코드를 살펴보자. 두 개의 스레드가 협동 작업을 수행하여 1부터 1000까지의 정수합을 구하는 프로그램이다.

스레드1	스레드2
공유변수: sum=0	
for(i=1;i<=500;i++) sum += i;	for(i=501;i<=1000;i++) sum += i;
print sum;	

공유 변수 sum을 접근할 때 상호배제가 보장되어야 한다. 상호배제를 보장하기 위한 명령어로 많이 사용되는 것이 세마포어(semaphore)이다.

다음은 Java 언어에서 제공되는 세마포어의 사용 예이다.

```
import java.util.concurrent.Semaphore;
Semaphore sem = new Semaphore(1);
try
{
   sem.acquire();  // entry section
                   // critical section;
}
   catch(InterruptedException ie) { }
   finally
{
   sem.release(); // exit section
}
```

다음은 협동 스레드 간에 상호배제를 구현하지 않아서 정확하지 않은 답을 출력하는 Java 예제 프로그램이다. 1부터 10000까지의 정수합을 두 개의 스레드가 구하는 프로그램이다.

```
class Sum extends Thread {
   static int sum=0;
   int start, end;
   public Sum(int start, int end)
   {
      this.start = start;
```

```
        this.end = end;
    }
    public void run()
    {
        int tmp;
        for (int i=start; i<= end; i++)
        {
            tmp=i;
            sum = sum + tmp;
        }
    }
}
public class SumTest {
    public static void main(String[] a)
    {
        Sum s1 = new Sum(1,5000);
        Sum s2 = new Sum(5001,10000);
        s1.start();
        s2.start();
        try
        {
            s1.join(); s2.join();
        }
        catch(InterruptedException e){}
        System.out.println("Sum=" + Sum.sum);
    }
}

[실행결과]
Sum=37457520
```

다음은 세마포어를 사용하여 상호배제를 구현한 Java 예제 프로그램이다. 1부터 10000까지의 정수합이 정확하게 계산되었음을 알 수 있다.

```
import java.util.concurrent.Semaphore;
class Sum2 extends Thread {
static int sum=0;
static Semaphore sem = new Semaphore(1);
```

```
int start, end;
public Sum2(int start, int end) {
     this.start = start;
     this.end = end;
}
public void run() {
     int tmp;
for(int i=start; i<= end; i++) {
         tmp=i;
         try {
         sem.acquire();
         }catch(InterruptedException e){}
         sum = sum+tmp;
         sem.release();
     }
}
}
public class SumTest2 {
public static void main(String[] a) {
     Sum2 s1 = new Sum2(1,5000);
     Sum2 s2 = new Sum2(5001,10000);
     s1.start();
     s2.start();
     try {
     s1.join(); s2.join();
     }catch(InterruptedException e){}
     System.out.println("Sum="+Sum2.sum);
}
}

[실행결과]
Sum=50005000
```

Chapter 13

Perl 언어

이 장에서 소개할 Perl 언어는 인터프리터 언어의 대표적인 언어라 할 수 있다. 인터프리터 언어는 앞에서 설명한 바와 같이 매우 융통성이 높으며 컴파일 과정이 없기 때문에 편리한 점이 많다. 특히 인터넷 프로그래밍에서 CGI 언어로서 많이 사용되고 있는 매우 편리하며 강력한 기능을 가진 언어이다. Perl 언어는 문자 데이터를 다루는 데 유용한 많은 기능을 지원하며 다음과 같은 특징을 가진다.

① 변수를 선언할 필요가 없다. 변수 이름의 첫 문자에 따라 scalar 변수, 배열, 연관 배열로 구분한다.
② 배열이나 문자열의 크기는 가변적이다.
③ 모든 변수는 기본값(default value)을 가진다.
④ 문자열 처리를 쉽게 하기 위한 매우 다양한 패턴 매칭 연산을 제공한다.
⑤ C 언어와 UNIX 유틸리티의 문법(syntax)을 따르고 있어 친숙하고 비교적 쉽게 배울 수 있다.
⑥ 다양한 수학적 연산자 및 내장(built-in) 함수를 지원한다.
⑦ 많은 시스템 관리 및 데이터베이스 연동 라이브러리를 지원하므로, CGI 프로그래밍에서 가장 많이 사용되고 있는 언어 중 하나이다.

Perl 언어는 다음과 같이 세 가지 자료형을 지원한다.

① Scalar형: 정수, 실수, 문자열의 데이터를 포함하는 데이터 형이다.
② 배열: scalar형 데이터의 배열이다.
③ 연관 배열: 일반 배열은 정수를 첨자로 사용한다. 그러나 연관 배열에서는 정수 대신 문자열을 배열의 첨자로 사용할 수 있다.

1 Perl 실행하기

Perl을 실행하기 위해서는 먼저 Perl 인터프리터를 컴퓨터에 설치해야 한다. Perl 언어의 또 다른 장점은 바로 무료로 인터프리터를 사용할 수 있다는 점이다. Perl 인터프리터는 http://www.perl.org/에 접속하여 다운로드 받아 설치할 수 있다. 다음 그림은 www.perl.org에 접속하였을 때의 모습이다. 2013년 1월 현재 5.16.2 버전까지 발표되었다.

그림 13-1 Perl 언어의 홈페이지

Perl 인터프리터를 다운로드하기 위해서는 그림 13-1에서 "DOWNLOAD PERL"을 클릭한다. 그러면 그림 13-2와 같은 화면이 나타난다.

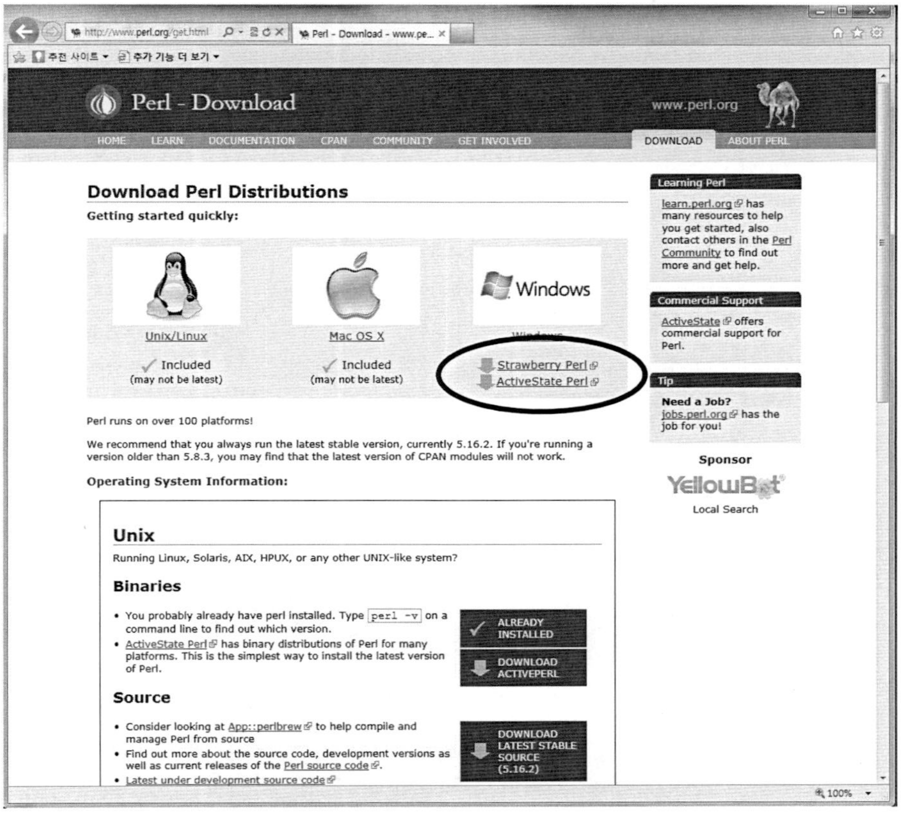

그림 13-2 Perl 인터프리터 다운로드 페이지

그림 13-2에서 "ActiveState Perl" 링크를 클릭하여 다운로드 페이지로 이동하면 그림 13-3의 모습을 볼 수 있다.

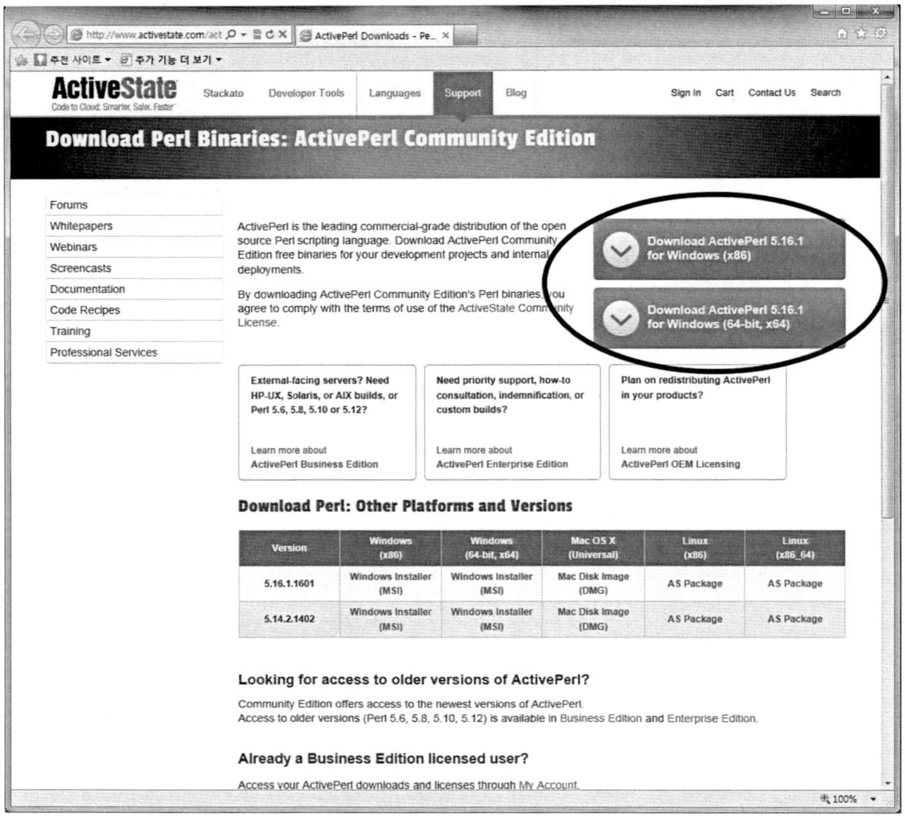

그림 13-3 ActivePerl 다운로드 페이지 화면

그림 13-3에서 "Donwload ActivePerl 5.16.1 for Windows(x86)" 부분을 클릭하면 "ActivePerl-5.16.1.1601-MSWin32-x86-296175.msi"라는 파일을 다운로드할 수 있다. 다운로드 후 파일을 실행시켜서 ActivePerl을 설치한다. ActivePerl의 설치가 끝나면 그림 13-4처럼 Perl 폴더 아래 여러 가지 폴더가 생성된다. 여기서 "bin" 폴더는 Perl의 실행 파일과 여러 가지 스크립트(script)들이 저장되는 곳이다. 폴더 "html"에는 Perl의 매뉴얼들이 있다. 폴더 안에 있는 문서를 직접 오픈하여 보는 것보다 [시작 → 프로그램 → ActivePerl 5.16.1 Build 1601 → Documentation]을 클릭하여 보면 훨씬 매뉴얼을 사용하기 쉽다.

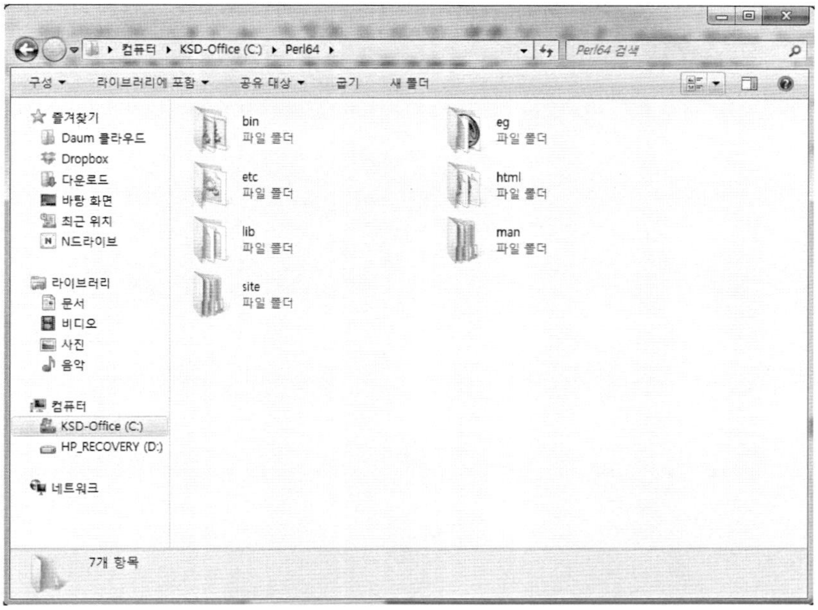

그림 13-4 ActivePerl 설치 후의 폴더 모습

Perl 프로그램을 작성하기 위해서는 먼저 메모장이나 기타 적절한 편집기를 사용하여 Perl 소스 코드를 입력한다. Windows의 명령 프롬프트(command prompt) 창에서 다음과 같이 명령어를 입력하면 실행된다. 컴파일 과정이 필요없이 프로그램 작성 후 바로 실행시킬 수 있어 매우 편리하다.

```
C:\word>perl source1.pl
```

2 Perl 언어에서 지원하는 데이터 형

Perl 언어는 스칼라 형, 배열, 연관 배열 등의 세 가지 데이터 형을 지원한다. 이 절에서는 각 데이터 형에 대해서 설명한다.

2.1 Scalar(스칼라) 형

스칼라 형 변수의 값은 숫자이거나 문자열이 될 수 있다. 다른 프로그래밍 언어는 정수, 실수, 문자열을 다른 유형으로 취급하나, Perl에서는 동일한 데이터 형으로 간주한다. 스칼라 변수는 '$' 기호로 시작하며, '$' 바로 다음 문자는 영문자이어야 한다. 올바른 스칼라 변수 이름의 예는 다음과 같다.

```
$_computer    (X)    # 첫 글자가 _임
$1sum         (X)    # 첫 글자가 숫자임
$sum          (O)
```

다음은 간단한 Perl 프로그램이다. C 언어와 문법이 비슷함을 알 수 있다. Perl 언어의 변수는 선언할 필요가 없으며, 정수, 실수 및 문자열이 동일한 유형으로 취급되고 있다.

```
$price=10000;
print "$price\n";
$price="expensive";
print "$price\n";

[실행 결과]
10000
expensive
```

Perl은 다양한 실수 표현을 허용한다. 다음은 Perl에서 사용할 수 있는 실수값을 사용한 프로그램이다.

```
$var1=11.7;                    # 주석은 #으로 시작한다.
print "\$var1= $var1\n";       # $은 특수 문자임으로 $의 특수기능을 무시하려면,
                               # \$와 같이 사용함.
$var1=.12;
print "\$var1= $var1\n";
$var1=4.;
print "\$var1= $var1\n";
$var1=541e+03;                 # 541 * 1000과 같다.
print "\$var1= $var1\n";

[실행 결과]
$var1= 11.7
```

```
$var1= 0.12
$var1= 4
$var1= 541000
```

문자열의 처리

Perl 언어는 문자열도 스칼라 형으로 처리한다. 따라서 스칼라 변수에 대입할 수 있다. 다음의 예를 보자.

```
$var = "this is text";
```

단 C와는 달리 문자열의 끝을 나타내는 NULL 문자('\0')는 사용할 필요가 없다. Perl 언어에서는 NULL 문자가 문자열의 어디에나 나타날 수 있다. 즉 NULL 문자가 문자열의 끝을 의미하는 특수 문자가 아니다.

큰 인용 부호("") 안의 스칼라 변수

Perl 언어는 인용 부호 안의 내용 중 스칼라 변수는 변수의 값으로 치환한다. 이는 UNIX의 쉘(shell) 프로그램과 비슷하다. 큰 인용 부호를 사용한 예로서 다음 배정문을 살펴보자.

```
$total = 240;
$message = "the total is $total.\n";
print $message;

[실행 결과]
the total is 240.
```

위의 실행 결과를 살펴보면, 문자열 "the total is $total.\n" 안의 $total이 그 값(240)으로 대치되었음을 알 수 있다.

작은 인용 부호(')를 사용한 문자열

Perl에서 문자열을 표시할 때 작은 인용 부호를 사용할 수 있다. 다음 두 문장은 동일하다.

```
$str1 = "this is a string";
$str1 = 'this is a string';
```

그러나 작은 인용 부호와 큰 인용 부호는 문자열 안의 스칼라 변수를 처리하는 방법이 다르다. 큰 인용 부호 안의 스칼라 변수는 그 값으로 교체되지만, 작은 인용부호 안의 스칼라 변수는 그렇지 않다. 또한 큰 인용 부호 안에서 역 슬래쉬('\')는 특별한 의미를 갖지만 작은 인용 부호 안에서는 그 의미를 상실한다. 다음은 큰 인용 부호와 작은 인용 부호를 사용한 예제 프로그램이다.

```
$total = 240;
$message = "the total is $total.\n";
print $message;
$message = 'the total is $total. \n ';
print $message;

[실행 결과]
the total is 240.
the total is $total.\n
```

큰 인용 부호("") 안에서 특별한 의미를 갖는 이스케이프 문자열(escape sequence)은 다음과 같다.

문 자	의 미
\t	tab(탭)
\n	newline(새로운 줄)
\r	캐리지 리턴
\f	form feed
\l	다음 문자를 소문자로 변환
\L	이후의 모든 문자를 소문자로 변환
\u	다음 문자를 대문자로 변환
\U	이후의 모든 문자를 대문자로 변환
\e	이스케이프 문자

2.2 배열

Perl 언어의 배열은 1차원이며 각 요소(element)의 유형은 스칼라 형이다. 즉 배열의 요소는 정수, 실수, 문자형이 될 수 있다. 각 배열의 요소는 정수형 첨자에 의해서 액세스될 수 있다. 배열이름은 '@' 기호로 시작한다. C 언어에서와 같이 n개의 요소를 가진 배열은 0부터 n-1까지의 첨자를 사용한다. 배열은 다음과 같이 초기화할 수 있다.

```
@a1 = (1, 2, 3);
```

앞의 문장은 다음 세 문장과 동일하다.

```
$a1[0] = 1;
$a1[1] = 2;
$a1[2] = 3;
```

또한 배열의 각 요소의 유형이 동일하지 않아도 된다. 모두 정수형이거나 실수형일 필요가 없다. 따라서 C 언어의 배열처럼 같은 유형의 요소를 여러 개 저장할 수도 있고 구조체처럼 서로 다른 유형의 요소를 여러 개 저장할 수도 있는 융통성을 가진다. 다음 문장을 살펴보자.

```
@array=("Kim", 123, 1.248e2);
print "@array";

[실행 결과]
Kim 123 124.8
```

배열의 한 요소를 액세스하는 방법

배열 변수를 초기화한 후 배열의 한 요소를 액세스하려면 각 요소를 스칼라 변수와 동일하게 취급한다. 배열의 크기를 알고 싶을 때는 기호 $#을 사용한다(예: $#array_name).

```
@array=("Kim", 1, 5, 10);
$var1 = $array[0];
$array[3]=12;
print "the array size is $#array\n";
print "\$var1= $var1 \@array= @array\n";

[실행 결과]
the array size is 3
$var1= Kim @array= Kim 1 5 12
```

범위 연산자를 사용한 배열의 초기화

범위 연산자를 사용하여 배열을 초기화할 수 있다. 다음과 같이 배열 @array을 1부터 5까지의 정수로 초기화할 수 있다.

```
@a1 = (1, 2, 3, 4, 5);
```

이를 범위 연산자를 사용하여 다음과 같이 간략하게 쓸 수 있다.

```
@a1 = (1..5);
```

또한 Perl에서는 배열 변수간에 다음과 같은 배정문이 가능하다.

```
@new = @array;
```

위의 문장은 배열 @array의 각 요소들이 @new로 복사한다. 즉 하나의 배정문을 사용하여 배열의 모든 요소를 대입할 수 있다. 다음 예를 살펴보자.

```
@array=("Kim", 1, 5, "Love");
@new=@array;          # array의 모든 값이 new에 복사됨
$count=0;
while( $count <= $#new )
{
  print "$new[$count]\n";
  $count++;
}
```

```
[실행 결과]
Kim
1
5
Love
```

print 명령어와 배열 변수

명령어 print에 배열 변수를 직접 사용하면 Perl은 배열 요소간의 공백을 제거한다. 명령어 print의 큰 인용 부호 안에 배열 변수가 있으면 배열 요소간에 공백을 삽입하여 출력한다. 다음 예를 보자.

```
@array=("Kim", 1, 5, "Love");
print @array, "\n";
print "@array \n";

[실행 결과]
Kim15Love
Kim 1 5 Love
```

배열의 조각화(slice)

일반적으로 프로그래밍 언어에서 배열의 일부를 선택할 수 있는 기능을 배열의 조각화 기능이라고 하는데 Perl 언어는 배열 조각화 기능을 지원한다. 원하는 첨자를 모두 나열하거나 범위 연산자를 사용하여 배열의 일부분을 선택할 수 있다. 다음 예제를 살펴보자. 배열 @select1에는 ($array[1], $array[2], $array[3])의 값이 저장된다. 배열 @select2에는 $array[1]부터 $array[4]까지의 값이 저장된다.

```
@array=("Kim", 1, 5, "Love", 69);
@select1 = @array[1,2,3];
@select2 = @array[1..4];
print "@select1\n";
print "@select2\n";

[실행 결과]
1 5 Love
1 5 Love 69
```

2.3 연관 배열(associative array)

일반적인 프로그래밍 언어에서 배열형 변수는 정수형 첨자를 사용하여 원하는 요소를 액세스할 수 있다. Perl 언어가 지원하는 연관 배열은 일반 배열처럼 정수형 첨자가 아닌 문자열을 키(key)로 사용하여 배열의 요소를 액세스할 수 있도록 해준다. 연관 배열의 변수 이름은 문자 '%'로 시작한다. C 언어나 Pascal 언어에서 첨자를 사용할 때는 대괄호('[', ']')를 사용한다(예: a[10]). 그러나 Perl 언어의 연관 배열에서는 첨자를 나타낼 때, 대괄호 대신 중괄호('{', '}')를 사용한다. 연관 배열은 Perl 언어에서 지원하는 강력한 기능 중의 하나이다. 다음은 연관 배열의 예이다.

```
%table=("length", 100, "width", 20, "height", 44, "color", "green");
print $table{"length"},"\n";
print $table{"color"},"\n";

[실행 결과]
100
green
```

연관 배열을 초기화할 때 한 쌍의 값이 하나의 요소를 나타낸다. 첫 번째 값은 연관 배열의 첨자(키값)이고 두 번째 값은 저장되는 값을 의미한다.

연관 배열 %table을 초기화하는 방법은 간단하다. 위의 예에서 알 수 있듯이, 모든 키 값은 문자열로 구성되며 저장되는 요소의 값은 스칼라 형이다.

만일 연관 배열에서 사용된 키 값에 대한 정보를 알고 싶으면 key()라는 함수를 사용한다. 함수 key()의 반환값은 연관 배열에서 사용된 키의 배열이다. 여기서 주의할 점은 반환되는 키들의 순서가 연관 배열의 초기화 순서와는 다르다는 점이다.

```
%table=("length", 100, "width", 20, "height", 44, "color", "green");
@tkeys = keys(%table);
print "@tkeys\n";

[실행 결과]
width height length color
```

Perl 언어의 연산자(operator)와 내장 함수(built-in functions)

3.1 산술 연산자

다음은 Perl 언어가 제공하는 산술 연산자들이다.

```
+ - * / **
```

마지막의 '**' 연산자는 power(승) 연산자이다(예: 2**3 = 2*2*2). C 언어에서 사용되는 단항 연산자 '++' '--'도 지원한다. 또한 다음과 같은 수학 함수를 기본으로 제공한다.

```
cos, sin, sqrt, exp, log, sqrt
```

이들 수학 함수를 이용하여 다음과 같은 수식을 사용할 수 있다.

```
$a = 4.0;
$b = 4.8;
$c = log( $a ** 2 + $b ** 2);
```

위의 산술 연산자는 숫자를 매개변수로 받아 계산을 수행하는데, 만일 매개변수로 문자열이 주어지면 시스템은 자동으로 숫자로 변환하여 계산을 시도한다. 다음 예를 살펴보자.

```
$a=4;
$res=++$a;
print "result = $res\n";
$a=4;
$res=$a++;
print "result = $res\n";
$res %=3;            # $res= $res %3;
print "result = $res\n";
$res = 4**2;
print "result = $res\n";
$a = "K";
```

```
$res =++$a;
print "result = $res\n";          # K보다 하나 큰 값(L)이 출력됨

[실행 결과]
result = 5
result = 4
result = 1
result = 16
result = L
```

3.2 문자열 연산자

문자열 연산자 중에서 가장 많이 사용되는 것은 문자열을 서로 연결시키는(concatenation) 연산자이다. 점('.') 연산자는 문자열을 서로 연결시킨다.

```
$a = "hello!";
$b = "world";
$c = $a . " " . $b . "\n";
print $c;

[실행 결과]
hello! world
```

문자열 연산에 많이 사용되는 함수가 split()이다. 명시하는 분리자에 따라 문자열을 분리할 수 있다. 다음은 하나 이상의 공백(space)을 분리자로 하여 문자열을 분리하는 예이다.

```
$line="this is a test data";
@array=split(/ +/, $line);
print @array,"\n";
print "@array\n";

[실행 결과]
thisisatestdata
this is a test data
```

3.3 Boolean 연산자

거짓과 참을 반환하는 연산은 프로그램에서 매우 중요하다. Perl 언어에서는 boolean 데이터 형이 별도로 존재하지 않고 다음과 같은 값은 false(거짓)로 간주되며 그 이외의 모든 값은 true(참)로 간주한다.

- 정수의 0
- 실수의 0.0
- 문자열 “” (null string)
- 문자열 “0”
- 배열 ()

그리고 비교를 위한 연산자로는 다음과 같은 것들이 제공된다.

- 숫자 비교 연산자: 〈, 〈=, ==, !=, 〉=, 〉
- 문자열 비교 연산자: lt(less than), le(less or equal), eq(equal), ne(not equal), ge(greater or equal), gt(greater than)

다음은 문자열을 비교하기 위해 두 가지 연산자를 사용하였다. 연산자 ‘〉’는 문자열을 숫자로 전환하여 비교한다. 연산자 ‘gt’는 문자열의 ASCII 코드 값으로 비교한다. 비교 결과가 거짓이면 0이 반환되고 이는 null string으로 간주된다(첫 번째 실행 결과가 null임을 주의).

```
$res= "24" > "128";      # 숫자로 변환 후 비교
print "result = $res\n";
$res= "24" gt "128";     # 2의 ASCII 값이 1의 ASCII 값보다 크다.
print "result = $res\n";

[실행 결과]
result =
result = 1
```

위의 예제를 보면 비교 연산의 실행 결과는 수식의 연산자에 의해서 문자열 비교인지 숫자 비교인지가 결정된다는 것을 알려주고 있다.

논리 연산자는 다음 세 가지가 지원된다.

```
||, &&, !
```

앞의 두 연산자는 or와 and를 의미한다. 연산자 '!'는 not를 의미한다. 연산자 || 와 &&는 불필요한 boolean 값을 계산하지 않는 단락 회로(short-circuit) 평가 기법을 적용한다. 예를 들어, 논리식

```
true || Boolean_exp1
```

은 Boolean_exp1을 계산할 필요도 없이 반환값이 true이다. 즉 true 값과 어떠한 논리값을 or 하더라도 반드시 true가 반환되므로 뒤에 오는 Boolean_exp1을 평가할 필요가 없다. 이러한 연산자는 파일을 open할 때 많이 사용된다. 다음 예를 살펴보자.

```
open(InFile, "<address.dat") || die "Can't open data file\n";
```

파일 address.dat이 정상적으로 open되면 반환값이 true이므로, || 이후의 연산은 수행하지 않는다.

3.4 자주 쓰이는 내장 함수: chop, join, split, sort

함수 chop()은 인자로 받은 문자열의 마지막 문자를 잘라내어 반환하는 함수로서 사용자로부터 입력 받은 문자열이 포함하는 "\n"을 제거하는데 많이 이용된다. 다음 예와 실행 결과를 살펴보면 이해가 쉬울 것이다.

```
$val="this is a line_";
$a=chop($val);
print "a  = $a\n";
print "val= $val\n";

[실행 결과]
a  = _
val= this is a line
```

함수 split()는 분리자와 문자열을 지정하여 지정된 분리자에 따라 문자열을 쪼개는

기능을 수행한다. 다음은 함수 split()를 사용한 예이다.

```
($a, $b, $c) = split(/:/, "string:name:uid");
print "$a $b $c\n"

[실행 결과]
string name uid
```

함수 join()은 split의 역기능을 수행한다. 분리자와 연결한 여러 개의 문자열을 입력 받아서 연결된 하나의 문자열을 반환한다.

```
$a = join(":", "string", "name", "password");
print "$a\n"

[실행 결과]
string:name:password
```

함수 sort()는 인자로 받은 배열을 정렬시키는 기능을 한다. 다음 예제는 배열 @list를 정렬한 후 정렬된 배열의 요소를 하나씩 출력하는 프로그램이다.

```
@list=("kim", "abc", "park", "lee", "jung", "choi");
@sorted=sort(@list);
foreach $word (@sorted) {
        print "$word\n";
}

[실행 결과]
abc
choi
jung
kim
lee
park
```

3.5 배열 관련 함수: shift, pop, unshift, push

Perl 언어는 배열을 stack이나 queue와 같은 자료형으로 사용할 수 있도록 shift(),

pop(), push() 등의 함수를 지원한다. 함수 shift()는 배열의 맨 왼쪽 요소(첫 번째 요소)를 반환한다. 함수 pop()은 배열의 맨 오른쪽 요소(마지막 요소)를 반환한다. 함수 unshift()와 push()는 배열에 요소를 삽입하는 기능을 한다. 다음은 shift() 함수의 예제인데, 배열의 첫 번째 요소를 빼서 반환한 후에 배열의 내용을 보여주고 있다.

```
@a1=("first", "2nd", "3rd", "last");
$str= shift @a1;
print "\$str=$str \t \@a1=@a1\n";
$str= shift @a1;
print "\$str=$str \t \@a1=@a1\n";
$str= shift @a1;
print "\$str=$str \t \@a1 = @a1\n";

[실행 결과]
$str=first    @a1 = 2nd 3rd last
$str=2nd      @a1 = 3rd last
$str=3rd      @a1 = last
```

다음은 pop() 함수를 사용한 프로그램의 예이다. 함수 pop()을 이용하여 배열의 마지막 원소를 빼서 반환하고 그 결과를 보여준다.

```
@a1=("first", "2nd", "3rd", "last");
$str= pop @a1;
print "\$str=$str \t \@a1 = @a1\n";
$str= pop @a1;
print "\$str=$str \t \@a1 = @a1\n";

[실행 결과]
$str=last       @a1 = first 2nd 3rd
$str=3rd       @a1 = first 2nd
```

함수 unshift()와 push()는 각각 shift()와 pop()의 반대되는 기능을 수행한다. 즉 unshift() 함수는 배열의 왼쪽 끝에 요소를 추가하고, pop() 함수는 배열의 오른쪽 끝에 요소를 추가한다.

```
@a1=("first", "2nd", "3rd");
print "\@a1=@a1\n";
unshift (@a1, "start");
print "\@a1=@a1\n";
push (@a1, "last");
print "\@a1=@a1\n";

[실행 결과]
@a1=first 2nd 3rd
@a1=start first 2nd 3rd
@a1=start first 2nd 3rd last
```

4 파일 입출력

Perl 언어도 파일 입출력 기능을 지원한다. 이 절에서는 파일 입출력을 지원하는 함수들을 설명한다.

4.1 파일 열기

파일을 열기 위한 내장 함수 open()에 대한 문법은 다음과 같다. 함수 open은 다음과 같이 두 개의 인자를 필요로 한다.

```
open(filevar, filename);
```

첫 번째 매개변수 'filevar'는 Perl 프로그램 내에서 사용되는 파일을 나타내는 파일 변수(또는 파일 핸들)이다. 두 번째 매개변수 'filename'은 문자열인데 실제 파일의 위치와 이름 및 다음과 같은 파일 접근 모드를 나타낸다.

① 읽기(read) 모드: 프로그램이 파일의 내용을 읽을 수만 있다(파일명 앞에 〈를 추가).

② 쓰기(write) 모드: 프로그램이 기존 파일의 내용을 무시하고 새로운 내용을 쓴다(파일명 앞에 〉 추가).

③ 추가(append) 모드: 프로그램이 파일의 기존 내용에 새로운 내용을 추가한다(파

일명 앞에 >>추가).

```
open(OUTFILE, ">C:\data\address.txt");    # write 모드로 파일 열기
open(OUTFILE, ">>C:\data\address.txt");   # append 모드로 파일 열기
```

첫 번째 예제는 OUTFILE 변수에 write 모드로 오픈된 "C:\data\address.txt" 파일을 할당하고, 두 번째 예제는 OUTFILE 변수에 append 모드로 오픈된 파일을 할당하고 있다. 프로그램에서 OUTFILE 변수를 이용하여 파일에 내용을 쓸 수 있다.

4.2 파일 open 확인

파일을 open한 후 제대로 open 되었는지 open() 함수의 반환값을 검사하는 것이 좋다. open() 함수의 반환값이 0이면 오류가 발생한 것이다(Boolean 값으로는 false). 파일 open이 이루어지지 않았으면 오류 메시지를 출력하고 프로그램 실행을 중단하는 것이 일반적이다. 오류 메시지를 출력하고 프로그램을 중단하기 위해서는 die() 함수를 사용한다. 함수 die()의 사용 형식과 파일 "C:\address.dat"가 open되지 않으면 실행을 중지하는 코드의 예는 다음과 같다.

```
die(Message_string);

① unless(open (OUTFILE, "<C:\address.dat")) { die("Can't open
   file"); }
② open(OUTFILE, "<C:\address.dat") || die("Can't open file");
```

4.3 파일 입출력 명령어

파일로부터 데이터를 읽는 명령어는 파일 핸들과 스칼라 변수를 사용한다. 파일 핸들 DATAFILE로부터 한 줄(line)을 읽어 스칼라 변수 $in에 저장하는 명령어는 다음과 같다.

```
$in = <DATAFILE>;
```

표준 입력 파일(별도의 지정이 없으면, 키보드)로부터 1행을 읽어 들이는 명령어는 다음과 같다.

```
$in = <STDIN>;
```

Perl 언어에서는 파일 전체를 하나의 배열 변수로 읽어 들일 수 있다. 다음 명령어를 실행하면 DATAFILE로부터 파일 전체의 내용을 배열 @in에 저장한다. 파일의 각 행(line)이 배열의 각 요소(element)가 된다.

```
@in = < DATAFILE >;
```

다음은 test.dat 파일의 내용을 읽어 화면에 출력시키는 프로그램이다.

```
open(IN, "<test.dat") || die("can't open file");
$input=<IN>;
while ($input)
{
       print "$input";
       $input=<IN>;
}
close(IN);

[실행 결과]
This is a test data.
This is second line.
the is third line.
The END.
```

파일에 데이터를 쓰기 위해서는 print 함수와 파일 핸들을 사용한다. 물론 파일을 먼저 쓰기 모드로 open해야 한다. 함수 print의 사용 예는 다음과 같다.

```
print OUTFILE "$line";
```

다음 예제 프로그램은 파일의 내용을 복사하는 프로그램이다. “test.dat” 파일을 읽기 모드로 open하고 “test2.dat” 파일을 쓰기 모드로 open한 후 “test.dat” 파일의 내용을 “test2.dat” 파일로 복사한다.

```
open(IN,  "<test.dat") || die("can't open in file");
open(OUT, ">test2.dat") || die("can't open out file");
$input=<IN>;
while ($input)
{
        print OUT "$input";
        $input=<IN>;
}
close(IN);
close(OUT);
```

4.4 파일의 상태 검사

Perl 언어는 파일에 대한 여러 가지 정보를 검사하는 기능을 지원한다. 파일이 폴더인지, 파일의 크기가 0인지, 파일의 종류가 텍스트 파일인지 이진 파일인지 등 여러 가지 파일 정보를 검사할 수 있다. 모든 파일 테스트 연산자의 형식은 다음과 같다.

```
- X FileHandle (or FileName)
```

다음 표는 파일 테스트 옵션을 보여주며 위의 형식에서 'X'에 대응한다.

옵 션	의 미
− e	파일이 존재하는가? (참이면 1, 거짓이면 0을 반환)
− z	파일의 크기가 0인가?
− s	파일이 0이 아닌 크기를 갖는가? (파일의 크기를 반환)
− d	폴더인가?
− T	텍스트 파일인가?
− B	이진 파일인가?

다음 예는 파일이 폴더인지, 존재하는지, 텍스트 파일인지를 검사한 후, 파일의 내용을 화면에 출력하는 프로그램이다.

```
$file="test.dat";
if (-d $file) { die "$file is a directory" ; }
```

```
-e $file || die "$file is not exist";
-T $file || die "$file is not text file";
open(IN, $file) || die "Can not open file";
@allfile = <IN>;
close(IN);
print @allfile;
```

4.5 폴더(folder) 파일 다루기

폴더는 하위 폴더와 파일에 관한 정보를 저장하고 있는 특수 파일이다. Perl 언어는 폴더 파일을 open하고 그 내용을 액세스할 수 있는 기능을 지원한다. 폴더를 open할 때는 opendir() 함수를 이용하며 사용 형식은 다음과 같다.

```
opendir(FolderHandle, Folder_string);
```

현재 폴더의 내용을 읽어 화면에 출력하는 예제 프로그램은 다음과 같다. 폴더 파일의 내용을 읽기 위해서 함수 readdir()이 사용된다. 이 경우 폴더에 포함된 폴더나 파일 이름이 출력된다.

```
opendir(Dir, ".") || die "opendir failed";
@files=readdir(Dir);
print "@files";

[실행 결과]
. .. SOURCE UTIL.C UTIL.H t1.pl test.dat
```

4.6 명령어 매개변수 @ARGV

Perl 언어는 프로그램 안에서 명령어에 전달되는 매개변수를 사용할 수 있도록 @ARGV라는 배열을 지원한다. @ARGV에는 명령어와 같이 명시된 매개변수들이 $ARGV[0]부터 저장된다(C 언어의 경우 argv[0]에는 명령어가 저장되고 매개변수는 argv[1]부터 저장됨). $#ARGV는 배열 @ARGV의 크기를 나타내며, 명령어 매개변수가 하나도 없을 경우, −1이 반환된다. 다음 예제 프로그램은 명령어 매개변수를 출력하는 Perl 프로그램이다.

```
$count=$#ARGV;
$idx=0;
while( $idx <= $count)
{
  print "$ARGV[$idx]\n";
  $idx++;
}

[실행 결과]
C:\perl>perl t1.pl a1 a2 a3 a4
a1
a2
a3
a4
```

5 패턴 매칭 연산자

Perl 언어는 텍스트를 처리하는 프로그램을 쉽게 작성할 수 있다. 이는 Perl 언어가 다양한 패턴 매칭 연산자들을 제공하기 때문이다. 검색을 원하는 문자열을 패턴이라고 한다. 패턴은 일반적으로 슬래쉬 기호('/')를 이용하여 표시한다. 예를 /love/는 패턴 love를 나타낸다. 패턴에 문자 '/'를 삽입하려면 역 슬래쉬('\')와 함께 사용해야 한다. 즉 '\/'로 표시한다.

Perl 언어는 문자열 데이터 처리를 손쉽게 하기 위해서 많은 패턴 매칭 관련 연산자를 지원하고 있다. 먼저 특정 패턴이 문자열에 존재하는 지를 알아내는 연산자 '=~'를 지원한다. 사용형식은 다음과 같다.

```
$result = "I like Perl language" =~ /like/;
print "$result\n";

[실행 결과]
1
```

연산자 '=~'는 일치하는 문자열을 찾았을 경우 1, 그렇지 않을 경우 0을 반환한다.

연산자 '!~'은 '=~'와 반대로 일치하는 문자열이 없을 경우에 1을 반환한다.

5.1 패턴 일치 연산의 옵션

패턴을 작성할 때 패턴 일치 연산을 제어하는 옵션을 같이 지정할 수 있다. 이러한 옵션을 정리하면 다음 표와 같다.

옵션	의 미
g	가능한 모든 패턴과 일치
i	대소문자 구별을 무시
m	문자열을 다중 행으로 취급
o	한 번만 계산
s	문자열을 단일 행으로 취급
x	패턴내의 공백을 무시

예를 들어 /cd/i라는 패턴은 대소문자가 무시되어 CD, Cd, cD, cd를 의미한다. 필요한 옵션은 동시에 같이 지정할 수 있으며 순서에 무관하다.

5.2 패턴 명시 특수 문자

Perl 언어는 패턴을 명시하는데 다양한 특수 문자를 지원한다. 이러한 특수 문자들은 패턴 매칭 연산을 더욱 강력하게 만든다.

문자	의 미	예	예가 의미하는 문자열
x+	문자 x가 하나 이상 반복됨	/de+f/	def, deef, deeef, deeeef, …
[xyz]	문자 xyz 중 택일	/k[eE]+/	ke, kE, kee, kEeee, KeEeEe, …
x*	문자 x가 0회 이상 반복됨	/de*f/	df, def, deef, deeef, …
x?	문자 x가 없거나 1번 반복	/ki?m/	km, kim
\x	바로 뒤의 특수문자 x의 기능을 무시	/\++/	+, ++, +++, ++++, …
^	문자열의 시작을 의미	/^ab/	ab로 시작하는 문자열
$	문자열의 끝을 의미	/ab$	ab로 끝나는 문자열
\b	공백(blank)을 의미	/\bki/	_ki, _kim, … (_은 공란을 의미)
\B	공란이 없어야 일치함	/\Bki/	ki 앞에 공란이 없어야 일치
.	임의의 한 문자	/.*a/	a로 끝나는 임의의 문자열

```
$str="The world is small. I like computer world";
if ($str =~ /World/i ) { print "Yes\n"; }
else { print "No\n"; }

[실행 결과]
Yes
```

위의 프로그램에서 /World/다음의 i의 영향으로 인하여 Yes가 출력된다. 여기서 i의 의미는 ignore case로서 대소문자를 구분하지 않는다는 것이다.

다음 예는 시스템 변수 $&를 사용한다. 변수 $&에는 최근에 일치된 패턴의 결과를 저장하고 있다. 또한 g 옵션은 패턴 매칭 연산이 끝까지 계속되도록 한다. 검색하는 패턴은 /l…/인데 이는 'l'부터 3개의 문자를 포함한다. 따라서 매칭 결과는 4개의 문자로 구성된다.

```
$str = "believe like fish love listen learn";
while ($str = ~/l…/g)
{
  print "match = $& \n";
}

[실행 결과]
match = liev
match = like
match = love
match = list
match = lear
```

다음 예의 검색 패턴은 /\bl…/이다. 위의 경우와 비교했을 때 '\b'가 앞에 추가되었다. 따라서 공백 다음에 나타나는 'l'을 찾고 그 다음 3개의 문자를 찾는다.

```
$str="believe like fish love listen learn";
while ($str =~ /\bl.../g)
{
  print "match = $& \n";
}
```

```
[실행 결과]
match = like
match = love
match = list
match = lear
```

다음 예의 검색 패턴은 /\bl … \b/이다. 위의 경우와 비교했을 때 '\b'가 뒤에 추가되었다. 따라서 공백 다음에 나타나는 'l'을 찾고 그 다음 3개의 문자와 공백이 나타나는 문자열을 찾는다.

```
$str="believe like fish love listen learn lean";
while ($str =~ /\bl...\b/g)
{
  print "match = $& \n";
}

[실행 결과]
match = like
match = love
match = lean
```

다음은 문자열에 포함된 "love"의 개수를 출력하는 프로그램이다.

```
$count=0;
$idx=0;
$data="l love piano but I love computer and love game";
@word=split(/ +/,$data);
print "@word\n";
while ($idx <= $#word)
{
        if($word[$idx] eq "love")
{
                $count++;
        }
        $idx++;
}
print "The number of \"love\" is $count\n";
```

```
[실행 결과]
l love piano but I love computer and love game
The number of "love" is 3
```

5.3 치환 연산자

Perl 언어에서는 치환 연산자를 사용하여 문자열의 일부분을 변경할 수 있다. 이는 UNIX 시스템에서 사용하는 편집기인 vi의 명령어와 비슷하다. 치환 연산자의 문법은 다음과 같다.

```
s/pattern/replacement/
```

명령어 s는 substitute(치환하다)의 약자이다. 그리고 pattern은 변경할 문자열로서 패턴을 문자열에서 찾으면 replacement 문자열로 치환한다. 다음 예를 보자.

```
$str="kim loves computer. nansuk likes milk";
$str =~ s/love|like/hate/g;
print "$str";

[실행 결과]
kim hates computer. nansuk hates milk
```

치환 명령어 s/love|like/hate/g에서 |는 or의 의미를 가지며, g는 모든 문자열을 치환하라는 의미이다. 즉 문자열 안에 있는 모든 love나 like는 hate로 치환하라는 의미이다.

다음 명령어는 문자열 $str 안에 있는 연속된 공백 문자(탭과 공란)를 하나의 공란으로 치환한다.

```
$str = ~s/[\t]+/ /g
```

여기서 [\t]+는 공란이나 탭이 1회 이상 반복되는 문자열 패턴을 의미한다.

6 실행 순서 제어

Perl 언어의 프로그램 실행 순서를 제어하는 문장은 if, for, foreach, do, last, next, redo, continue, goto, label 등이 있다. 실행 제어문은 C 언어와 매우 비슷하지만, foreach, last, nest, redo 등과 같은 약간 특이하지만 유용한 문장을 지원한다.

6.1 if 문장

특정 조건이 만족하면, 실행되는 명령어 군을 선택하는 역할을 한다. 다음 문장

```
if ($num) { print "the variable $num is not zero."; }
```

$num의 값이 0이 아닌 경우 print를 실행한다. C 언어의 if 문과 매우 비슷하나 주의할 점은 C 언어와는 달리 { } 안의 문장이 하나인 경우에도 반드시 중괄호를 사용해야 한다. 그리고 else와 elsif를 사용할 수 있다. elsif를 사용하면 둘 이상의 선택이 가능하다.

```
$num = 4;
if ($num < 0 ) { print "$num is negative\n"; }
elsif ($num > 0) { print "$num is positive\n"; }
else { print "$num is zero\n"; }

[실행 결과]
4 is positive
```

6.2 while 문장

C 언어나 Pascal 언어의 while 문장과 형식 및 의미가 동일하다. 다음은 사용자로부터 양의 정수 N을 읽어 1부터 N까지의 합을 구하는 프로그램이다. 함수 chop()은 정수와 함께 읽어 들인 개행 문자("\n")를 제거하기 위한 것이다.

```
$count=$sum=0;
print "key a positive integer:";
```

```
$N = <STDIN>;
chop($N);
while($count <= $N)
{
$sum += $count;
       $count++;
}
printf "the sum 1 to $N is $sum\n";

[실행 결과]
key a positive integer:10
the sum 1 to 10 is 55

key a positive integer:20
the sum 1 to 20 is 210
```

6.3 until 문장

while 문장과 형식 및 실행방법이 비슷하다. 차이점은 while 문장의 경우 수식의 값이 true인 경우에 블록 안의 문장을 실행하지만, until 문장은 false인 경우에 실행하고 true가 되면 실행이 중단된다. 즉 true가 될 때까지만(until) 블록 안의 문장들을 실행하라는 의미이다.

다음은 사용자로부터 양의 정수 N을 읽어 1부터 N까지의 합을 구하는 프로그램을 until 문장을 사용하여 다시 작성한 것이다.

```
$count=$sum=0;
print "key a positive integer:";
$N = <STDIN>;
chop($N);
until($count > $N)
{
       $sum += $count;
       $count++;
}
printf "the sum 1 to $N is $sum\n";
```

6.4 for 문장

for 문장의 형식과 의미는 C 언어와 동일하다. 다음은 사용자로부터 양의 정수 N을 입력 받아 1부터 N까지에 있는 짝수들의 합을 구하는 프로그램이다.

```
print "key a positive integer:";
$N = <STDIN>;
chop($N);
for($sum=$count=0; $count <= $N; $count++)
{
       if (($count % 2)==0) { $sum += $count; }
}
printf "the sum of even number from 1 to $N is $sum\n";

[실행 결과]
key a positive integer:10
the sum of even number from 1 to 10 is 30

key a positive integer:5
the sum of even number from 1 to 5 is 6
```

6.5 리스트에 대한 for 문장 : foreach 문장

foreach 문장은 UNIX 시스템의 쉘 스크립트와 동일하다. 리스트의 각 요소를 변수에 저장하고 루프를 실행하는 것이다. 이 경우 list_expr의 원소의 개수를 몰라도 되기 때문에 리스트를 처리할 때 매우 편리하다. foreach 문장의 형식은 다음과 같다.

```
foreach $var ( list_expr )
{
  statement_group;
}
```

변수 $var은 list_expr의 첫 번째 요소가 대입되고 루프 안의 문장을 실행한다. 다음 루프가 반복될 때마다 $var에는 list_expr의 다음 요소가 대입된다. 다음은 배열의 원소를 하나씩 출력하는 예제 프로그램이다.

```
@list=("I", "love", "Perl", "language");
foreach $word (@list)
{
        print "$word\n";
}
[실행 결과]
I
love
Perl
language
```

다음 예제는 주어진 문장에 있는 단어의 수를 구하는 프로그램이다.

```
$s="love is art. love is good. love needs courage.";
$count =0;
@words=split(/ +/, $s);
foreach $w (@words)
{
        $count++;
}
print "sentence: $s\n";
print "the number of word is $count\n";

[실행 결과]
sentence: love is art. love is good. love needs courage.
the number of word is 9
```

6.6 do 문장

do 문장의 형식은 다음과 같으며 중괄호 안의 문장을 반복 수행한다.

```
do {
  statement_group;
}
```

일반적으로 do { } 문장과 while/until이 같이 사용될 수 있다.

형식	do { statement_group; } while (exp1);	do { statement_group; } until (expr2);
의미	statement_group을 expr1이 참일 동안 반복 수행한다.	statement_group을 expr2가 거짓을 동안 반복 수행한다.

루프의 중간에서 루프의 끝이나 밖으로 실행 순서를 이동해야 할 경우에는 next와 last 문장을 사용한다. next는 C 언어의 continue, last는 C 언어의 break와 동일한 기능을 가진다.

예제 코드	for ($i=4; $i <=6; $i++) {
	print "$i\n";
	next if ($i == 5);
	print "$i * 10\n";
	}
		for ($i=4; $i <=6; $i++) {
		print "$i\n";
		last if ($i==5);
		print "$i * 10\n";
		}

의미	next: 다음 루프를 실행 (C의 continue)	last: 루프를 빠져나감 (C의 break)
실행 결과	4 4 * 10 5 6 6 * 10	4 4 * 10 5

7 서브루틴의 사용

서브루틴은 함수나 프로시저 등으로 불리우기도 하며, 특정한 작업을 수행하기 위해 작성된 코드의 집합을 의미한다. Perl 언어에서 서브루틴을 호출할 때는 서브루틴 이름 앞에 &를 붙인다. 서브루틴을 선언하는 형식은 다음과 같다.

```
sub subroutine_name {
  statement_group;
}
```

프로그램에서 &subroutine_name;을 사용하면 호출된 서브루틴의 문장이 수행된다. 다음은 단순한 메시지를 출력하는 서브루틴의 예이다.

```
&message;
&message;
sub message
{
        print "Welcome to subroutine!\n";
}

[실행 결과]
Welcome to subroutine!
Welcome to subroutine!
```

서브루틴 내에서 지역 변수를 사용할 수 있다. 즉 서브 프로그램 안에서만 사용되는 변수를 키워드 'my'를 사용하여 정의할 수 있다.

```
sub get_sum
{
        my ($sum, $inputs, @lists);
        ...
        return $sum;
}
```

위의 서브루틴 정의에서 스칼라 변수 $sum, $inputs, 배열 변수 @lists는 서브루틴 get_sum 안에서만 사용될 수 있다. 또한 서브루틴의 계산 결과를 return 문을 사용하여 반환할 수 있다. return 문장을 사용하는 형식은 C 언어와 동일하다. return 문장으로 반환값을 명시하지 않을 경우 서브루틴의 맨 마지막 문장의 계산 결과를 반환한다.

서브루틴의 매개변수는 서브루틴을 정의할 때 매개변수의 유형이나 개수를 특별히 정의하지 않아도 된다. 매개변수는 자동적으로 @_라는 배열로 전달된다(이는 기본 변수인 $_와는 무관하다). 따라서 서브루틴에서는 @_라는 배열의 값을 이용하면 된다. 다음은 서브루틴 max가 두 개의 매개변수를 받아 비교하여 큰 값을 반환하는 예이다.

```
sub max
{
  if ($_[0] > $_[1])
  { return $_[0]; }
  else
  { return $_[1]; }
}
$num1=10.5;
$num2=2.8;
$result=&max(10, 5);
print "result=$result\n";
$result=&max($num1, $num2);
print "result=$result\n";
$result=&max("str1", "str2");
print "result=$result\n";

[실행 결과]
result=10
result=10.5
result=str2
```

Perl 언어의 서브 프로그램 안에서 전역 변수를 액세스할 수 있다. 서브 프로그램에서 my를 사용하여 선언하지 않은 모든 변수는 전역 변수로 간주한다. 서브루틴 안에서 전역 변수의 값을 읽거나 쓰는 것은 바람직한 프로그래밍 습관이 아니다. 다음 예제 프로그램과 그 실행결과를 살펴보자. 서브 프로그램 max에서 전역 변수 $num1과 $num2를 액세스하고 있음을 주의하자.

```
sub max
{
  $num1=24;   # global variable access
  $num2=12;
  if ($_[0] > $_[1])
  {
     return $_[0];
     } else {
     return $_[1];
           }
```

```
}
$num1=10.5;
$num2=2.8;
&max(1,2);          # subroutine call
print "num1=$num1,  num2=$num2\n";

[실행 결과]
num1=24,  num2=12
```

일반적으로 서브 프로그램의 실행결과는 반환값이 하나인 경우에는 return 문을 사용하고 여러 개인 경우에는 함수의 매개변수를 이용한다. 다음 예는 서브루틴 exchange가 두 개의 매개변수를 받아서 위치를 서로 바꾼 후 실행 결과를 매개변수로 반환하는 프로그램이다. C 언어에서는 서브 프로그램에서 변경된 인자를 반환하려면 포인터를 사용해야 하지만 Perl에서는 그럴 필요가 없다.

```
sub exchange
{
  my ($temp);

  $temp=$_[0];
  $_[0]=$_[1];
  $_[1]=$temp;
}
$var1=10.5;
$var2=2.8;
print "Before: var1=$var1,  var2=$var2\n";
&exchange($var1, $var2);
print "After: var1=$var1,  var2=$var2\n";

$var1="Kim";
$var2="Lee";
print "Before: var1=$var1,  var2=$var2\n";
&exchange($var1, $var2);
print "After: var1=$var1,  var2=$var2\n";

[실행 결과]
Before: var1=10.5,  var2=2.8
```

```
After: var1=2.8,  var2=10.5
Before: var1=Kim,  var2=Lee
After: var1=Lee,  var2=Kim
```

note

Perl 언어는 문자열 처리의 용이성으로 인하여 최근의 CGI 프로그래밍에 가장 많이 사용되고 있다. 인터넷 프로그래밍에 관심이 있는 독자들은 반드시 Perl 언어를 마스터하기를 바란다.

Chapter 14

Python 언어

이 장에서 소개할 Python 언어는 Perl 언어처럼 인터프리터 언어, 객체지향 언어, 그리고 스크립트 언어이다. Python 언어는 배우기 쉽고 다양한 운영체제에서 실행될 수 있는 이식성이 좋은 언어이다. 많은 코드를 작성하지 않고도 원하는 일을 할 수 있도록 해주므로 개발자를 위한 필수적인 언어라 할 수 있다. Python 언어의 특징은 다음과 같다.

- 변수를 선언할 필요는 없지만 사용하기 전에 정의해야 한다. Perl 언어의 변수와 달리 기본값을 가지지 않으므로 사용하기 전에 값을 할당(초기화)해야 한다.
- 문자열, 리스트, 집합, 튜플 등의 크기는 가변적이다.
- 모든 문자열은 유니코드(Unicode)를 지원한다(Python 3.0부터).
- 소스 코드를 보다 쉽게 이해하기 위하여 프로그램 문장을 들여쓰기 한다. 들여쓰기(indentation)는 C 언어에서 중괄호({, })로 둘러싼 블록을 의미한다.
- 동적 데이터 형식, 미리 만들어져 있는 클래스, 시스템 호출 및 라이브러리를 위한 인터페이스를 제공한다.
- 일반 응용 프로그램 및 웹과 모바일 앱 개발에도 사용할 수 있다.
- Python 인터프리터를 웹 브라우저 상에서도 실행시킬 수 있어 컴퓨터에 인터프리터를 설치하지 않고도 Python 프로그램을 실행시킬 수 있다.

1 Python 실행하기

Python 프로그램을 실행하기 위해서는 Python 인터프리터를 설치해야 한다. Python 인터프리터는 www.python.org에 접속하여 다운로드 받아 설치하면 된다. 그림 14-1은 Python 홈페이지에 접속하였을 때의 모습이다. 2013년 1월 현재 3.3.0 버전까지 발표되었다.

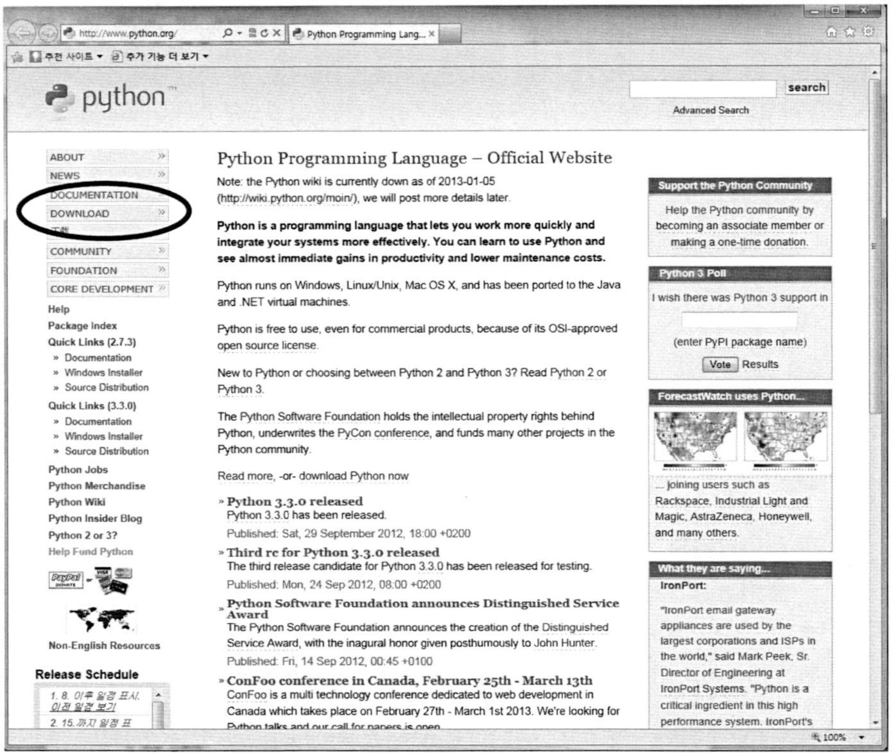

그림 14-1 Python 언어의 홈페이지

Python 인터프리터를 다운로드하기 위해서는 그림 14-1에서 "DOWNLOAD"를 클릭한다. 그러면 그림 14-2와 같은 화면이 나타난다.

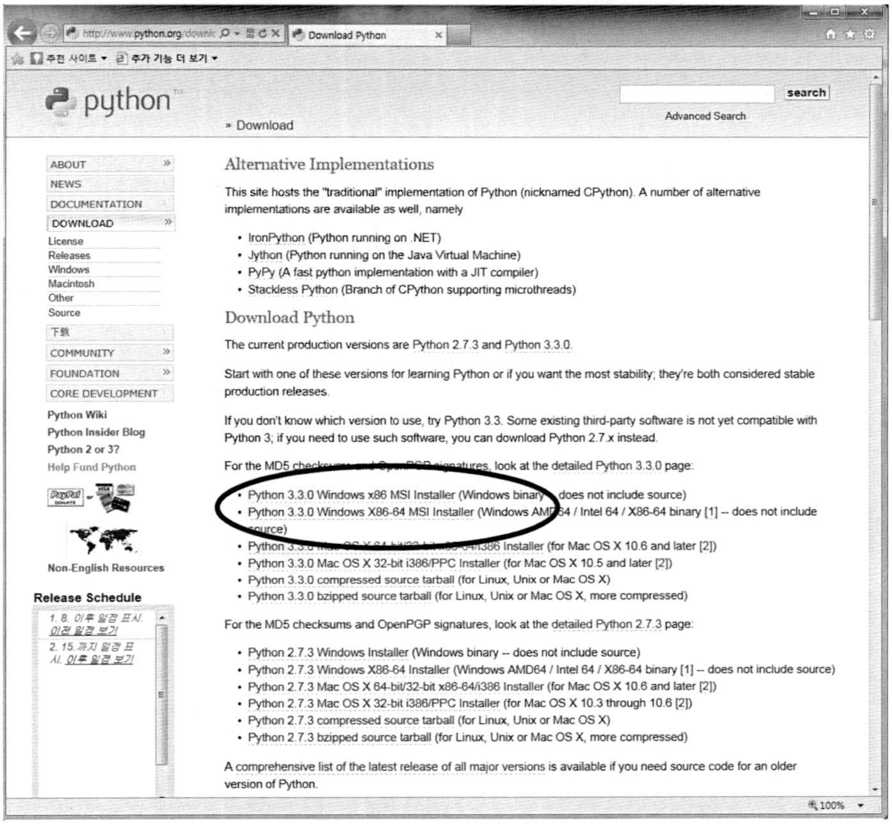

그림 14-2 Python 인터프리터 다운로드 페이지

그림 14-2에서 "Python 3.3.0 Windows x86 MSI Installer" 부분을 클릭하여 "python-3.3.0.msi" 파일을 다운로드 받아 실행하면 인터프리터가 설치된다. 인터프리터가 설치되면서 IDLE이라는 통합 개발 환경이 함께 설치되는데, IDLE은 구문 강조 편집기, 디버거, Python 쉘, 온라인 문서를 모두 포함한다. 온라인 문서는 Python 언어를 공부하는 데 필요한 정보를 제공하기 때문에 혼자서 공부할 때 유용하게 활용할 수 있다.

IDLE은 Python 쉘로서 코드를 입력하여 실행해 볼 수 있고, 또한 코드 편집기를 이용해 프로그램도 작성할 수 있다. Python 쉘은 언어를 공부할 때 매우 유용하다. 그림 13-3은 IDLE을 이용하여 내장 함수 print()를 사용한 예와 자동 들여쓰기에 대한 예를 보여준다. 그림에 나타난 것처럼 ">>>" 다음에 Python 코드를 입력하면 인터프리터가 바로 실행하여 결과를 보여준다.

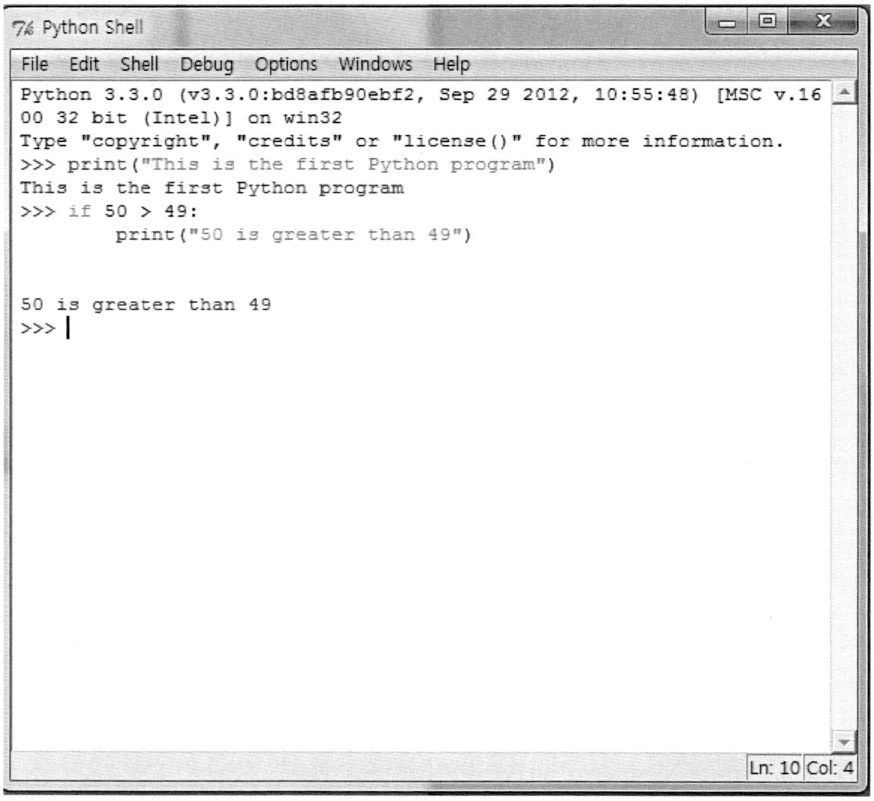

그림 14-3 IDLE 사용 예

IDLE를 활용하면 코드를 쉽게 작성할 수 있는데 다음과 같은 기능은 매우 유용하다.

- 약간의 코드를 입력하고 'tab'을 누르면 자동 완성 목록을 보여준다.
- IDLE에 입력한 문장을 기억하여 Alt-p와 Alt-n을 눌러 입력한 순서대로 보여준다. 따라서 이전에 입력한 문장을 쉽게 다시 사용할 수 있다.
- Option 메뉴의 "Configure IDLE…"를 선택하여 IDLE 환경 설정을 바꿀 수 있다.

웹 브라우저 상에서도 Python 코드를 실행시킬 수 있다. 인터넷 익스플로러(Internet Exploler)의 경우 shell.appstpot.com 사이트를 접속하여 코드를 작성하면 바로 실행 결과를 얻을 수 있다. 그림 14-4는 shell.appspot.com 사이트에서

Python 코드를 실행시킨 모습이다.

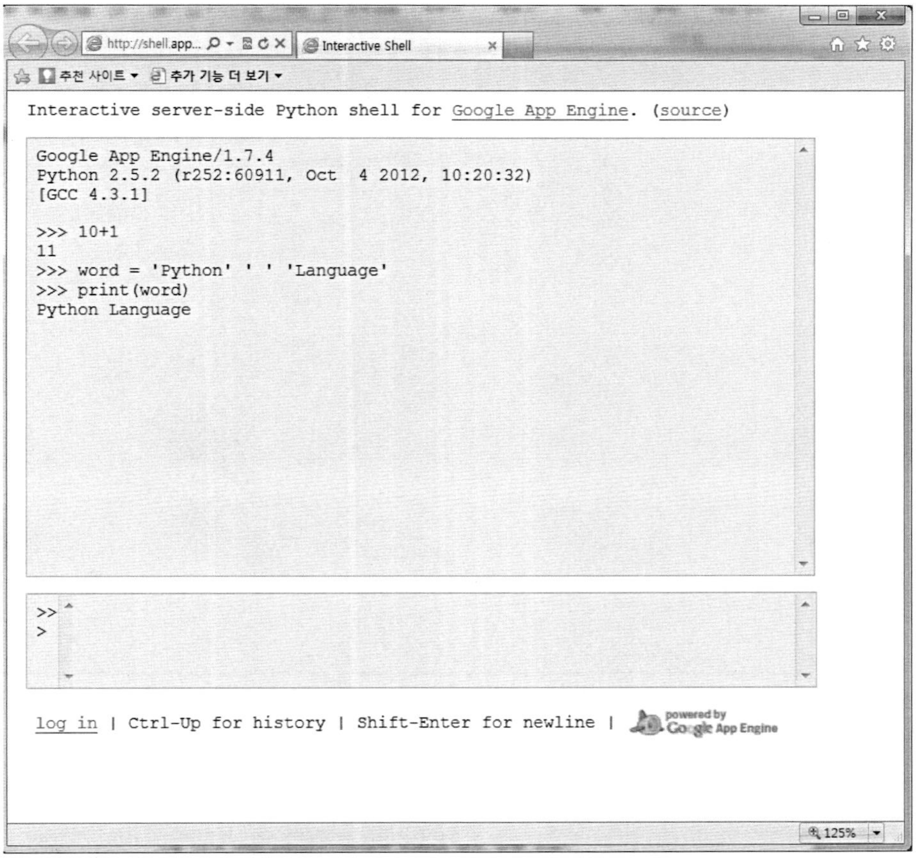

그림 14-4 shell.appspot.com에서 Python 코드 실행 모습

구글 크롬(Google Chrome)의 웹 스토어에서 “Python Shell”을 크롬 브라우저에 설치하여 Python 코드를 작성하고 실행시킬 수 있다. 그림 14-5는 크롬 브라우저에서 “Python Shell”을 실행시킨 모습이다.

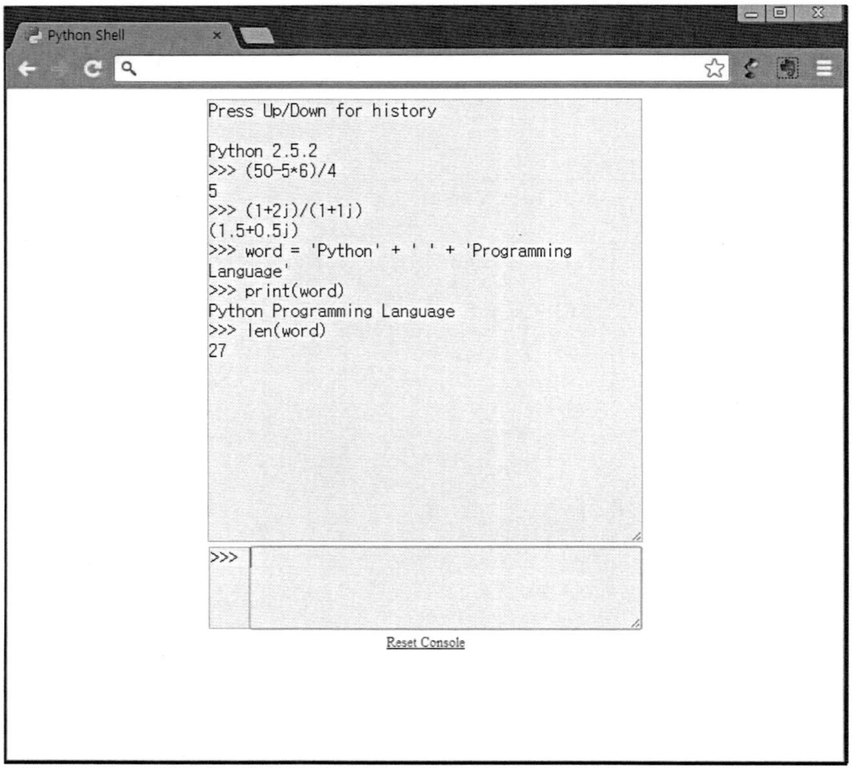

그림 14-5 Chrome의 "Python Shell"에서의 Python 코드 실행 모습

이와 같이 인터프리터를 설치하지 않고도 웹 브라우저 상에서 바로 Python 코드를 작성하고 실행시킬 수 있어 Python 프로그래밍 연습이나 간단한 프로그램을 작성할 때 Python 언어를 사용하면 매우 편리하다.

2 Python 언어에서 지원하는 데이터 형과 연산자

Python 언어도 Perl 언어처럼 변수의 데이터 형을 미리 선언할 필요가 없다. Python 언어는 숫자, 문자열, 그리고 리스트 데이터 형을 지원한다.

2.1 숫자(number)

Python 인터프리터는 간단한 계산기처럼 동작한다. 셸의 프롬프트(>>>)에 수식을 작성하고 엔터를 치면 계산 결과를 바로 출력한다. 숫자에 대해서는 일반적인 산술 연산자(+, -, *, /, %)들을 사용하여 수식을 작성할 수 있다. 다음 예를 보자.

```
>>> 10 + 1
11
>>> 10 % 3
1
>>> (10 - 2 * 3) / 2 # this is a comment
2.0                  # / 연산: 실수로 결과를 출력
>>> 18 / 4
4.5                  # 정수 나눗셈 결과: 실수로 표현하여 값의 손실이 없음
```

위의 예에서 알 수 있듯이, 정수에 나눗셈(/)을 수행하면 C 언어의 경우와 다르게 결과가 실수로 나오므로 값의 손실이 없다. 정수 나눗셈을 하여 정수 결과를 얻고자 하면 '//' 연산자를 사용하면 된다.

```
>>> 18 // 4
4
```

실수를 사용하여 수식을 작성할 수 있으며 정수와 실수가 혼합된 수식의 경우 정수를 실수로 변환하여 실수 수식을 계산한다.

```
>>> 3 * 3.5 / 1.5
7.0
>>> 5.0 / 2
2.5
```

변수를 사용하여 변수에 값을 배정할 수 있다. 그런데 변수는 사용하기 전에 먼저 값을 할당(초기화)해야 한다. 다음 예를 보자.

```
>>> k
Traceback (most recent call last):
  File "<pyshell#31>", line 1, in <module>
    k
NameError: name 'k' is not defined
>>> k = 10    # 배정 연산('=') 후에는 결과 출력이 없다.
```

```
>>> k
10
```

위에서 변수 k에 값을 할당하기 전에 사용하면 에러가 발생하는 것을 알 수 있다. 변수를 사용하기 위해서는 먼저 값을 배정해야 한다.

2.2 문자열(string)

Python 언어에서 문자열은 단일 인용부호(')나 이중 인용부호(")로 둘러싼다. 다음 예를 보자.

```
>>> 'string 1'
'string 1'
>>> "string 2"
'string 2'
>>> "Tom\'s book"                # ①
Tom's book
>>> "Tom's book"                 # ②
Tom's book
>>> 'Tom's book'
SyntaxError: invalid syntax
>>>'Tom\'s book                  # ③
"Tom's book"
>>> '"Yes," he said'             # ④
'"Yes," he said'
>>> "'Yes,' he said"             # ⑤
"'Yes,' he said"
```

문자열을 표현하기 위해서 단일 인용부호나 이중 인용부호를 사용하면 되는데, '나 "을 문자열에 포함시키기 위해서는 백슬래쉬(\)를 쓰거나 사용하고자 하는 문자가 아닌 것으로 문자열을 둘러싸면 된다(위의 예 ① ~ ⑤).

여러 줄로 구성되는 문자열을 허용한다. 이 경우 한 라인의 끝에 '\'를 넣어서 문자열이 연속됨을 나타낸다. 또한 '\n'을 넣으면 print() 함수로 출력할 때 라인 구분을 하여 출력한다.

```
>>> message = "This is Python string example.\n\
It's easy to use string in Python language. \
Let's learn the Python language!!!"
>>> message
"This is Python string example.\nIt's easy to use string in Python
language. Let's learn the Python language!!!"
>>> print(message)
This is Python string example.
It's easy to use string in Python language. Let's learn the Python
language!!!
```

Python은 문자열에 포함된 '\n'이나 '\'의 효과를 무시하고 그대로의 문자열을 지정할 수 있도록 한다. 다음 예를 보자.

```
>>> message = r"This is Python string example.\n\
It's easy to use string in Python language. \
Let's learn the Python language!!!"
>>> print(message)
This is Python string example.\n\
It's easy to use string in Python language. \
Let's learn the Python language!!!
```

인용부호로 둘러싸인 문자열 앞에 r(raw)을 추가하여 있는 그대로의 문자열(raw string)을 지정할 수 있다. 이때 print() 함수로 출력하면 인용부호 안에 있는 문자열이 그대로 출력된다.

문자열에 적용할 수 있는 연산으로는 연결(+)과 반복(*)이 있다. 그리고 연결 연산자를 사용하지 않고도 문자열을 연속적으로 나열하면 나열된 문자열을 연결할 수 있다. 다음 예를 보자.

```
>>> word1 = 'Python' + ' ' + 'Language'
>>> word1
'Python Language'
>>> word2 = 'Python' 'Programming' "Language"
>>> word2
'PythonProgrammingLanguage'
```

```
>>> word1*2
'Python LanguagePython Language'
```

문자열을 구성하는 개별 문자를 첨자를 써서 배열 형식으로 표현하여 지정할 수 있고, 범위를 지정하여 부분 문자열을 지정할 수도 있다. 부분 문자열을 지정하는 것을 문자열 조각화(slice)라 한다. 다음 예를 보자.

```
>>> word2[0]
'P'
>>> word2[0:6]
'Python'
>>> str = word2[:3] # str = word[0:3]
>>> str
'Pyt'
>>> word2[3:]        # word2[3:len(word2)]
'honProgrammingLanguage'
```

첨자는 0부터 시작하고 부분 문자열을 지정하는 형식은 [from : to]인데 from부터 to−1까지의 문자들을 지정하게 된다. 'from'에 해당하는 첨자를 지정하지 않을 경우는 from=0과 같다. 'to'에 해당하는 첨자를 지정하지 않는 경우는 from 첨자부터 문자열 끝까지가 부분 문자열로 지정된다.

주의할 점은 C 언어와는 달리 첨자를 이용하여 문자열의 값을 변경시킬 수 없다는 것이다. 따라서 다음과 같은 코드는 허용되지 않는다.

```
>>> word2[0] = 'K'  # error
```

특이하게도 음수 첨자를 허용하는데, 이 경우 문자열의 끝에서부터 위치를 지정한다. 결과적으로 Python 언어는 매우 편리하게 부분 문자열을 지정할 수 있게 한다. 다음 예를 보자.

```
>>> word1[-1]
e
>>> word1[-2:]
'ge'
```

```
>>> word1[:-2]
'Python Langua'
```

문자열의 길이를 알고 싶을 때는 len() 함수를 이용하면 된다.

```
>>> word = "Python"
>>> len(word)
6
```

2.3 리스트(list)

Python의 리스트는 Perl 언어의 배열과 유사하다. 즉 여러 개의 요소로 구성되며 서로 다른 요소들로 리스트를 구성할 수 있다. Python의 리스트는 요소들을 쉼표로 구분하고 대괄호로 둘러싸는 형식이며 다음은 문자열과 숫자로 구성된 리스트의 예이다.

```
>>> list1 = ["Python", "Perl", 13, 12]
>>> list2 = [10, 11, "C", "C++"]
```

리스트의 한 요소를 지정할 때는 문자열의 한 문자를 지정할 때와 마찬가지로 첨자를 이용한다. 그리고 문자열에 적용되는 연결(+)과 반복(*) 연산자들이 같은 의미로 리스트에도 적용된다. 다음 예를 문자열에서의 예와 비교하며 살펴보자.

```
>>> list1 + list2                # 연결(concatenation)
['Python', 'Perl', 13, 12, 10, 11, 'C', 'C++']
>>> list1 * 2                    # 반복(repetition)
>>> list1[0]
'Python'
>>> list1[:2]                    # list1[0:2]
['Python', 'Perl']
>>> list1[-1]                    # list1[len(list1)-1]
12
>>> list2[1:-1]
[11, 'C']
```

문자열에서와 다른 점은 문자열은 첨자를 이용하여 문자열의 일부를 변경할 수 없지만 리스트는 첨자를 이용하여 리스트의 요소를 변경할 수 있다.

```
>>> list1[1] = list2[2]
>>> list1
['Python', 'C', 13, 12]
>>> list2[1] = list2[1] + list1[2]      # list2[1] += list1[2]
>>> list2
[10, 24, 'C', 'C++']
```

리스트에 요소를 삽입하거나 삭제하는 것도 간단하게 할 수 있는데 이 경우 리스트의 크기가 실행 시간에 변할 수 있다. 리스트 요소의 삽입 또는 삭제 위치를 지정할 때는 부분 문자열 지정 형식을 따른다. 리스트의 일부를 선택하는 기능을 리스트 조각화(slice)라 한다. 삽입과 삭제는 다음 형식을 따른다.

```
>>> list[idx : idx] = [v1, v2]  # idx 위치에 v1, v2를 삽입
>>> list[from: to] =[]          # from 부터 to-1까지를 삭제
```

하나 이상의 값을 한 번에 삽입 또는 삭제할 수 있어 매우 편리하다. 다음 예를 보자.

```
>>> list1[1:1] = ['Perl']
>>> list1
['Python', 'Perl', 'C', 13, 12]
>>> list1[3:3] = ['Pascal', 3]  # list1[3]의 위치에 2개의 값을 삽입
>>> list1
['Python', 'Perl', 'C', 'Pascal', 3, 13, 12]
>>> list1[2:3] = []             # list1[2]의 요소를 삭제
>>> list1
['Python', 'Perl', 'Pascal', 3, 13, 12]
>>> list1[3:5] = []             # list1[3]~list1[4]의 요소를 삭제
>>> list1
['Python', 'Perl', 'Pascal', 12]
```

리스트에 원소를 삽입하고 삭제하기 위해 insert(), append(), extend(), pop(), remove() 등의 리스트 메소드가 제공된다. 다음 예를 보자.

```
>>> list1 = ['Python', 'Perl', 'C', 'C++']
>>> list1.insert(0, 'Ruby')        # 리스트 앞에 'Ruby' 삽입
>>> list1
['Ruby', 'Python', 'Perl', 'C', 'C++']
>>> list1.extend(["C#", 'Java'])  # 리스트 뒤에 "C#", "Java" 삽입
>>> list1
['Ruby', 'Python', 'Perl', 'C', 'C++', 'C#', 'Java']
>>> list1.append(len(list1))       # 리스트 뒤에 리스트의 길이 추가
>>> list1
['Ruby', 'Python', 'Perl', 'C', 'C++', 'C#', 'Java', 7]
>>> list1.pop()                    # 리스트 뒤의 요소를 제거하고 반환
7
>>> list1
['Ruby', 'Python', 'Perl', 'C', 'C++', 'C#', 'Java']
>>> list1.pop(5)                   # list[5] 원소를 제거하고 반환
'C#'
>>> list1
['Ruby', 'Python', 'Perl', 'C', 'C++', 'Java']
>>> list1.remove("C")              # 리스트에서 "C" 원소를 제거
>>> list1
['Ruby', 'Python', 'Perl', 'C++', 'Java']
```

리스트에서 요소를 제거하기 위해 Python 언어는 'del' 문장을 지원하는데, 이 문장은 pop() 함수처럼 제거할 요소의 인덱스를 이용한다. 다만 함수가 아니기 때문에 반환값이 없다. 다음은 del 문장을 이용하여 리스트에서 하나의 요소와 여러 개의 요소를 제거하는 예이다.

```
>>> a = [1, 2, 3, 4, 5, 6, 7]
>>> del a[0]                  # a의 첫 번째 요소를 제거
>>> a
[2, 3, 4, 5, 6, 7]
>>> del a[3:5]                # a의 4번째 요소부터 5번째 요소까지 제거
>>> a
[2, 3, 4, 7]
>>> del a[:]                  # a의 모든 요소 제거
>>> a
[]
```

Python 언어는 리스트 조작을 위한 유용한 메소드를 제공한다: index(), count(), sort(), reverse(). 다음은 리스트 조작을 위한 메소드의 실행 예이다.

```
>>> list1.index('Python')        # list1에서 'Python'의 인덱스를 반환
1
>>> list1.count('Perl')          # list1에서 'Perl'의 개수를 반환
1
>>> list1.sort()                 # list1의 요소를 정렬
>>> list1
['C++', 'Java', 'Perl', 'Python', 'Ruby']
>>> list1.reverse()              # list1의 요소를 역순으로 재배열
>>> list1
['Ruby', 'Python', 'Perl', 'Java', 'C++']
```

위에서 보면 sort() 메소드를 적용시키면 원래 리스트의 내용이 정렬되어 리스트가 변경된다. 원래 리스트를 변경하지 않고 리스트를 정렬시키고자 하면 sorted() 함수를 이용하면 된다.

```
>>> list1.sort()
>>> list1
['C++', 'Java', 'Perl', 'Python', 'Ruby']
>>> list1 = ['Ruby', 'Python', 'Perl', 'Java', 'C++']
>>> list2 = sorted(list1)
>>> list1
['Ruby', 'Python', 'Perl', 'Java', 'C++']
>>> list2
['C++', 'Java', 'Perl', 'Python', 'Ruby']
```

Python 언어의 리스트는 중첩 리스트(nested list)를 허용한다. 즉 리스트가 리스트의 요소가 될 수 있다. 다음 예를 보자.

```
>>> a = [1, 2, 3]
>>> b = [a, 'a', 'b', 'c']       # ①: b의 첫 원소가 리스트 a
>>> b
[[1, 2, 3], 'a', 'b', 'c']
>>> b[0].append('Numbers')       # b[0] = [1, 2, 3] = a 리스트에
                                 'Numbers' 추가
```

```
>>> b
[[1, 2, 3, 'Numbers'], 'a', 'b', 'c']
>>> a
[1, 2, 3, 'Numbers']
```

위의 마지막 예는 리스트 b[0]에 추가한 것은 리스트 a에 추가한 것과 같음을 보여준다. 즉 변수 a, b[0]는 리스트 [1, 2, 3]을 지칭하는 이명(alias)이 된다(위의 ① 문장에 의해).

2.4 튜플(tuple)

리스트처럼 연속적인 데이터를 나타내는 다른 데이터 형으로 Python은 튜플형을 지원한다. 튜플은 쉼표로 분리되는 여러 개의 값으로 구성된다. 다음 예를 보자.

```
>>> aT = 1, 2, 'Phtyon', ['a', 'b', 2]          #
①
>>> aT
(1, 2, 'Phtyon', ['a', 'b', 2])
>>> aT[2]                                       # ②
'Phtyon'
>>> aT[2] = 'C#'                                # ③
...
TypeError: 'tuple' object does not support item assignment
>>> aT[3][0] = 'A'                              # ④
>>> aT
(1, 2, 'Phtyon', ['A', 'b', 2])
>>> bT = aT, "Perl", 'C++', 'C'                 # ⑤
>>> bT
((1, 2, 'Phtyon', ['a', 'b', 2]), 'Perl', 'C++', 'C')
```

튜플은 리스트처럼 튜플의 모든 원소를 둘러싸는 기호를 사용하지 않고, 단순히 값을 나열하기만 하면 된다(①). 튜플의 각 원소는 리스트의 원소처럼 인덱스를 이용하여 참조할 수 있다(②). 그런데 튜플의 원소는 값을 변경할 수 없다(③). 그러나 원소가 리스트인 경우 리스트의 값을 변경하는 것은 가능하다(④). 튜플도 리스트처럼 중첩된 튜플을 허용한다(⑤).

튜플에 대해서도 연결(+)과 반복(*) 연산자를 적용할 수 있다. 그리고 튜플에 적용할 수 있는 메소드로는 count()와 index()가 있으며 의미는 리스트에서의 메소드와 같다. 다음 예를 보자.

```
>>> aT = 1, 2
>>> bT
'a'
>>> bT = 'a', 'b'
>>> aT + bT                 # 튜플의 연결
(1, 2, 'a', 'b')
>>> aT * 2                  # 튜플의 반복
(1, 2, 1, 2)
>>> aT.count(1)             # count() 메소드
1
>>> bT.index('b')           # index() 메소드
1
```

2.5 집합(set)

Python 언어는 집합이라는 데이터 형을 지원하는데 집합은 중복된 원소를 허용하지 않는 원소의 모임을 말한다. 따라서 중복된 원소를 명시하더라도 집합에는 하나만 포함된다. 또한 집합 내 원소의 순서가 없기 때문에 리스트나 튜플처럼 인덱스를 이용하여 특정 원소를 지정할 수 없다. 다음 예를 보자.

```
>>> aS = {'a', 'b', 1, 2 }
>>> aS
{1, 2, 'b', 'a'}
>>> bS = {1, 2, 1}
>>> bS
{1, 2}
>>> bS[0]
…
TypeError: 'set' object does not support indexing
>>> cS = set('Korea Team')
>>> cS
{'r', 'T', ' ', 'a', 'e', 'K', 'm', 'o'}          # ②
```

집합을 명시하기 위해서는 수학에서 집합을 표현할 때 사용하는 기호('{', '}')를 쓰거나 set() 함수를 이용한다. 위에서 ①을 보면, 'Korea Team'에 'a'가 2개 나타나지만 집합 cS에는 하나만 포함됨을 알 수 있다.

집합에 대해서는 집합의 교집합, 합집합, 차집합 등의 연산을 할 수 있는 연산자를 지원한다. 그리고 집합의 원소인지를 판단하는 'in' 연산자도 지원한다. 다음 예를 보자.

```
>>> aS | bS           # aS와 bS의 합집합
{1, 2, 'a', 'b'}
>>> aS & bS           # aS와 bS의 교집합
{1, 2}
>>> aS - bS           # aS와 bS의 차집합
{'a', 'b'}
>>> aS ^ bS           # aS | bS - aS & bS
{'a', 'b'}
>>> 1 in aS
True
>>> 3 not in aS
True
```

2.6 사전(dictionaries)

Python 언어에서의 사전은 Perl 언어에서의 연관 배열(associative array)과 같이 정수 인덱스가 아닌 문자열을 키(key)로 하여 요소를 참조할 수 있는 데이터 형이다. 즉 사전은 key : value 쌍의 순서 없는 집합(unordered set)이라고 할 수 있다. 여기서 key는 반드시 유일해야 한다. 다음은 사전을 생성하고 원소를 참조하는 예이다.

```
>>> grade_1 = { 'Kim' : 'A+', 'LeeHJ' : 'B', 'ChoiKK' : 'C+' }
>>> grade_1['Kim']
'A+'
>>> grade_2 = dict([('KHH', 77), ('LYY', 89), ('CHH', 90)])
>>> grade_2
{'KHH': 77, 'LYY': 89, 'CHH': 90}
>>> grade_3 = dict(KHH=77, LYY=89, CHH = 90)
```

```
>>> grade_3
{'CHH': 90, 'LYY': 89, 'KHH': 77}
```

사전을 생성하기 위해서는 { } 안에 나열하거나 dict() 함수를 이용하면 된다.

다음 예는 사전에 key : value 요소를 삽입하거나 삭제하는 예이다.

```
>>> grade_1['AhnKK'] = 'D'                # 삽입
>>> grade_1
{'LeeHJ': 'B', 'ChoiKK': 'C+', 'AhnKK': 'D', 'Kim': 'A+'}
>>> del grade_1['ChoiKK']                 # 삭제
>>> grade_1
{'LeeHJ': 'B', 'AhnKK': 'D', 'Kim': 'A+'}
```

사전의 내용을 출력하기 위해서는 for 문장을 사용하는 것이 좋으며, 이때 items() 메소드를 이용하면 편리하게 출력할 수 있다.

```
>>> for name, point in grade_3.items():
        print('name:', name, '=>', point)

name: CHH => 90
name: LYY => 89
name: KHH => 77
```

3 실행 순서 제어

Python 언어도 다른 프로그래밍 언어에서와 유사한 실행 순서 제어 구문을 제공한다: if, while, for, break, continue.

3.1 if 문장

실행될 문장을 선택할 때 사용하며 if, elif, else 등의 키워드를 사용할 수 있으며 형식은 다음과 같다. 주의할 점은 조건(condition) 부분을 둘러싸는 괄호가 없으며 ':' 기호가 사용된다는 점이다. 그리고 키워드 'elif'는 C 언어에서의 "else if"와 같

은 의미이다.

```
>>> if condition 1:
        statement_list_1
    elif condition 2 :
        statement_list_2
        …
    else:
statement_list_n
```

다음은 a의 값에 따라 서로 다른 메시지를 출력하는 if 문장의 사용 예이다.

```
>>> a = 0
>>> if a > 0:
        print("a is positive")
elif a < 0:
        print("a is negative")
else: print('a is zero')

a is positive
>>>
```

3.2 while 문장

반복 실행을 수행하는 문장으로 형식은 다음과 같다.

```
>>> while condition:
            statement_lis
```

조건(condition) 부분이 참인 경우 statement_list에 제시된 문장들을 수행한다. 다음은 1부터 10까지 합을 계산할 때 while 문장을 사용한 예이다.

```
>>> a, sum = 0, 0          # ①
>>> while a <= 10:
        sum += a
        a += 1
```

```
>>> print("sum =", sum)
sum = 55
```

위의 ①을 보면, 두 개의 변수의 값을 한 번에 지정할 수 있음을 알 수 있다. 이 문장의 의미는 a = 0, sum = 0과 같다.

다음은 while 문장에 else를 사용할 수 있음을 보여주는데, 이때 else 문장은 while 문장의 조건 부분이 거짓이 될 경우(반복 실행이 끝날 때)에 실행된다.

```
>>> a, sum=0,0
>>> while a<=10:
        sum += a
        a += 1
else: print(sum)            # ①: 들여쓰기 주의

55
```

위 예제의 ① 부분에서 들여쓰기를 주의해야 한다. 만약 위의 문장과 같은 위치에 else 문장이 기술되면 에러가 발생한다. 이와 같은 들여쓰기는 프로그램의 가독성을 높이기 위해서 Python 언어에서 강제하는 특징이다.

```
>>> while a<10:
        sum += a
        a += 1
        else: print(sum)            # 들여쓰기 에러

SyntaxError: invalid syntax
```

3.3 for 문장

Python 언어는 반복 실행을 위한 for 문장도 지원하는데 Pyhon에서의 for 문장은 다른 언어에서와는 다르다. Python 언어에서는 리스트나 문자열을 구성하는 요소에 대한 반복을 수행할 때 for 문장을 사용하며 이는 Perl 언어의 foreach 문장과 유사하다. Python 언어의 for 문장은 다음과 같은 형식을 가진다.

```
>>> for var in sequence:
        statement_list
```

여기서 sequence는 리스트나 문자열이 될 수 있고 var는 그 중 하나의 요소가 된다. 다음 예는 리스트와 문자열의 각 원소(리스트의 경우 원소의 길이를 함께)를 출력하는 for 문장의 예이다.

```
>>> Languages = [ 'Python', 'Perl', 'Ruby' ]
>>> for aLang in Languages:
        print(aLang, len(aLang), end=" ")         # ①

Python 6 Perl 4 Ruby 4
>>> aLang = Languages[0]
>>> for ch in aLang:
        print(ch, end=" ")                        # ②

P y t h o n
```

위의 ①을 보면, print() 함수의 마지막 매개변수가 end=" "인데, 이는 출력할 때 개행 문자(\n)을 넣는 대신 공백(" ")을 넣으라는 것이다. 따라서 결과가 한 줄에 출력된다. ②도 동일하다.

Python의 for 문장을 다른 언어에서처럼 사용할 수 있도록 range() 함수를 제공하는데 range() 함수는 다음과 같이 매개변수의 개수에 따라서 다른 의미를 가진다.

```
range(n)          : 0 ~ n-1
range(from, to)   : from ~ to-1
range(from, to, step): from ~ to-1, step 만큼 증가
```

다음은 for 문장을 이용하여 1부터 10까지의 합과 짝수의 합을 계산할 때 range() 함수를 이용하는 예이다.

```
>>> sum1, sum2 = 0, 0
>>> for a in range(1, 11):
        sum1 += a
```

```
>>> sum1
55
>>> for a in range(0, 11, 2):
        sum2 += a

>>> sum2
30
```

For 문장도 while 문장과 마찬가지로 else 문장을 사용할 수 있다. 위의 예를 else 문장을 사용하여 다음과 같이 코드를 작성할 수 있다.

```
>>> sum = 0
>>> for a in range(1, 11):
        sum += a
else: print('sum =', sum)

sum = 55
```

3.4 break, continue 문장

Python 언어도 반복 실행을 제어하기 위해 break와 continue 문장을 지원하며, C 언어에서와 동일한 의미를 가진다. 6장에서 소개한 C 언어에서의 break, continue 문장의 예를 Python 언어로 작성하면 다음과 같다.

<table>
<tr><th>break 문의 예</th><th>continue 문의 예</th></tr>
<tr><td><pre>
>>> i, sum = 0, 0
>>> for i in range(1, 11):
      if i%3 == 0:
            break
      sum += i

>>> print('i =', i, 'sum =', sum)
i = 3 sum = 3
</pre></td><td><pre>
>>> i, sum = 0, 0
>>> for i in range(1, 11):
      if i%3 == 0:
      continue
      sum += i

>>> print('i =', i, 'sum =', sum)
i = 10 sum = 37
</pre></td></tr>
</table>

4 함수(function)

4.1 함수 정의와 호출

Python 언어도 반복되는 코드를 서브 프로그램으로 작성하는 것을 지원하며, 반복되는 코드를 함수로 작성할 수 있도록 한다. 함수의 형식은 다음과 같다.

```
def function_name ( parameter_list ) :
   function body
```

우리가 잘 알고 있는 C 언어의 함수와 비교했을 때 다음과 같은 차이점을 발견할 수 있다.

- 키워드 'def'로 시작한다.
- 함수의 반환형을 명시하지 않는다.
- 함수의 헤더 부분 끝에 ':'을 붙인다.

Python 언어에서 정의된 함수를 호출하는 방법은 C 언어에서와 마찬가지로 함수 이름과 필요한 매개변수를 명시하면 된다. 다음은 1부터 매개변수로 전달된 수(n)까지의 합을 구하는 함수를 정의하고 이 함수를 호출하는 예이다.

```
>>> def calc_sum(n):
        a, sum = 0, 0
        while a <= n:
                sum += a
                a += 1
        print('sum from 1 to', n, 'is', sum)

>>> calc_sum(10)
sum from 1 to 10 is 55
```

함수 이름을 변수에 할당할 수 있으며, 이 경우 같은 함수에 대해서 두 개 이상의 이름이 존재하게 된다.

```
>>> C = calc_sum
>>> C(10)
sum from 1 to 10 is 55
```

위의 예처럼, 정의한 함수 calc_sum()을 변수 C에 할당하면, 이후에는 C라는 이름으로 함수를 호출할 수도 있다. 그런데 변수에 함수를 할당한 후 함수를 수정하면 함수를 가리키는 변수는 수정하기 전의 함수를 가리킨다. 따라서 변경된 함수를 호출하기 위해서는 def 정의 다음에 나오는 함수 이름을 사용해야 한다.

4.2 함수의 반환값

다른 언어에서처럼 함수가 return 문장을 이용하여 값을 반환할 수 있으며, Python 언어는 값이나 리스트를 반환할 수 있다. 다음 예는 1부터 n까지 더하는 함수인데 함수 calc_sum1()은 덧셈의 결과 값(sum)을 반환하고 함수 calc_sum2()는 덧셈의 중간 결과를 리스트(result)로 만들어 반환한다. 덧셈의 중간 결과를 append() 메소드를 이용하여 리스트에 추가하고 있다.

```
>>> def calc_sum1(n):
        a, sum = 0, 0
        while a <= n:
                sum += a
                a += 1
        print('sum from 1 to', n, 'is', sum)
        return sum                              # 값 반환

>>> sum = calc_sum1(10)
sum from 1 to 10 is 55
>>> sum
55
>>> def calc_sum2(n):
        a, sum = 0, 0
        result = []                             # 리스트 초기화
        while a <= n:
                sum += a
                result.append(sum)
                a += 1
```

```
        print('sum from 1 to', n, 'is', sum)
        return result                        # 리스트 반환

>>> result = calc_sum2(10)
sum from 1 to 10 is 55
>>> result
[0, 1, 3, 6, 10, 15, 21, 28, 36, 45, 55]
```

4.3 매개변수의 기본값(default value)

Python 언어도 C++ 언어처럼 함수의 매개변수에 기본값을 줄 수 있다. 다음은 9장에 제시한 C++ 언어의 예제를 Python 언어로 작성한 것이다. 함수 sum_100()의 두 개의 매개변수가 각각 기본값을 가지고 있으며, 함수 calc_sum3()에서 sum_100() 함수를 각각 다른 개수의 매개변수를 가지고 호출하고 있다.

```
>>> def sum_100(start=1, end=100):
        sum = 0
        while start <= end:
                sum += start
                start += 1
        return sum

>>> def calc_sum3():
        print('sum_100() =', sum_100())
        print('sum_100(99) =', sum_100(99))
        print('sum_100(1, 10) =', sum_100(1, 10))
        print('sum_100(end=10) =', sum_100(end=10))       # ①

>>> calc_sum3()
sum_100() = 5050
sum_100(99) = 199
sum_100(1, 10) = 55
sum_100(end=10) = 55                                       # ②
```

위에서 ①과 ②를 보면 매개변수의 이름을 지정하여 값을 할당할 수 있다. 이 경우에는 지정되지 않은 매개변수가 기본값을 가지고 함수를 실행하게 된다. C++ 언어

에서는 함수 정의에 나타난 매개변수의 순서에 맞도록 실제 매개변수와 형식 매개변수를 대응시키면서 실제 매개변수가 없는 경우 매개변수의 기본값을 이용하였지만, Python 언어의 경우 형식 매개변수의 이름을 이용하여 순서에 상관없이 원하는 형식 매개변수에 값을 전달하는 여부를 결정할 수 있다.

그런데 매개변수의 기본값은 처음 한 번만 계산되기 때문에 여러 번 호출할 경우 예상하지 못한 결과가 생성될 수 있다. 다음 예는 리스트를 매개변수로 전달 받는 함수인데, 기본값을 빈 리스트로 설정한 경우이다.

```
>>> def f_append1(value, L=[]):
        L.append1(value)
        return L

>>> f_append1(10)                          # ①
[10]                                       # ②
>>> f_append1("string")                    # ③
[10, 'string']                             # ④
```

위 예의 ①에서 처음 함수 f_append1()를 호출하면 매개변수 L은 빈 리스트로 초기화되고 함수를 실행하여 매개변수 10을 리스트에 추가한 후 반환한다. 따라서 ②와 같은 결과가 출력된다. 그런데 ③에서 다시 f_append1()를 호출할 경우 매개변수 L의 기본값이 할당되지 않은 상태에서 함수가 실행되어 매개변수 "string"을 리스트 L에 추가하고 반환한다. 그래서 ④와 같이 두 개의 요소를 포함하는 리스트가 출력된다.

함수를 호출할 때마다 기본값을 계산하도록 하기 위해서는 'None'이라는 키워드를 사용하여 다음과 같이 함수를 작성하면 된다.

```
>>> def f_append2(value, L=None):
        if L == None:                # if L is None
            L = []
        L.append(value)
        return L

>>> f_append2(10)
[10]
```

```
>>> f_append2("string")
['string']
```

5 파일 입출력

Python 언어는 파일로부터 데이터를 읽어서 처리할 수 있고 파일에 데이터를 저장할 수 있다. 파일을 이용하기 위해서는 먼저 open() 함수를 이용하여 파일 객체를 생성해야 한다.

```
file_object = open(filename, mode)
```

여기서 mode 값으로는 'r'(읽기), 'w'(쓰기), 'a'(추가), 'r+'(읽기와 쓰기)가 있으며, mode가 생략될 때의 기본값은 'r'이다.

파일의 내용을 읽을 때 for 문장을 이용하여 한 줄씩 읽을 수 있으며, read()[1] 또는 readlines() 함수를 이용하여 파일의 전체 내용을 변수에 할당할 수 있다. 또한 readline() 함수를 이용하여 한 줄씩 파일에서 읽을 수도 있다. 파일 객체의 사용이 끝나면 close() 함수를 호출한다.

```
>>> aF = open('myInput.txt', 'r')
>>> for aLine in aF:
        print(aL, end='')

This is a sample file.
I like the Python programming language.
Let's try to learn the language!!!
>>> aF.close()
>>> aF = open('myInput.txt', 'r')
>>> str = aF.read()                          # str = aF.readlines()
>>> str
```

[1] read(size) 함수는 매개변수로 읽을 데이터의 양을 나타내는 size를 전달할 수 있다. 매개변수가 없을 때는 전체 파일을 읽는다.

```
"This is a sample file.\nI like the Python programming
language.\nLet's try to learn the language!!!"
>>> aF.read()                          # read() 함수
''
>>> aF.close()
>>> aF = open('myInput.txt', 'r')
>>> aL = aF.readline()
>>> while aL != '':
        print(aL, end='')
        aL = aF.readline()             # readline() 함수


This is a sample file.
I like the Python programming language.
Let's try to learn the language!!!
```

함수 read()를 호출하면 파일에 있는 모든 내용이 문자열로 간주되어 변수에 할당된다. 함수 readline() 역시 파일의 한 줄('\n'까지)을 문자열로 반환한다. 파일을 모두 읽으면 read()와 readline() 함수는 널 문자열(' ')을 반환한다.

파일에 데이터를 쓰기 위해서는 write() 함수를 이용한다. 이때 write() 함수에 전달되는 매개변수는 문자열이어야 한다. 그리고 C 언어처럼 파일 객체의 현재 위치를 알려주는 tell()이라는 함수와 현재 위치를 변경하는 seek()이라는 함수도 제공한다. 그리고 파일 객체를 사용할 때 'with' 키워드를 사용할 수도 있다. 다음은 파일 내용을 복사하는 프로그램이다.

```
>>> rFile = open('myInput.txt', 'r')
>>> wFile = open('myOutput.txt', 'w')
>>> content = rFile.read()
>>> wFile.write(content)
98
>>> rFile.close()
>>> wFile.close()
```

파일 내용을 한 번에 모두 읽을 수 있기 때문에 매우 간단하게 파일 내용을 복사할 수 있다.

6 예외처리(exception handling)

Python 언어는 프로그램에서 예외를 처리할 수 있는 기능을 지원한다. 예외처리에 관련된 키워드로는 'try'와 'except'가 있는데 다음의 형식을 가진다.

```
try:
        실행 코드(실행 시간 에러가 발생할 수 있음)
except:
        사용자 정의 에러 복구 코드
else:
        에러가 발생하지 않았을 경우 실행되는 코드
finally:
        종료시 실행되는 코드
```

'try' 다음에 기술된 코드들이 실행되고, 실행 중 에러가 발생하면 'except' 다음에 기술된 코드가 실행된다. 물론 에러가 발생하지 않으면 에러 복구 코드는 실행되지 않는다. 'except' 다음에는 에러 유형에 따라 처리할 코드를 기술할 수 있다. 에러 유형으로는 IOError, FileExistError, FloatingPointerror, ValueError, Zero-DivisionError 등 매우 많은 에러 유형이 정의되어 있다. 'else' 다음에도 코드를 추가할 수 있는데, 이 코드는 예외상황이 발생하지 않았을 때 실행된다. 그리고 'finally' 다음에 기술된 코드는 에러의 발생 여부에 상관없이 'try' 구문에 기술한 코드의 실행이 종료하면 실행된다. 다음은 나눗셈을 수행하는 함수인데, 0으로 나누는 상황에 대한 예외처리를 수행하는 예이다.

```
>>> def divide(x, y):
        try:
                result = x / y
        except ZeroDivisionError:
                print('divide by 0 !!')
        else:
                print('result =', result)
        finally:
                print('division done...')

>>> divide(10,4)
```

```
result = 2.5
division done...
>>> divide(6,0)
divide by 0 !!
division done...
```

7 모듈(Module)

IDLE을 이용하여 Python 코드를 작성한 후에 IDLE을 종료시키면 작성한 코드(함수, 변수 등)가 모두 사라진다. 따라서 편집기로 코드를 작성하여 파일로 저장하고 이 파일을 인터프리터에서 읽어서 실행하는 것이 바람직하다. 모듈은 Python 코드로 작성한 프로그램 파일을 의미한다. 코드를 작성하고 저장할 때 파일 이름의 확장자는 'py'로 해야 한다. 예를 들어 4.3절의 sum_100(), calc_sum3() 함수를 편집기로 작성 후 sum.py로 저장해 보자. 모듈을 인터프리터로 읽기 위해서 'import' 문을 사용한다. 다음 예를 보자.

```
>>> import sum
>>> sum.sum_100()                          // ①
5050
>>> sum.calc_sum3()                        // ②
sum_100() = 5050
sum_100(99) = 199
sum_100(1, 10) = 55
sum_100(end=10) = 55
```

모듈은 이름 공간(name space)을 생성하게 된다. 따라서 모듈에 정의된 함수를 호출하려면 위의 ①과 ②에서처럼 모듈의 이름을 붙여야 한다. 결과적으로 함수를 작성할 때 다른 모듈에서 사용하는 함수 이름과 중복될 것을 걱정할 필요가 없어 매우 편리하다.

모듈을 인터프리터에서 읽기 위해 import 문을 다음과 같이 사용할 수도 있다.

```
>>> from sum_100 import *
```

```
>>> sum_100(end=9)
45
```

즉 'from' 문을 이용하면 함수 이름 앞에 모듈 이름을 붙이지 않고도 함수를 호출할 수 있다.

8 클래스(class)

Python은 객체지향 프로그래밍 언어이므로 클래스를 지원한다. Python 언어의 클래스는 C++ 언어의 클래스와 마찬가지로 기본적인 클래스 특징을 제공한다. 그런데 Python 언어의 클래스 멤버는 기본적으로 public이고 모든 멤버 함수는 virtual이 되는 것이 특징이다. 또한 멤버 변수를 선언할 필요가 없다. 멤버 메소드에서 처음 사용할 때 생성된다. 일단 클래스를 정의하면 클래스를 사용해서 데이터 객체(인스턴스)를 생성할 수 있다. 클래스를 정의하는 형식은 다음과 같다.

```
class class_name:
        <statement_1>
        …
        <statement_n>
```

다음은 클래스 선언과 클래스 객체를 만드는 방법에 대한 예이다. 클래스 선언은 myClass.py 파일에 저장하고 모듈을 import하여 객체를 생성한 후 클래스의 멤버 메소드를 호출하고 있다.

```
class MyFirstClass:
        def __init__(self, name=0, major=0):
                self.myName = name
                self.myMajor = major
        def introduce(self):                              ──► myClass.py
                print('my name is', self.myName)
                print('my major is', self.myMajor)
        def my_message(self):
                return 'hello world !!!'
```

```
>>> import myClass
>>> aMan = myClass.MyFirstClass('KSD', 'Computer Engineering')
>>> aMan.introduce()
my name is KSD
my major is Computer Engineering
>>> aMan.my_message()
'hello world !!!'
```

위의 예를 보면 멤버 메소드의 첫 번째 매개변수가 'self'임을 알 수 있다. 이것은 C++ 언어에서의 'this' 포인터와 유사한 것으로 객체 자신을 가리키는 변수이다. 객체를 가지고 메소드를 호출할 때 Python은 첫 번째 매개변수가 호출한 객체가 되도록 한다. 이 매개변수는 항상 'self'이고 멤버 메소드를 작성할 때 반드시 명시해야 한다. C++ 언어의 생성자 함수에 해당하는 것이 __init__() 함수이다. 객체를 생성할 때 자동적으로 호출하여 객체를 초기화한다.

클래스의 상속이 가능하며 Python 언어는 다중 상속도 지원한다. 클래스 상속의 형식은 다음과 같다.

```
class Derived_Class_Name1(BaseClassName):                    # 단일 상속
        <statement_1>
        ...
        <statement_n>

class Derived_Class_Name2(BaseClassName1, BaseClassName2):  # 다중 상속
        <statement_1>
        ...
        <statement_n>
```

찾아보기

T

U

V

W

ㄱ

ㅊ

ㅋ

ㅌ

ㅍ

ㅎ

저자약력

김 일 민

뉴저지 공과대학(전산학 석사)
애리조나 주립대학(전산학 박사)
한국 전자통신 연구원(ETRI) 연구원
삼성 SDS 교육본부 교육개발센터
현재, 한성대학교 컴퓨터공학과 교수

김 성 동

서울대학교 컴퓨터공학과(공학사)
서울대학교 컴퓨터공학과(공학 석사)
서울대학교 컴퓨터공학과(공학 박사)
서울대학교 컴퓨터신기술공동연구소 특별 연구원
(주) LnTech 개발 이사
현재, 한성대학교 컴퓨터공학과 교수

정가 23,000원

프로그래밍 언어의 이해

2013년 2월 20일 초판 인쇄
2013년 2월 26일 초판 발행

저 자 : 김 일 민 · 김 성 동
발행자 : 우 명 찬 · 송 준
발행처 : 홍릉과학출판사
주 소 : ㊤142-885 서울시 강북구 인수동 455-60
등 록 : 1976년 10월 21일 제5-66호
전 화 : 999-2274~5, 903-7037
팩 스 : 905-6729
ISBN : 978-89-97570-72-0

hongpub@hongpub.co.kr
www.hongpub.co.kr

저자와의 협의하에 인지생략